普通高等教育知识产权系列教材

第二版

知识产权总论

GENERAL THEORIES
OF INTELLECTUAL PROPERTY

杨雄文 著

华南理工大学出版社
SOUTH CHINA UNIVERSITY OF TECHNOLOGY PRESS

·广州·

图书在版编目（CIP）数据

知识产权总论 / 杨雄文著. —2 版. — 广州：华南理工大学出版社，2024.6
（2024.11 重印）

ISBN 978-7-5623-7510-4

Ⅰ. ①知…　Ⅱ. ①杨…　Ⅲ. ①知识产权-研究　Ⅳ. ①D913.404

中国国家版本馆 CIP 数据核字（2024）第 007468 号

知识产权总论

杨雄文　著

出 版 人：房俊东
出版发行：华南理工大学出版社
　　　　　（广州五山华南理工大学 17 号楼，邮编 510640）
　　　　　http://hg.cb.scut.edu.cn　E-mail：scutc13@scut.edu.cn
　　　　　营销部电话：020-87113487　87111048（传真）
责任编辑：刘一行　付爱萍
责任校对：王洪霞
印 刷 者：广州市人杰彩印厂
开　　本：787mm×960mm　1/16　印张：18.25　字数：357 千
版　　次：2024 年 6 月第 2 版　2024 年 11 月第 2 次印刷
定　　价：58.00 元

版权所有　盗版必究　印装差错　负责调换

出版说明（第二版）

本教材自2019年年底出版以来，已经六次重印。知识产权的基础理论与一般规则，对于知识产权、民法甚至法学的体系建构与完善具有内在的、实质的重要意义。没有理论指导的实践是盲目的。知识产权总论及其对实践的统领力与解释力的思考，是一个长期的过程，需要在科学理性的道路上与时俱进。

本次修订力争全面与细致，大大小小的变动之处颇多，主要有以下几点：一是突出讨论前提与评判标准的重要性，增加有关方法的阐释，帮助读者更容易明白问题之所以是问题，观点为何如此观点的理据与脉络。二是综合传统教材传授共识的要求，同时强化争辩启迪思考与研究型教学的重要作用，努力展现出全面深入的探索和研究的信息，提升读者的研习效益。三是调整了部分章节的结构与具体表述，也包括个别观点的修订。四是删减并增加了一些内容。

本教材的修订得到了暨南大学陈贤凯教授与中国科学院大学肖尤丹教授真诚、慷慨的帮助。我们之间直率而具体的学术建议和批评，极大地提升了本次修订的质量。在教学过程中，同学们也给我提供了对于本教材的使用感受，为本次修订提供了值得参酌的依据，促进了教学相长！与杨晨鑫的交流，常常于我有新奇之感。在此，表示感谢！

大道至简，要尊重常识，也要敢于挑战常识。

前后有音，谨此怀念与致敬恩师刘春田先生！

前　言

在大陆法系国家和地区，总论是法学的重要组成部分。知识产权总论是关于知识产权法的基础理论与一般性规则的总结，体现了知识产权法学知识的精髓。知识产权总论的意义主要体现在：一是有助于深刻领悟知识产权的基本理念、价值、原则。在没有理论的时候，现象永远都是随意的、杂乱无章的。总论的内容对于弘扬知识产权法的基本精神和理念具有重要作用。只有通过对知识产权总论的研究，才能对知识产权法各单行法中具体制度的设计及运用有更深切的掌握和领会，才不至于停留在表面，或者错误地理解以至运用这些制度。二是有助于整体把握知识产权法的体系框架。基于体系化的总论思考，才使得知识产权单行法的体系性更强。知识产权总论应概括出知识产权法的一般规则，并对基础概念做出明晰的界定，以普遍适用于知识产权法各个单行法，充分体现理论对实践的高度指导价值。因此，研究总论能够有效地掌握知识产权法的体系，从宏观上把握知识产权法的全貌。三是有助于培养和训练良好的法律思维方法。总论有助于培养归纳演绎、抽象思考方法的能力。同时它也便于运用演绎式教学方法，从一般到具体，循序渐进地传授知识产权法知识。四是有助于应对法律空白与漏洞，促进知识产权法的发展。知识产权总论是应对知识产权发展变化的重要手段，知识产权的发展日新月异，新生事物层出不穷，此时就有必要通过把握知识产权法总论中的基本原则、制度加以弥补，从而产生出填补法律漏洞与法律空白的新思路。

2018 年 4 月 11 日国务院法学教育指导委员会发布《普通高等学校法学类本科专业教学质量国家标准》，"知识产权总论"第一次被列为其中的专业核心课程，国内国际形势发生了一些变化，相关认识也不断深入。本书基于十年来笔者在华南理工大学法学院开设的知识产权总论课程基础上整理而成。

本书的特色有以下几点：一是归纳总结了知识产权基础理论的不同观点，包括实体法与程序法的内容，并结合技术、文化、经济和法律的理论分析乃至哲学探究，尽可能提出本人的见解，希望为读者提供一系列富有启发意义的思考指向。二是强调方法及方法论的重要性，并着力体现在本书思考与写作上的形上与形下的全过程。三是坚守知识产权私权定位以及第一性与第二性的区分。在知识产权体系基础认同存在分歧的当下，本人善于鼓励学生（不论是本科生还是研究生）直接与学术前沿对话，而且要注意梳理比较不同的学术观点，大胆质疑小心论证，提出自己的判断或者见解。这样的理念也强烈体现在本教材之中。本教材主要面向法学专业教学使用，也可作为其他人文社会科学和理工农医专业的辅助读本。

知识产权总论的内容博大精深，因作者学术所限，其中的缺点、错误在所难免，敬请广大读者批评指正。另外，本书试图博采众家之长，吸收和借鉴了学术前辈和同仁的一些研究成果，在这里深表谢意，对所引用的各种论述尽可能一一注明其来源，但旁征博引甚多，难免有所遗漏，敬希有关学者见谅。

杨雄文

2019 年 7 月 18 日于剑桥郡

目 录

第一章 导言：知识产权基础理论认同分歧 ……………… 1
第一节 知识产权基础理论认同分歧现状 ……………… 1
一、认同分歧的外部表现 ……………………………… 2
二、认同分歧的内部表现 ……………………………… 4
第二节 引发基础理论认同分歧的原因 ………………… 9
一、私权文化有待进一步发展和积淀 ………………… 9
二、现代新型消费及其相关文化不断冲击 …………… 10
三、观念和技术的发展超出传统法律的知识储备 …… 11
四、社会转型引发思想多元化 ………………………… 13
五、国内外各种压力不断增大 ………………………… 14
第三节 知识产权基础理论认同分歧的解决探索 ……… 15
一、科学理性对于知识产权研究的重要性 …………… 15
二、方法论对于保障科学理性的关键性 ……………… 16
三、面向主体和科学 …………………………………… 16

第二章 知识产权及相关范畴 ………………………………… 18
第一节 知识产权概念 …………………………………… 18
一、列举式定义 ………………………………………… 19
二、概括式定义 ………………………………………… 20
第二节 知识产权的特征 ………………………………… 23
一、特征与权利特征 …………………………………… 23
二、现有的观点及其评述 ……………………………… 24
第三节 知识产权的组成与分类 ………………………… 28
一、知识产权的组成 …………………………………… 29
二、知识产权的分类 …………………………………… 36
第四节 知识产权与其他财产权的关系 ………………… 39
一、知识产权与债权 …………………………………… 40

二、知识产权与物权 40
　　三、知识产权与科技成果所有权或长期使用权 41

第三章　知识产权的产生与发展 43
第一节　古代社会知识财产化 44
　　一、封建社会之前知识财产化的观念 45
　　二、封建社会知识财产的特权制度 46
　　三、中国知识产权发展史上的"郑安之争"与"李约瑟难题" ......
　　　　... 49
第二节　近现代知识财产私权化 52
　　一、近现代知识财产私权化的社会基础 52
　　二、近代知识财产私权制度及其特点 54
第三节　现代知识产权制度国际化 56
　　一、知识产权国际保护制度的出现 57
　　二、知识产权国际保护的基本原则 58
　　三、后TRIPs时代的国际知识产权保护的变化 61
第四节　新中国知识产权制度的产生与发展 65
　　一、改革开放前的新中国知识产权制度 65
　　二、改革开放后的新中国知识产权制度 66

第四章　知识产权的主体 68
第一节　知识产权的主体范围 68
　　一、知识产权的主体类型 68
　　二、知识产权的特殊主体 70
第二节　知识产权的归属 70
　　一、合作成果的知识产权归属 70
　　二、委托成果的知识产权归属 72
　　三、职务成果的知识产权归属 73
　　四、后续成果的知识产权归属 75
第三节　知识产权主体制度的构建 75
　　一、知识产权主体制度中的平等精神 75
　　二、主体的差异性 76
　　三、知识产权主体与一般财产权主体的区别 77
　　四、国家与知识产权的主体 78

五、主体仅为自然人情形……………………………………… 79
　第四节　知识产权主体制度的演进……………………………………… 80
　　　一、由国内主体向外国主体的演进…………………………… 81
　　　二、由自然人主体向法人或者团体组织主体的演进………… 82
　　　三、由单向度主体向多向度主体的演进……………………… 83
　　　四、人工智能机器能否演进为权利主体……………………… 84

第五章　知识产权的对象………………………………………………………… 86
　第一节　对象与客体之争………………………………………………… 86
　　　一、对象客体一体说…………………………………………… 86
　　　二、客体对象分离说…………………………………………… 87
　　　三、辨析………………………………………………………… 88
　第二节　知识产权对象的种类、范围限制与特征……………………… 92
　　　一、知识产权对象的种类……………………………………… 92
　　　二、知识产权对象范围的限制………………………………… 94
　　　三、知识产权对象的特征……………………………………… 96
　第三节　知识产权对象的称谓及其本质………………………………… 98
　　　一、知识产权对象的称谓……………………………………… 98
　　　二、知识产权对象本质的三种主要学说……………………… 101
　　　三、信息有序组合：知识产权对象的本质…………………… 104

第六章　知识产权的属性……………………………………………………… 111
　第一节　知识产权的私权属性…………………………………………… 111
　　　一、知识产权的私权性………………………………………… 112
　　　二、知识产权私权的公权化问题……………………………… 113
　　　三、知识产权法与民法的关系：非特别法…………………… 117
　　　四、知识产权私权性与发现权的归属………………………… 118
　第二节　知识产权的人权属性…………………………………………… 119
　　　一、知识产权蕴含人权寓意的思想渊源……………………… 119
　　　二、国际公约与各国立法中的知识产权人权内涵…………… 120
　　　三、知识产权和人权的冲突、交叉和协调…………………… 121
　第三节　知识产权的一体两权属性……………………………………… 122
　　　一、综合性权利说……………………………………………… 122
　　　二、纯粹财产权说……………………………………………… 123

三、人格权在知识产权法中的命运 ································· 124
　第四节　知识产权的非垄断性 ·· 126
　　　一、知识产权垄断性的历史轨迹 ··································· 126
　　　二、知识产权垄断性的逻辑思考 ··································· 127
　　　三、知识产权"垄断性"表述终将式微 ······························ 127
　第五节　知识产权的非交叉学科属性 ·································· 128
　　　一、知识产权的学科性质 ··· 128
　　　二、人才需求无法倒推学科性质 ··································· 130

第七章　知识产权制度的正义性 ·· 132
　第一节　财产权劳动学说 ·· 132
　　　一、洛克劳动价值理论在知识产权正义性中的应用 ··················· 133
　　　二、对洛克劳动价值理论应用的质疑 ······························· 133
　第二节　人格理论 ·· 135
　　　一、人格理论的基本内容 ··· 136
　　　二、人格理论与财产内涵 ··· 136
　第三节　激励论 ·· 137
　　　一、激励论与社会契约观 ··· 138
　　　二、激励论的负面后果 ··· 139
　　　三、激励论与利益分配 ··· 140
　第四节　社会规划论 ·· 142
　　　一、社会规划论的基本内容 ······································· 142
　　　二、社会规划论与知识产权公共政策说的异同 ······················· 143
　第五节　知识产权正义性评述 ·· 144
　　　一、"何为正义"对"正义与否"的问题置换 ······················· 144
　　　二、知识产权正义性学说的方法论转型 ····························· 145

第八章　知识产权的取得、消灭及权利冲突 ······························ 147
　第一节　知识产权的取得 ·· 147
　　　一、原始取得和继受取得 ··· 147
　　　二、自动取得与申请取得 ··· 148
　　　三、知识产权的效力 ··· 151
　第二节　知识产权的消灭 ·· 155
　　　一、权利的绝对消灭与相对消灭 ··································· 155

二、知识产权消灭的原因 …………………………………… 156
　　三、知识产权效力审查的法院职权 ………………………… 157
　　四、知识产权消灭的追溯力 ………………………………… 159
第三节　知识产权的权利冲突 …………………………………… 160
　　一、知识产权权利冲突的概述 ……………………………… 160
　　二、解决知识产权权利冲突的原则 ………………………… 163
　　三、知识产权权利冲突与体系化 …………………………… 166

第九章　知识产权的权利限制 ………………………………………… 168
　第一节　知识产权权利限制概述 ………………………………… 168
　　一、知识产权权利限制的概念 ……………………………… 168
　　二、知识产权权利限制的正当性 …………………………… 169
　　三、权利限制的前提条件 …………………………………… 170
　第二节　知识产权内部的权利限制 ……………………………… 170
　　一、基于促进知识产品推广利用的限制 …………………… 171
　　二、基于合理使用的限制 …………………………………… 171
　　三、基于商业流通需要的限制 ……………………………… 175
　　四、基于在先使用的限制 …………………………………… 181
　第三节　知识产权外部的竞争法限制 …………………………… 182
　　一、知识产权的反不正当竞争法限制 ……………………… 183
　　二、知识产权的反垄断法限制 ……………………………… 185
　　三、标准、专利与反垄断 …………………………………… 191

第十章　知识产权的运用 ……………………………………………… 193
　第一节　知识产权的许可 ………………………………………… 193
　　一、知识产权许可的要求 …………………………………… 193
　　二、知识产权许可的类型 …………………………………… 194
　　三、知识产权许可终止后增值利益的处理 ………………… 199
　第二节　知识产权转让 …………………………………………… 200
　　一、知识产权转让的范围 …………………………………… 200
　　二、知识产权转让的形式要求 ……………………………… 201
　　三、知识产权转让对在先许可的影响 ……………………… 202
　　四、知识产权转让的行政批准 ……………………………… 202
　　五、知识产权对外转让安全审查 …………………………… 203

六、转让模式 ………………………………………………………… 205
第三节　知识产权的担保 …………………………………………………… 206
　　一、知识产权质押 …………………………………………………… 206
　　二、让与担保 ………………………………………………………… 207
　　三、浮动抵押 ………………………………………………………… 208
　　四、财团抵押 ………………………………………………………… 208
　　五、按揭 ……………………………………………………………… 209

第十一章　知识产权的保护 …………………………………………………… 210
　第一节　知识产权保护概述 ………………………………………………… 210
　　一、知识产权的保护方法 …………………………………………… 210
　　二、知识产权仲裁 …………………………………………………… 212
　　三、知识产权纠纷调解 ……………………………………………… 213
　第二节　侵犯知识产权的民事保护 ………………………………………… 214
　　一、知识产权请求权与知识产权损害赔偿请求权 ………………… 214
　　二、间接侵权 ………………………………………………………… 220
　　三、侵权责任的承担方式 …………………………………………… 223
　　四、临时禁令 ………………………………………………………… 229
　　五、知识产权的诉讼时效 …………………………………………… 232
　第三节　知识产权的行政保护 ……………………………………………… 233
　　一、知识产权行政保护的概念与特征 ……………………………… 233
　　二、知识产权行政保护的救济 ……………………………………… 236
　　三、英国知识产权局的行政执法 …………………………………… 238
　　四、我国知识产权行政执法的走向 ………………………………… 239
　第四节　知识产权的刑事保护 ……………………………………………… 240
　　一、知识产权刑事保护的概念与特点 ……………………………… 240
　　二、知识产权犯罪的"入罪门槛" ………………………………… 243
　　三、知识产权犯罪构成的四要件理论及其阶层论的批评 ……… 244

第十二章　知识产权的商业化 ………………………………………………… 248
　第一节　知识产权商业化的条件 …………………………………………… 248
　　一、权利主体具有合法性 …………………………………………… 248
　　二、符合商业化要求 ………………………………………………… 249
　　三、能发挥经济效益 ………………………………………………… 249

四、履行程序要求 ·········· 250
　第二节　知识产权价值评估基础理论 ·········· 250
　　一、评估表征——价值说与价格说的通约 ·········· 250
　　二、评估实质——使用价值的主线性 ·········· 251
　　三、评估对象——落足于权利的稀缺性 ·········· 252
　　四、价值来源——与产品或服务的结合性 ·········· 254
　　五、价值衡量——相关市场运营的仿真结果 ·········· 254
　第三节　知识产权商业化模式 ·········· 257
　　一、应收账款质押 ·········· 257
　　二、知识产权证券化 ·········· 257
　　三、知识产权转让回许可 ·········· 258
　　四、知识产权融资租赁 ·········· 258

中国知识产权法学研究四十年：进路与求同（代跋） ·········· 260
　一、中国知识产权法学研究的整体进路与评述 ·········· 261
　二、知识产权法学研究发展之展望 ·········· 270
　三、结语 ·········· 277

第一章　导言：知识产权基础理论认同分歧

知识产权以制度文明为杠杆，寻求着恰当的利益支点，试图一方面有效地激发人们的创造热情，另一方面把个人的知识财富转化为无尽的社会财富，以高效优质地推动人类物质文明和精神文明的巨大进步。知识产权凝聚了难以抗拒的时代魅力和理论潜能，自其诞生以来吸引了很多理论领域，特别是法学界的关注。与其他事物一样，知识产权也面临着认同的需求，但致使当代知识产权法学批评同早期法学著作相分离的，是它涉及范围的特殊性和它的方法，对其他学科领域研究的依赖和借鉴，以及对细节前所未有的注意。知识产权法自身体系及其与民法甚至整个法律体系的和谐有序，需要知识产权体系化的支撑。

所谓知识产权体系化，一方面可以理解为一个成果，即表现为法典形式的知识产权法；另一方面可以理解为一个过程，即为了实现法典化，对知识产权法的体系、编纂技术、所采用的指导思想、法律原则、内在逻辑甚至法律适用的探索。知识产权基础理论应当对各知识产权单行法起着法律创制上的指导作用和法律适用上的统帅作用，同时担当维持知识产权体系性以及发展和实践的职责。但知识产权体系化远未完成。多学说竞立表象下的中国知识产权缺乏体系化基础的一般性共识，知识产权法体系化不足。[①] "到目前为止知识产权法若作为一个独立的学科尚没有形成自己的完整构架，许多基础性的重大理论课题尚无定论"[②]。在这个意义上，基础理论认同分歧也就成了知识产权法体系化过程中的一个鲜明的问题。

第一节　知识产权基础理论认同分歧现状

自20世纪末期开始，由于受到种种政治、经济和文化因素的综合作用，

[①] 李琛：《论知识产权法的体系化》，北京：北京大学出版社，2005年，第38–67页。
[②] 郭禾：《知识产权法选论》，北京：人民交通出版社，2001年，第3页。

特别是随着中国社会转型，后现代思潮的泛起，知识产权法体系化的基础研究呈现如下一种情景：旧的学说尚未消退，新的观点已经凸显，现存的理论正在被盘剥。当代知识产权法基础理论认同分歧是一种自我身份感的迷惑，或者说是知识产权的归属困难。当代知识产权法体系基础认同分歧的表现形式多种多样，而且同样的分歧在不同发展阶段的表现形式和作用的方式存在差异。

一、认同分歧的外部表现

在系统科学看来，知识产权法作为一个系统，面临着诸多与外界系统的关系。以构建体系化为目的的知识产权基础理论研究也对外展现出诸多认同分歧。

（一）正义性的争论——知识产权制度存在是否有理

"知识产权正义论是知识产权制度的设计和运作的前提，同时承担着批判或支持现有制度、构建更合理的新制度的功能"①。知识产权必须证明自己的正义性，正义是知识产权制度的首要价值。

一般的知识产权正义论是根据一定的正义观对知识产权制度进行的有关正义性的思考。最初的一些中西方学者主张知识产权制度的正义性能够通过洛克、黑格尔、经济分析法学派等思想家或思想流派的理论得到论证。但接下来有学者认为：黑格尔的财产权自由/意志理论、罗尔斯的知识产权正义论等在证明知识产权制度正当性上的尝试是不成功的，知识产权并非具有神圣不可侵犯的正当性。再后来，在对以上反思的再反思基础之上，有学者转向工具主义的态度，将知识产权制度看作是一种实现某一或某些目标的工具或手段，并将知识产权制度置于知识的分配制度这个更大的框架之下来理解其正当性。② 此外，围绕知识产权制度，还形成了三股反知识产权的思潮，即知识产权怀疑论、知识产权废除论和知识产权僵化论。③

"在经济全球化以及知识产权法律制度趋同化的背景下，知识产权制度立

---

① 杨才然：《知识产权正义论》，中国人民大学 2006 年博士论文，摘要第 I 页。
② 杨才然：《知识产权正义论》，中国人民大学 2006 年博士论文。
③ "知识产权怀疑论"，认为知识产权保护对社会、经济、文化、科技等产生了阻碍效应；以美国学者 Richard Stallman 为代表提出"知识产权废除论"，主张限制甚至废除知识产权制度；以加拿大学者 Daniel J. Gervais 为代表则提出"知识产权僵化论"，认为现在的知识产权制度过于僵化，应当加以改造。（曹新明："知识产权法哲学理论反思——以重构知识产权制度为视角"，《法制与社会发展》2004 年第 6 期）。

法进程过快也引发了社会公众对知识产权法律'忠诚'度降低的问题，也就是说知识产权制度在包括中国在内的发展中国家中明显存在着合法性危机问题。"① 孔乙己曾说，读书人的事，窃书能算偷么？这种观点其实在现在依然大有市场。这些带有批判性质的普遍趋向，的确让我们看到了知识产权制度在当下所面临的生存危机正日益凸显。

（二）公权还是私权——知识产权定性的分歧

《与贸易有关的知识产权协定》（TRIPs）已经指明知识产权属于私权。私权，又称作民事权利。但是，从以下现象看来，对于这个"私权"的把握已经不是那么清晰而确定了：①在学界不时出现否定知识产权私权属性、建立独立的知识产权法律部门的声音，并且还有相当多的弘扬知识产权法公法属性的观点。可以说这些主张在不同程度上否定了知识产权法对民法的归属感。②虽然知识产权法不管如何特殊也都属于民法的组成部分，但是各国的民法法典化进程中，基本上都在形式上将知识产权法搁置于民法典之外。至于个别国家将知识产权法纳入民法典，其效果也是差强人意。有学者解释说未能纳入民法典的原因是"知识产权法的技术性规定较多，且变化性较大，放在民法典中，与其他民法法律部门的法律规范不协调……会极大地损害民法典的稳定性"②。其实这种解释仅仅只是从具体制度设计而言，尚没有触及传统民法与知识产权法在融合上的理论困难。"在制度上将知识产权法纳入《民法典》中，是民法体系的逻辑需求，也是现代社会民事财产制度的实践要求，它必将成为 21 世纪体系化民法制度的标志性构成。"2017 年 10 月，中国知识产权法学研究会拿出了七章九十五条的《民法典·知识产权编》（学者建议稿），是一次宝贵的尝试，取得了重大影响力。

（三）概念修正——知识产权在民法典中的位置漂浮

一般认为，在民法中，知识产权的位置是与物权、债权相并列的，《中华人民共和国民法典》（以下简称《民法典》）也是这么安排的。而现在有观点建议采用"信息产权"这一称谓取代"知识产权"③，其代表性的观点在 1984 年英国布特沃斯出版社出版的《香港的知识产权与工业产权》一书中得到体现。该书作者把专利解释为"反映发明创造深度的技术信息"，把商标

---

① 孙祥壮：《知识产权法治构造的理论逻辑》，南京师范大学 2007 年博士论文，第 61 页。
② 王利明：《民法总则研究》，北京：中国人民大学出版社，2003 年，第 69—70 页。
③ 郑成思、朱谢群：《信息与知识产权》，载《西南科技大学学报（哲学社会科学版）》2006 年第 1 期。

解释为"贸易活动中使人认明产品标识的信息",而把著作权解释为"信息的固定、长久存在的形式"。

而另有观点建议"采用'无形财产权'这一术语,并建立一个范围大于知识产权,调整对象以无形财产权为主的无形财产权法律体系"①。该无形财产权体系大于知识产权范围,包容一切基于非物质形态的精神产品所产生的权利。该无形财产权除了现有的知识产权类型外,还包括特许经营权、特许交易资格、商誉权等。

考虑到信息与无形财产的范围明显大于知识产权保护对象的范围,也就是知识产权沦为了信息产权与无形财产权的组成部分。如果这样,那么法典化时如何处理物权、债权与无形财产权(或者信息产权)及其知识产权的关系,是一个棘手的问题。更关键的是,知识产权与其他无形财产权所对应的利益并不一致,会导致另一个"杂物箱"困境,影响民法典结构体系的和谐性。

二、认同分歧的内部表现

在价值匮乏、意义模糊、秩序无常与权威脆弱等诸因素影响下,知识产权法内部也存在着诸多基础分歧,认同依然是难题。

(一)作者死亡——法律原则的异动

一些学者们将西方形形色色的哲学文化思潮引进或嫁接过来,建构出种种结论和观点,这其中以后现代思潮的"主体死亡"②最为明显。作为后现代的典型代表的符号解构③,借助于20世纪70年代出现的文学批评方法"接

---

① 吴汉东、胡开忠:《无形财产权制度研究》,北京:法律出版社,2005年,第347页。
② 如多迈尔(Fred R. Dallmayr)的"主体性已迫近黄昏"、福柯(Michel Foucault)的"人将要消失或已经死亡",以及尼采(F. W. Nietzsche)、海德格尔(Martin Heidegger)和德里达(Jacques Derrida)的相关论述。
③ 值得说明的是,索绪尔的符号理论属于现代性的结构主义,与德里达的后现代性的解构主义存在着差异。索绪尔的符号理论把符号分成了能指和所指两种。任何一种语言,从单词到句子,都由能指和所指构成基本的意义。索绪尔的能指和所指概念形成了一种寻找语言意义的结构模式,对结构主义思想的兴趣和发展起到了举足轻重的作用。可是,在德里达看来,索绪尔的这种结构主义语言是西方形而上学的逻各斯中心主义(Logocentrism)的支脉,必须加以消解。逻各斯中心主义源于希腊语"逻各斯",意思是"语言"或者"定义"。《圣经·新约》里说,"万物始于词语",因此语言被提高到一个全部真理的终极本源的中心地位。从语言观的困境上看,结构主义和解构主义似乎是相对峙的,但他们之间在渊源上存在着一定的联系,在文本解读思想上也存在着一定的互补性。(曹山柯:《都是为了追寻文本的意义踪迹——结构主义与解构主义文论思想比较研究》,载《四川外语学院学报》2002年第1期。

受美学"①的成果的移植和利用,已经踏入了中国当代知识产权的研究视野,它为学者们提供了一个新的视角、新的反思和学习的素材,丰富了知识产权研究的内容。但是在另一方面,后现代解构言语中心主义的核心是消解"主体",将符号与指称对象的分裂推广到能指与所指的分裂,用能指的"自由"来抗衡所指的"专制"。能指无穷链接,所指永远滑落,这就是后现代主义描述语言符号的运动情况。作者只是符号组合网上的一个节点、文本中的一个交叉路口,读者通过它可走向四面八方,但设计、实现和控制作品的传统意义上的作者已经死亡。

"作者死亡"这一论断可谓石破天惊,它不但从根本上否定了表达与思想二分法这一保护原则在著作权法上的正确性,取消了人格权在知识产权法中的归属资格,同时也在人格理论的论证方面,在一定程度上动摇了知识产权正义性存在的依据,并将对著作权的保护期限提出了挑战。②

(二) 创造伦理消减——方向感的迷惑

一些研究表现出一种严重的方向迷惑。这其中最明显的趋向就是鼓励创造的理念日渐衰竭和知识创新的意义丧失,其大体说来表现为两种形式:一是"阳光下任何人造的东西都应该在专利保护之列";二是人类区别于动物所具有的创造能力这一最为崇高的本性,成了"分配正义"这一工具理性的"偏房"。

(三) 基础概念欠缺认同——体系根基不稳

就那些对知识产权存在和发展有着根本性影响的基础概念而言,也存在着多年争执不休的批评与反批评。

1. 知识产权的概念之争

"法律体系化的根据,在于法律概念及其所储存价值的位阶性。"③ 知识产权法体系的立身之本,要求我们必须回答归于"知识产权"名下的权利具有何种共同特征,能使它们合适地、合乎逻辑地成为一种独立的权利类型,

---

①20世纪70年代国外出现了一种新的文学批评方法——"接受方法"或称"接受美学"。"接受美学"指出了一个确凿的事实,浪漫主义强调作家,形式主义注重作品,但它们都忽略了文学实践的另一个重要因素:读者。它反对单纯地从作家、作品的角度研究文学,主张把读者作为文学研究的重要研究对象。把读者及其文学接受作为文学研究的一个重要对象,这不能不说是"接受美学"在理论上的一个贡献。

②按照传统理论,著作权保护期限是为了保护作者的权益,但如果按照"作者死亡"的观点,作品的价值在于读者的解读,那么,作品的保护就不仅是保护作者的权益,另外可能要改为保护读者的解读权。

③张俊浩:《民法学原理》,北京:中国政法大学出版社,1997年,第35页。

并由此派生出相应的、合理的法律调整手段。中国大陆地区知识产权法的建立及其研究的开展已经有几十年的时间，但对于支撑知识产权法体系的最重要的基础——知识产权的定义，却一直没有形成统一的认识。

学者们最初定义知识产权的一种方式是采用列举外延的方式，如借鉴《建立世界知识产权组织公约》（WIPO）、《与贸易有关的知识产权协定》（TRIPs）的规定，认为"知识产权是对包括著作权、专利权、商标权、发明权、发现权、商业秘密、商号、地理标志等科学技术成果在内的一类民事权利的统称"[①]。但大家发现知识产权的外延在不断修正和补充之中，用列举法进行定义不适当，因此转而采用属加种差的归纳法进行定义。应用归纳法得出的知识产权定义有很多种，现在大体以下述定义作为通说："知识产权是基于创造成果和工商业标记依法产生的权利的统称。"[②]其理由在于创造成果与工商业标记的价值来源明显不同，创造成果不能摄涵工商业标记。但也有学者认为随着知识产权保护对象的发展，已经产生了既不能归为"创造性"，也难归为"标识性"的保护对象，如商业秘密及数据库[③]。而在学者们来不及统一创造成果与工商业标记的时候，信息产权与无形财产权的主张又出现了。

于是，知识产权面临着一个悬而未决的根本性问题：知识产权的诸权利分支是否具有逻辑统一的可能性？

2. 知识产权对象及其本质之争

首先，我国民法学界对于民事权利的客体与对象的认识存在争议，两者是同一概念还是有所区别也难以达成共识。[④]这一民法基础理论争论反映到知识产权领域，产生了创造成果与工商业标记是知识产权客体还是知识产权对象的分歧。大部分学者持客体—对象一体说，即"民事法律关系客体即为民事权利客体，客体为法律保护的特定利益之本体，亦可称权利的标的或权利的对象"[⑤]。但也有一些学者坚持客体对象分离说，"作为对象的知识是'形式的''结构的''符号的'，属非物质的范畴。知识产权的客体是指在对象上所施加的、能够产生一定利益关系的行为"[⑥]。（由于对权利的对象与客体

[①] 刘春茂：《中国民法学·知识产权》，北京：中国人民公安大学出版社，1997年，第1页。
[②] 刘春田：《知识产权法》，北京：高等教育出版社，2000年，第5页。较早以前，学界通说使用的是"创造性智力成果"，而不是"创造成果"。此变动的原因在于强调知识产权保护的创新成果，与创新过程无关。
[③] W. R. Cornish, Intellectual Property: Patent, Copyright, Trade Marks and Allied Rights, London: Sweet & Maxwell, 1996: 3.
[④] 佟柔：《中国民法学·民法总则》，北京：中国人民公安大学出版社，1990年，第55页。
[⑤] 梁慧星：《民法总论》，北京：法律出版社，2001年，第51页。
[⑥] 刘春田：《知识产权法》，北京：高等教育出版社、北京大学出版社，2010年，第8页。

存在争议，为统一本文起见，对于一体说的"客体"，也一律使用"对象"称谓——至于本书赞同客体对象分离说的理由，将在后文予以说明。）

其次，知识产权对象是什么也有争议，是知识、信息还是符号组合？知识产权对象的本质也存在着争议，大体有以下分歧：精神之产物[1]、精神创造物[2]、创造性成果[3]、信息[4]、非物质性产品（财产）[5]、形式[6]等。显然，上述关于知识产权对象本质的分歧不是出于表述的角度差异，它们之间具有实质上的竞争与冲突。[7] 本质是"指事物本身所固有的，决定事物性质、面貌和发展的根本属性。"[8] 而我们现在对知识产权对象的本质存在着不同认识，那么立法和司法如何能通过本质的功能来发挥知识产权对象的指导作用呢？毋庸置疑，知识产权的稳定性及其法律适用，将会因此受到基础性的制约。

（四）功利主义、工具主义和法定主义流行

"知识产权功利论在我国知识产权立法实践中占据着主导地位，其影响力极其广泛……中国从政府到民间对于知识产权制度在观念上更多地接受了知识产权功利论的思想。相对于劳动论、人格论和社会规划论，功利论在中国被接受的难易程度上显然要容易得多。"[9] 面对知识经济的挑战，一些学者把法律视为是一种实现功利目标的手段，并运用到知识产权法治中，通过经济激励理论的形式为知识产权法治的正当性提供理论支撑，"从'激励'智力创造为社会谋福利的角度，看待知识产权的正当性，而且被视为知识产权理论中最有力和最广泛适用的理论"[10]。

建立在工具主义哲学之上的知识产权法定主义理论与功利主义的激励理论既有区别也有联系。知识产权法定主义主要解决的问题是随着知识产权保

---

[1] 王泽鉴：《民法总论》，北京：中国政法大学出版社，2001年，第204页。
[2] 梁慧星：《民法总论》，北京：法律出版社，2001年，第51页。
[3] 王家福：《关于知识产权的几个问题》，载《法学研究》1991年第1期。
[4] 郑胜利、袁泳：《从知识产权到信息产权——知识经济时代财产性信息的保护》，载《知识产权》1999年第4期；郑成思、朱谢群：《信息与知识产权》，载《西南科技大学学报（哲学社会科学版）》2006年第1期。
[5] 吴汉东：《知识产权法学》，北京大学出版社2001年，第15页；王春燕：《也论知识产权的属性》，载《中国法学》1996年第3期。
[6] 刘春田：《知识产权法》，北京：高等教育出版社，2000年，第7页。
[7] 在很多论述中，并没有严格区分对象与对象本质。
[8] 中国社会科学院语言研究所词典编辑室：《现代汉语词典》（第5版），北京：商务印书馆，2006年，第65页。
[9] 饶明辉：《当代西方知识产权理论的哲学反思》，吉林大学2006年博士学位论文，第150页。
[10] 冯晓青：《知识产权法哲学》，北京：中国人民公安大学出版社，2003年，第103页；孙祥壮：《知识产权法治构造的理论逻辑》，南京师范大学2007年博士论文，第23页。

护一体化之后造成的"知识产权危险论",不是所有的知识产品都能成为知识产权法律制度调整的对象,知识产权法必须以公共利益作为依归而设立。同时,由于知识产品作为无体物,其权利边界不像有体物那样容易划定,需要通过法律工具加以清晰化。功利主义的激励理论主要是通过设立产权,对社会有用信息和知识的创造者和创作者进行经济刺激,目的是在刺激生产更多社会有益知识的基础上,提升社会福利。法定主义理论主要的落脚点在于国家政策对知识产权权利设立的调控上。功利主义的经济激励理论主要的方法是通过经济手段,或经济分析法学的方法解释知识产权权利的合理性。两者之间的主要共同之处就是对社会公共利益的关注,均认为社会公共利益是知识产权法治正当性的基础。①

面对应接不暇的变革和发展、创新与突破,知识产权制度"工具主义"或者"法律政策工具"的结论固然有其道理,但这种"秀才与兵"的实证分析只是指明了分析问题的一个方向,而没有说明存在的实质。知识产权法发展中的问题不仅仅是一个公共政策或工具主义能够解决的问题,也是一个法学问题。工具主义再好,也只能解决知识产权如何立法的问题,而不可能延伸到对知识产权法的合理性、有效性的追问。而"知识产权的纯粹工具主义,进一步促进了知识产权的商业化进程,使得知识产权制度的正当性问题进一步复杂化,取得知识产权保护成为产生贸易保护主义的根源之一"②。这是一方面。另一方面,工具性价值乃是所有法律包括政策都具有的基本价值,曾经的"法律工具主义祸害中国久矣"③。工具主义——尚且不说它在实际应用中是否导出良法或者恶法的问题,至少造成了一种对法律相当不信任的社会文化氛围。我们的社会存在着一种不信任法律的思想倾向,总以为法律是政府官员的工具,常被有些人玩弄于股掌之间,这导致老百姓对法律建立不起好感或信任感;而老百姓缺乏好感或信任感的对策也符合法律工具主义的看法:既然法律这个工具不力,那么不妨同时也拿起(或及时改换)另一种工具,比如不守法或者是自力救济而导致社会无序。

另外值得注意的是,在深层次,功利只是人类行为的动机之一。功利主义试图以功利来概括和解释知识产权的全部内容,把追求功利当作人生的唯一目标,把功利主义庸俗化和绝对化,经不起现代心理学的研究成果检验。事实上,"功利主义把人的本质简单化和绝对化了,无法解释复杂多变的社会

---

①孙祥壮:《知识产权法治构造的理论逻辑》,南京师范大学2007年博士论文,第43页。
②孙祥壮:《知识产权法治构造的理论逻辑》,南京师范大学2007年博士论文,第93页。
③范忠信:《法律工具主义批判》,载 http://www.fatianxia.com/paper_list.asp? id = 16844,2008年3月28日。

生活，这也是功利主义法学虽然对西方法律思想产生了重大的影响，但是却没有能够长期占据西方法律思想舞台的重要原因"①。

第二节 引发基础理论认同分歧的原因

"每一个时代都有自己的独特的法律现象或法律问题，各个时代的法学必须针对这些现象或问题提出新的解释或解决方案；每个时代有每个时代的法学思考者和法律解释者，这些思考者和解释者的经验和知识前提及其依赖的语言和思想情境各有不同，就可能使他们回答问题的方式及运用的话语体系存在差异；每个时代都有不同的法律制度及其制度变种，受时代之制度推动的法学也会随制度的变化而变化，呈现出时代之精神气质和制度气候的特殊印痕。"②知识产权的生存和发展也不能离开当代社会经济文化环境的推动和制约，因此其基础理论认同分歧就有着其现实的根据。

一、私权文化有待进一步发展和积淀

法作为上层建筑的一种，其产生和发展都是由经济基础所决定的。没有足够的知识产权制度、经济和文化的实践过程作为基础，难以满足知识产权发展对于权利文化环境的需求。表面上看，有关知识产权公权与私权争论的这些现象反映了对知识产权属性的争论，但同时也潜藏着中国几千年传统文化思想的身影。而从法律实践看，中国知识产权法在现实中存在的诸多问题恰恰正是由于权利文化的积淀不足所造成的。

在古代中国，从商和从事手工技艺都是没有地位，甚至受歧视的，知识财产没有根本的保障。从古代"普天之下，莫非王土"之说，到近现代"大公无私"的道德诉求，私有财产在中国一直缺乏与公有财产平等的地位和保护机制。改革开放以来我国法制和文化建设所取得的成就，为建立新型的现代私法体系奠定了必要的基础。但是，有关私权的制度、经济和文化仍然不够发达，这已成为我国建立知识产权制度文明的绊脚石。《中华人民共和国民法通则》（以下简称《民法通则》）《中华人民共和国民法总则》（以下简称

---

① 杨思斌：《功利主义法学》，北京：法律出版社，2005 年，第 213 页。
② 舒国滢、王夏昊、梁迎修，等：《法学方法论问题研究》，北京：中国政法大学出版社，2007 年，第 1 页。

《民法总则》）或是其他私法所担当的私权文化建立功能，在短短的几十年中的作用也仅限于此，"国民中对私权观念仍心有余悸"①，而知识产权法也显然没有能力去独力改变私权实践不足的问题。

二、现代新型消费及其相关文化不断冲击

思想多元化的产生和发展除了西学东渐、社会转型之外，另一个重要原因是来自科技和商业的冲击。科学技术和商品生产是现代和后现代社会的两大基础，它们曾经促成人文精神的解放，如今又反过来成为阻碍人文精神发展的桎梏。

受前知识产权时代社会生产力发展水平和财产观念的影响，人们接受的是物质财富观念；在消费水平上，人们基本上能够做到的就是物质财富的消费，如房屋、土地。这种消费观念经过传统民法的确认、宣传和示范，成为一种标准的生活方式和消费方式。当知识经济及其法律保护横空出世，人们的传统消费观发生了根本的变化，在很多领域，知识的消费取代了物质财富的消费，执法部门依照与知识产权相关的法律和政策，确认和保护着知识财产。这种翻天覆地的变化，进而不可避免地会导致消费意愿、目的和后果的异化。作为文本上的法律与作为现实社会生活运作一部分的"活法"之间并非完全平行，文本上的法律的合法性必然受到质疑。各国存在不同政治制度的选择，同时各国法律文化之间"隔离机制"的存在和各民族价值观的差异等深刻的社会和文化因素，将在不同发展程度的国家设定着知识产权趋同化的限度，并引发着质疑和诘问。在老百姓甚至一些学者对知识产权的合法性的追问，也体现了对现代知识消费的强烈的不理解。这不仅因为西方的知识产权法律是伴随着其私有化经济社会发展而发展起来的，而且与其法律传统、法律文化乃至整个社会文明密不可分。而中国的知识产权立法基本上可以说是被动移植的结果，"窃书不算偷"等传统法律思想短时间难以认同对知识的保护，必然产生西法中移的困惑。

对知识产权的理论建构也经常被当代消费文化观念牵引着而不自觉地迷失了自我。"符号消费"是当今的一个热门词汇，反映着一种现实，暗含着"需求引导供给"向"供给引导需求"的向度转换。但从当代认同的角度来说，这种"符号消费"的转向也体现出了价值取向的真空和价值观的迷惑。

---

① 刘春田：《知识产权法治的经济与法律基础》，载刘春田：《中国知识产权四十年》，北京：知识产权出版社，2019年，第15页。

现代消费所消费的已不再是传统观念中商品的使用价值，而是更侧重于商品所蕴涵着的符号价值。符号价值被视为使用价值的特殊形式，亦即商品具有各种不同的使用价值，其中之一就是象征社会地位。①

三、观念和技术的发展超出传统法律的知识储备

知识产权研究困难的缘由，既关涉知识产权自身基础理论的混沌现状，也关涉传统民法理论自身的历史局限性，而且两者在某些方面互为牵制。虽然知识产权是民法的组成部分，且古代罗马法关于无形财产的概念、公有物的理论、无体物的转让和侵害的学说，与知识产权的财产属性、公有领域、产权贸易、无形侵害等法律原则与规则有着源和流的关系，但从权利的形式上看，物权范畴中的物具有天然的"自我封闭"的特性，这为个性化的个人和独一无二的个别物之间的一一对应提供了可能，同时这也就使将个别物确权给个别人的所有权制度得以具备了形式上的绝对排他性和发展上的渐趋完整性。财产权（主要是所有权）本身在一定程度上也就被视为"确定个人自治范围的尺度。"② 而知识产权对象具有的无体性特征所引发的知识本身的不可控（非直接支配），导致物权的"自我封闭性"基本理念在知识产权中遭遇了"滑铁卢"。

另外，在以法律的名义保护知识的演进过程中，不断有着新的观念突破、新的理论建构和新的制度设计，它们无不蕴含着对传统民法制度的冲击和挑战——比如说，知识产权制度促进知识公开的理念，是传统民法所不了解的一个内容，也不是合同法中告知义务的层次、内容所能涵盖的；作品与作者、历史文化（包括但不限于法律文化或权利文化）传承和言论控制等之间复杂的关系③、基因专利中人类克隆的道德伦理法律问题，都不是传统民法理论的简单挪用所能释怀的，也不是"知识产权的对象与物权的对象都是一种财产，只不过是财产的形态不同而已"这样的轻描淡写那样简单的。

---

① Barton Beebe, the Semiotic Analysis of Trademark Law, 51 UCLA L. Rev. 621.
② [美] 伯纳德·施瓦茨：《美国法律史》，王军，等译，北京：中国政法大学出版社，2007 年，第 25 页。
③ 正如 Melville B. Nimmer 法官所言："它（版权法）在某些程度上侵犯了言论自由……但这是正当的，因为版权保护对创新作品的激励符合更大的公众利益。"（Sony Corp. of America V. Universal City Studios. Inc, 464 U.S. 417, 429 (1984)）不同社会既然要受时代、气候、地理环境和物质生活条件的制约，那么在处理和应对不同的事务的时候，必然会形成不同的生活方式和意义世界，这便使社会具有了强烈的文化色彩。所以在看待和研究一个社会时，一定要注意它文化的、民族志的和人类学的方面。有关著作权法与文化传承和言论控制之间复杂的关系的深入分析，可参见肖尤丹：《历史视野中的著作权模式确立——权利文化与作者主体》，武汉：华中科技大学出版社，2010 年。

历史上，知识产权制度的产生可能基于某些因素（如经济、文化、社会和法律等方面），但随着社会、文化的变迁，许多新的因素将会影响知识产权制度本身。权利阐释和展开的过程就因此成了对原有权利在内在结构上的充实甚至是根本性的改造，从而导致权利理念和制度的变迁。由于信息技术的发展，知识产权领域出现了许多新对象，如软件、集成电路、数据库、信息网络传播权和技术措施等。随着生物科技的发展，也使得不少原本人们认为不能申请专利的对象也被纳入保护范围，比如基因、动植物新品种、微生物。不断出现的新类型知识产权，引起了社会公众的普遍关注。近段时间对于人工智能的热烈探讨，更是牵扯到权利主体能否扩张到机器的身上。

另一方面，知识产权法应关注自身的法律技术中存在的问题。立法技术是指立法活动中所遵循的用以促使立法臻于科学化的方法和技巧的总称。知识产权法条文的修辞、逻辑结构和文字表达的规则等，要有很高的专门编纂技术。经过社会演变和科技发展，成果创新及其应用方式创新不断增加，知识产权法条的编纂紧跟其他学科步伐的努力，不能仅仅是不断在知识产权法中列举权利类型，或者就事论事打补丁，这样只会滞后于社会现实。因此对于知识产权人及相对人的行为要求或者侵权结果应该直接以特征、构成要件等概括性撰写，这才能给知识产权法的规定保留稳定性和前瞻性。可以说，很多所谓新型案例或者司法适用的疑难问题，是由于立法技术的不足而导致的。

以著作权法为例，其列举的多项权利并不是一个层次分明，逻辑合理的排列搭配。如复制权与发行权、信息网络传播权存在交叉，后两者均存在复制行为及其复制本。这导致学习讨论与司法适用权利的时候导致先天的缺陷且引发困惑。

还有，设定一个权利的主体时，需要着重考虑一般民事主体、营利性民事主体、公益性民事主体之类的差异。同时，市场经济背景下，单位的性质会发生变化，如早先的图书馆都是公立的公益机构，而现在更多注重营利。这就要求我们在立法及其修正中，尽量避免以某一类型的机构名称作出规定，而是考虑这类机构的公共的特性或者特点。还有广播权中"广播"一词的狭隘性，导致后来增加"信息网络传播权"的规定来解决交互式信息传送的空白。另外，司法过程中倚重文字作品、视听作品、软件作品等作品种类划分来适用侵权判断条件，也造成了对于网络游戏直播、体育赛事直播等这样的新生事物的适用法律困难。

在实体法的条款撰写修正的过程中，存在对其他法律"跨界重复"的现象。如有实体法的条款被增加了关于司法程序的内容，而这些增加的部分其实是需要甚至是已经设置在程序法中。另外也还存在一定数量、同类的规范性的法律条文重复。作为不同的法，换个表达，但其实是一回事，却因为语言的歧义性造成了对法条的理解与适用的困惑。

四、社会转型引发思想多元化

知识产权法体系基础认同分歧相对当代中国的认同危机而言，虽然略有滞后，但形影相随。两者之间有着必然的和复杂的联系，折射着当代中国社会现实。党的十一届三中全会以后，思想解放、观念更新，对权威话语和宏大叙事敢于大胆怀疑。改革开放是一个打破旧秩序并同时建立新秩序的过程，改革带来实惠的同时必然伴随成长的阵痛，故而在当代中国社会转型的过程中，中国人认同危机的出现成为一种必然。

在开放引进的外来文明与全球化引发的文化冲击下，现代西方哲学和文化对当代中国社会的冲击也达到了前所未有的程度。在西方非理性主义中，后现代哲学和文化更是积极参与到对知识产权的权威和话语霸权毫不留情解构的潮流中来。从许多方面来看，后现代理论提供了一个充满新观点的仓库，起到批评多元化的作用，对于各学科领域来说是非常有趣和有用的。但是在另一方面，对西方一些思潮的引进并没有为我们解惑，而其与社会的历史的批评相悖又成为加重困惑的一个砝码，加之一些学者标新立异、故弄玄虚，致使许多问题更加复杂化了。"所谓的理论危机是虚假的危机，所谓的理论革命也是盲目的革命，反倒加剧了知识产权法的非体系化……体系化思维之下的理论革新，首先分辨是否面临真正的理论危机，即使真正的危机来临，新说的创立也必须利用原有的体系资源。抛弃体系化思维的无根无本的新说，实际上是一种逃避。"①

面对全球化，一部分人极端地否定一切、怀疑一切、解构一切，造成自我身份感出现问题和主体迷失而引发认同危机。同时，在一定程度上，部分学者对认同中的非理性成分不加选择地接受，对认同中的差异性成分进行放大，也造成了自己的立论和解构缺乏对"理论硬核"的针对性而仅凭感觉的片面性做法。还有些人习惯于以国力强弱为标准来评价所谓文化的优劣，将西方的法律规定或模式作为"文明""进步"的标尺来评判一切。这种理论上的偏见，不仅阻碍了不同法律文化之间的沟通与融合，造成了不同法律文化间的对抗与相互毁坏，而且引发了对中国传统法律文化史无前例的怀疑和

---

① 李琛：《论知识产权法的体系化》，北京：北京大学出版社，2005年版，第103页。

否定。

随着计算机技术和网络技术的发展，人们对电脑和网络技术的人文层次的哲学思考也从一般性的伦理学层面发展成网络时代的生存哲学的思考。在知识产权与人权以及其他权利的关系方面，也存在着不同的看法。"下列权利是与知识产权至少同等重要的权利：人们自由模仿他人的权利，自由工作、竞争、对话和书写的权利，丰富公共文化的权利。知识产权与这些价值（反之亦然）的协调方式随着时间的流逝发生了很大的变化，而且它们将继续在各个国家和法律制度之间存在差异。这些协调基于社会和经济理由而发生，自然法并没有预先注定它们的命运。应当在哪里确定详细的界限？这个问题当然不能由诸如'知识产权是财产权'这样的循序解释来回答。"①

五、国内外各种压力不断增大

自20世纪90年代以来，我国在知识产权保护问题上受到了美欧日等发达经济体持续不断施加的压力。我国加入世界贸易组织（WTO）之后，这种压力还在进一步升级。在企业层面，外国企业感受到我国企业的强劲竞争，将强化知识产权保护视为维持其优势地位的生命线，采取各种举措挤压我国企业的创新空间，增加我国企业的创新成本。在国家层面，发达国家认为我国的迅速发展对其构成了潜在威胁，强化对知识产权特别是核心技术专利权的保护，已成为巩固和发展其自身优势，遏制我国发展的重要手段。如果某一成员方不遵守协议确定的最低标准时，可以通过世界贸易组织贸易争端解决机制来对不执行国家进行经济制裁。"这种纠纷机制的存在，实际上已经很大程度地改变了一国的国内知识产权法律制度。"②

还有一个新的动向值得我们高度关注。由于发展中国家的抗争，发达国家在通过WIPO（世界知识产权组织）、WTO等国际组织进一步提高知识产权的保护水准实现其目标的努力中遇到了越来越大的阻力，以美国为首的发达国家于是开始转变策略，促使知识产权保护与货物贸易、服务贸易紧密挂钩，将提供贸易优惠建立在发展中国家承诺接受新的更高知识产权保护义务的条件之上。③

对于改革开放40多年来中国知识产权制度的发展速度，一些人认为当前

---

①②［英］大卫·维沃：《知识产权的最新状况》，李雨峰，译，载《中国知识产权评论》（第三卷），北京：商务印书馆，2008年。
③尹新天：《美国专利制度的新近发展》，载《中国知识产权法评论》（第三卷），北京：商务印书馆，2008年。

我国知识产权保护已经过度，产生了失衡，提出应当重点打击各类国外的知识霸权与制止知识产权滥用。另一方面，主要有一些知识产权人则认为中国的知识产权保护不能有效保护他们的权利。知识产权法律领域的创生和延展不仅改变了传统民法研究对象的历史局限性，对其学术含量的提高和理论创新的可能性空间之开拓，更是起到了巨大的作用。比如对数据库知识产权保护便成为科研、改革和创新领域极为重要而富有争议的问题，其争议集中在对创建者动机的关注及对创建者和投资者之间的平衡，以及维护科学、教育和图书馆界的用户对数据库产品所包含数据的惯常使用等方面。近段时间对于知网垄断与暴利的质疑，也反映出这一点。

如何处理好保护与利用的关系，以更好地协调公共利益与个人利益，是现代知识产权制度在发展中面临的重大挑战。

第三节　知识产权基础理论认同分歧的解决探索

基础理论认同分歧不是发展的末路，而是发展的新起点，是飞跃的临界点，是"渐进过程中的中断"。当代知识产权基础理论认同分歧因其强大的现实影响力而成为当代法学者们无法回避或轻视的问题。就学者的研究而言，一方面，法学研究中对种种具体观念、概念和问题的批评与反批评这样的一个"怎样获得认同"的过程，与其深层次的"认同何以可能"的过程之间是密切相关的。另一方面，对于如何消减知识产权基础理论认同分歧的努力方向而言，后者较之前者更为基础和根本。于是，"怎样获得认同"就被置换为"认同何以可能"。

一、科学理性对于知识产权研究的重要性

科学和理性早已成为法学理论研究中根深蒂固的信条。科学理性是传统哲学乃至当今各种人文社会科学研究的逻辑起点，而鉴于当代知识产权基础理论认同分歧的产生原因，特别是在后现代语境下，知识产权研究更需要科学理性的保障。没有正确的认识论和方法论作为基础，理性的大厦将被汹涌的非理性和相对主义的洪水冲垮，人类长期培养的精神价值和所珍惜的人生意义都将付之东流。

随着技术问题越来越多地渗入知识产权领域，技术话语、技术思考逐渐多于法律思考。尽管专家型研究格局的膨胀在技术背景的支持方面为法学研

究提供了必需的支撑，但当大多数研究都沉溺于局部问题时，机械法学的阴影开始在知识产权法学研究中徘徊。综合体现为研究格局的制约，或者说研究的过度分化——知识产权法学与民法学的隔离、知识产权法学研究的过度细化。解决多因素、动态复杂系统的问题，需要在方法论上有所创新，必须进行思维方式的变革。知识产权的复杂性及其研究的现状，彰显系统科学这种复杂性思维对于科学理性保障的必要性和重要性。"只有将体系中的知识系统化，才能保证又一个站得住脚的统一学说。否则，法律的运用只能停留在半瓶醋的水平上。它总是由偶然因素和专断所左右。"①

二、方法论对于保障科学理性的关键性

从法学研究本身要求来说，"不考虑'正确之法的方法'，人们完全不能说'正确之法'。"② 科学的方法论是人文社会科学的"科学性"的大前提，也是人文的科学理性主义的体现。追求知识产权的科学建构，需要一定可靠的方法和技术。"对法律工作者而言，对方法的忠诚起着自我监督的作用。"③

在应对知识产权这一复杂系统的压迫面前，很多学者转向工具主义求得法学一隅，但也有一些学者正视并不断反思民法、知识产权法内在的本质和关联问题，更有少数敏感的学者在艰难的探讨旅途中已经开始求助于其他学科的不同方法——既然传统法学方法本身的或者使用中存在的缺陷，那么从哲学意义上对法学方法进行新的认识和研究是非常必要的。一些求助于符号学、美学、文艺理论④、人权等理论和成果的启迪，正是其中努力求索的表现。

三、面向主体和科学

中国人在四十多年前开始的哲学（主要是指辩证唯物主义）的发展趋势可归结为"面向主体与科学"⑤，实际上，这个概括不限于哲学，它也反映了知识产权法学界乃至整个法学界的法哲学的思想朝向。"人文的科学理性"体现了科学精神和人文精神的统一，有利于唤起社会理想和人文追求。

---

① [德] 李斯特：《德国刑法教科书》，徐久生，译，北京：法律出版社，2000年，第1页。
② [德] 阿图尔·考夫曼、温弗里德·哈斯默尔：《当代法哲学和法学理论导论》，郑永流，译，法律出版社2002年，第52页。
③ [德] 伯恩·魏德士：《法理学》，丁小春，译，法律出版社2003年，第294页。
④ 肖尤丹：《著作权模式确立的历史解读》，中国人民大学2008级博士论文。
⑤ 王鹏令：《面向主体的科学——近十年来中国辩证唯物主义研究中的两种趋势》，载《中国社会科学》1987年第3期，第68-72页。

"倘法学能称之为科学，端在理论"①，高扬科学与科学理性的精神，倡导知识真理性的文化结构。知识产权探索离不开理性，通过科学结构和科学精神的同构和投射作用去约束与建构一个知识产权的科学理性系统。知识产权理论当从知识含量较低的、粗放式的直觉，发展成为有较高专业门槛、更加精细化的学科知识。② 体系化的知识产权思考，不仅可以实现理论的自洽性追求，而且相比于无体系与机械割裂，更具有司法实践上的显著优势。

---

①刘春田：《序》，载《系统科学视野下的知识产权》，北京：法律出版社2009年，第1页。
②正如孙宪忠教授所言，买卖原子弹的规则可以解决买卖白菜的纠纷，但买卖白菜的规则解决不了买卖原子弹的纠纷。

第二章 知识产权及相关范畴

"知识产权"一词的起源,学界有不同的看法。一般认为,知识产权作为法律用语是来自英文"Intellectual Property"的意译。目前知识产权已成为国际上通用的法律术语。我国20世纪七八十年代在民法理论上曾称之为"创造成果权",1986年颁布的《民法通则》正式明确采用"知识产权"用语,并在《民法典》中得以延续。另外,我国台湾地区称之为"智慧财产权";日本曾经称之为"无体财产权",现在则称之为"知的所有权"。而在实践中,知识产权出现了更多的别样称谓,如无形财产权、无体财产权、非物质财产权、准物权、符号财产权、信息产权、创造性劳动权等。

第一节 知识产权概念

在生活中,知识产权一词使用较多。其在不同的场合或提法中,指代不同的意义。其中主要有三种:①指知识产权的权利本身。如"作为一种权利,与物权、债权一起构成民事权利之整体。"②指知识产权的保护对象。比如下述提法:开发知识产权、知识产权创造。产生这一现象的原因在于知识产权的英文"Intellectual Property"本身即有知识产权对象之含义。同时,知识产权对象缺乏像"物"(物权对象)一样受到广泛认同的简练用语,又加上人们对知识产权的意义认识模糊,致使人们常用"知识产权"来指代其对象。③指知识产权的法律制度。比如:知识产权是一项重要的民事法律制度。在本书中,都是按第一种提法使用"知识产权"这个术语。

将来自知识活动领域的权利概括为"知识产权"的是17世纪中叶的法国学者卡普佐夫,后来为比利时著名法学家皮卡第所发展。[①] 皮卡第认为:知识产权是一种特殊的权利范畴,它根本不同于对物的所有权。"所有权原则上是永恒的,随着物的产生与毁灭而发生和终止,但知识产权却有时间限制,

---

① 张玉敏、张今、张平:《知识产权法》,北京:中国人民大学出版社,2009年,第4页。

一定对象的产权在每一瞬间时间内只能属于一个人（或一定范围的人——共有财产），使用知识产品的权利则不限人数，因为它可以无限地再生。"这一学说后来被许多国家和国际组织认可。但对于知识产权的概念和法律特征，国内学界并未完全取得共识。Richard Stallman 甚至认为知识产权是一个不明智的概括。该词是一个将若干迥异的法律制度糅合在一起的杂物箱，这些制度包括版权、商标、专利以及其他鲜有共性的制度。这些法律制度均独立制定，适用范围不同，运作方式有异，反映不同的政策观点。当前，在立法上，知识产权的概念多采用列举式定义，而在学界，更多的努力在于进行概括式定义，试图准确揭示出权利对象的本质特征，以区别于其他类似的事物。

一、列举式定义

列举式定义又称范围式定义，即通过对权利对象的种类和范围的列举对知识产权下定义。这种分类是依据具体知识产权的对象而做出的，每一类直接细分到具体的权利类型。列举式又有不完全列举与完全列举之分。不完全列举的定义，如"知识产权传统上包括专利、商标、版权三个法律领域。""专利权、商标权与著作权等一般结合在一起称之为知识产权。"完全列举的定义可见于 WIPO 公约第 2 条第 8 款，后被 TRIPs 第一部分的第 1 条第 2 款所完善。上述两个国际公约对知识产权划定的范围基本反映在当今世界各国的知识产权法律制度之中。

（一）《成立世界知识产权组织公约》(WIPO 公约)

1967 年签订的 WIPO 公约第 2 条第 8 款列举的知识产权包括以下几种：①关于文学艺术和科学作品的权利；②关于表演艺术家的演出、录音和广播的权利；③关于在人类一切领域内的发明的权利；④关于科学发现的权利；⑤关于工业品外观设计的权利；⑥关于商品商标、服务商标、厂商名称和标记的权利；⑦关于反不正当竞争的权利；⑧及在工业、科学、文化或艺术等领域内其他一切来自智力活动的权利。

（二）《与贸易有关的知识产权协定》(TRIPs)

1993 年关贸总协定通过的 TRIPs 列举的知识产权包括以下几种：著作权及其相关权利（邻接权）；商标权；地理标记权；工业品外观设计权；专利

权；集成电路布图设计（拓扑图）权；对未公开信息的保护权（商业秘密权）[1] 等。

（三）《民法通则》与《民法总则》《民法典》

《民法通则》第94条至97条列举知识产权包括：著作权（版权）；专利权（发明专利权、实用新型专利权、外观设计专利权）；商标权；发现权[2]；发明权和其他科技成果权。《民法通则》第一次在我国从法律上认定了知识产权的存在及其私权性质，不仅使得民事基本法保持了权利体系的完整，而且有利于推动我国知识产权法律制度的完善。但其关于知识产权种类的列举存在历史的局限。这种历史局限可以认为是正常的，知识产权处于日新月异的发展阶段，新生事物层出不穷。比较后来的TRIPs与之前的WIPO公约之间关于知识产权保护对象范畴的界定，也存在明显的差异。

2017年10月1日实施的《民法总则》第123条规定，民事主体依法享有知识产权，包括依法就作品、发明、商标、商业秘密和植物新品种等对象所享有的专有权利。尽管《民法总则》对知识产权方面的规定只有一个条文，但仍然继续在民事基本法中凸显了知识产权的民事权利地位，且弥补了《民法通则》中原有规定的一些不足。该规定被原样搬进《民法典》。

二、概括式定义

概括式定义是通过对保护对象的概括抽象的描述，简要说明这一权利的"属加种差"来给出知识产权的定义。

（一）几种主要定义

国内学者提出的知识产权概括式定义主要有如下几种：①知识产权是基于创造成果和工商业标记依法产生的权利的统称。[3] 这一定义，注重"创造成果"的概念，使之与"劳动成果""智慧、智力"及"创造活动"划清界限，并排除了"非创造性成果"。同时，依据各自获得财产的手段不同将知

---

[1]"未披露信息"就是我们通常所说的"商业秘密"，TRIPs之所以使用该词语，是因为尽管"商业秘密"是比较普遍的称谓，但不同国家对"商业秘密"的定义存在一定的差异，为了避免引起争议，TRIPs协议使用"未披露信息"这一术语。TRIPs第39条是对商业秘密在工业中的重要地位的第一次多国承认。

[2]尽管《民法通则》将发现权列入知识产权范畴，但世界各国几乎都没有利用知识产权制度保护发现权，而是一般采用奖励的方式来表示鼓励与支持。

[3]刘春田：《知识产权法》（第四版），北京：高等教育出版社、北京大学出版社，2010年，第4页。

识产权对象分为创造成果与工商业标记两类。②知识产权指的是人们可以就其智力创造的成果依法享有的专有权利。[1] 这一定义把知识产权的对象,包括商业标识,都归纳为具有创造性的智力成果。③知识产权是人们对其智力活动创造的成果和经营管理活动中的标记、信誉依法享有的权利。[2] 这种表述考虑到"创造成果权"用以解释工商业标记权时存在障碍,故刻意进行了区分,但其关于经营管理活动中的标记、信誉的用语,使之范围较之工商业标记的用语而言显得更为宽泛。④知识产权是民事主体依据法律的规定,支配其与智力活动有关的信息,享受其利益并排斥他人干涉的权利。[3] 这种定义揭示出知识产权的支配性属性,表明其具有支配权的一般属性和特点,以便与债权等请求权相区别;同时把知识点作为信息的一种。

另外,还有从不同角度和侧重点对知识产权做出概括性界定,例如:①基于知识产权的产生过程:知识产权法是规范知识产权产生、获得、使用和维护的法律。②从描述知识产权规制对象的角度:知识产权是人们对于自己的智力创造成果和工商业标记依法产生的权利的总称。③从理论抽象之后的规制对象出发:智力劳动者应对其知识产品享有的财产权。知识产权是指自然人、法人对其在科学技术、文学艺术领域内创造的精神财富,依据法律规定享有的专有权。

当前的主流主要是从以下几个方面来理解知识产权的概念:

(1) 知识产权是区别于传统所有权的另类权利,是基于创造成果和工商业标记所产生的权利。

从权利来源来看,知识产权主要发生于智力创造活动与工商经营活动的领域;从权利对象来看,其则由创造性成果、经营性标记所构成。知识产权不等于创造成果权,以知识产权名义所统领的各项权利并非都来自知识领域,亦非都基于创造成果而产生。值得指出的是,通说中商标无"创造性"是阻碍知识产权体系化的重要原因。如何去掉创造成果和工商业标志之间的"和"字,是体系化追逐者的努力目标。

(2) 知识产权是法定之权,其产生须由法律所认可。

换言之,并非所有的知识产品都可以成为知识产权对象。在不同历史时期的不同国家与地区,受经济、科技、文化等因素影响,知识产权保护的范围也有所差异。另一方面,法定之权意味着并非所有施加于知识产权对象上

---

[1] 郑成思:《知识产权法教程》,北京:法律出版社,1993年,第5页。
[2] 吴汉东:《知识产权法》,北京:中国政法大学出版社,1999年,第1页。
[3] 张玉敏:《知识产权的概念与法律特征》,载《现代法学》2001年第5期,第103页。

的行为都会受到知识产权法律的规制。例如亚马逊网站在图书征订下方关于该图书目录以及内容介绍，就不具有知识产权上的意义。

（3）商标等在知识产权法中作为商业活动的标记而不是创造成果受到保护。法律保护的是商业标志的识别性，而不是创造性。

（二）本书的看法

知识产权是基于信息有序组合依法产生的权利的统称。[①] 这一界定表现了本书一种方法转向态度上的倾向和系统科学应用结果上的个性。与"知识产权是基于创造成果和工商业标记依法产生的权利的统称"传统的定义相比，这一定义用"信息有序组合"代替"创造成果和工商业标记"关于知识产权保护对象的概括。显然，这一个性必然会触动对传统知识产权概念的理解。这一理解，将在下面的章节从知识产权对象的分析入手进行说明。

1. 知识产权对象的统一

知识产权的对象就是"知识"本身。[②] 无论是工商业标记还是创造性创造成果，都是一种知识。而所谓知识，"就是认识主体用内在认识图式结合、同化、认识客体而再现出来或原则上可以再现出来的被观念化被符号化的有序信息组合"[③]，即信息有序组合。而其中的创造性就体现为一种有序化的结果。

2. 工商业标记是否具有创造性

上面论述中既然说有序化的结果体现为创造性，那么工商业标记的创造性何在？原来有观点认为识别性的商业标识也是创造成果。其理由在于：其一，商业标识特别是商标和商号的设计和选择是一种创造性的智力活动；其二，商业标识的使用人在使用该商业标识的过程中，通过广告宣传打通销售渠道，保证商品和服务的质量等经营活动，才能使有关商业标识在市场上建立信誉，而这些活动都是创造性的智力活动。这一解释遭到很多学者的批评。现在主流观点是认为工商业标记与创造性是无涉的。

但在本文看来，"商业标识的创造性"应当如此看待：首先，在创造性的系统观上，创造性体现在不同的方面，并有着功能和结构方面的差异。其次，对创造性的理解不能仅仅局限于创造成果本身，而且还应当包括劳动的结果在应用上的创造性。因此，无论商标（包括地理标志等）本身是否具有

[①] 杨雄文：《系统科学视野下的知识产权》，北京：法律出版社，2009年，第126页。
[②] 刘春田：《知识产权法》（第四版），北京：高等教育出版社、北京大学出版社，2010年，第7页。
[③] 昌家立：《关于知识的本体论研究——本质 结构 形态》，成都：巴蜀书社，2004年，第18页。

创造性，其在知识产权制度上更重要的表现是创造了某种标志与某种品质的商品或服务来源之间的对应关系。正如全国人大代表耿福能所说"保护知识产权，不仅仅是保护形象符号，更应该保护围绕着商标和品牌的整个生态链。"①

第二节 知识产权的特征

当前我国业界对知识产权的特征有不同的认识，而且不同学者的相关观点存在较大的差异，处在一个认同分歧的状态之中。

一、特征与权利特征

为了深刻、正确地认识一个事物的特征，应遵循历史与逻辑相统一的方法。如果离开对权利发展历史的考察，我们无法准确地分析和真正理解知识产权的特征。另一方面，须严格遵守逻辑的基本要求来认识其特征。

所谓特征，是指一事物异于其他事物的特点。与其他事物相同的象征、标志等不是特征，而是共性。在逻辑学上，种差就是指向特征，属代表共性，例如民事权利就是物权、债权、知识产权的共性，是这三种私权的属。而追问知识产权的特征，就是在民事权利之下知识产权与物权、债权之间的差异，能够说明该权利能够成为一种独立于现有权利的另一种权利的理由。这是逻辑学的要求。另一方面，提炼出某个权利的特征，是为了指导人们的研习和司法实践，这是历史要求的内涵。

具体对于知识产权特征的描述，应当符合以下要求：一是要说明其法律品格，是在法律这个系统中进行讨论，而不应扩张到经济学等其他非法律领域（尽管知识产权经济分析是个好的研究手段，但于法学研究层面而言相关结论最终还得要回到法律本身）；二是要区别于其他民事权利（知识产权一般与传统的财产权作对比区别），比如与物权、债权共有的所谓"特征"，就不能成为知识产权与物权、债权比较之中的差异，只能是三者共性，不宜作为知识产权特征；三是要能清晰地确立特征所赖以进行比较的系统。在系统科学视野中，特征只能是一个系统与另一个（及以上）系统之间比较而言

---

① 李秀江：《全国人大代表耿福能：保护知识产权不能只保护符号本身》，载国际在线 https://news.cri.cn/20190302/e264e5c7-52c4-94d1-84d9-66b5a692435b.html，2024年6月19日登录。

的。不明确这样的比较系统，就会缺乏对话的前提，造成各说各话的无意义。当前基本上是以知识产权与其他民事财产权作为比较的系统。四是进行比较的系统选取应当对知识产权乃至更大层面的民法、法律等有着积极意义。除此之外，承认人的认识的阶段性、有限性也影响着我们对于知识产权特征的研判，主要影响在于：（1）知识产权特征是一个动态与发展的认识。随着我们对于知识产权认识的不断深刻，能够用于进行特征比较的素材也就越来越多，而且也必然存在着扬弃。因此我们主张的知识产权特征也不可避免发生着变化。（2）研判出来的特征也可能存在一定程度上的不圆满，也就是说知识产权某个特征可能并不能囊括全部的知识产权种类，但瑕不掩瑜的务实态度也有存在意义。

二、现有的观点及其评述

业界关于知识产权特征的观点主要有无体性（无形性[①]、非物质性）、法律确认性、专有性、地域性、垄断性、时间性（时效性或期限性）、对象可复制性、双重性等。

（一）比较系统的选取

一般明确知识产权特征是指知识产权相对于物权、债权而言，也就是知识产权一个系统，物权与债权作为另外一个系统，两个系统进行的比较得出知识产权的差异之处。但是，这些比较忽略了知识产权具有人格内容这一情况，明显仅是局限于财产权的内容比较。因此，我们可以观察到刘春田老师强调其观点是在"知识产权作为财产权"的系统限定下提出的。这就使得其观点相对具有了论证上的逻辑严谨性。

知识产权对象无体性（无形性、非物质性）认为：这是知识产权最重要的特征。知识产权的对象与作为有形财产对象的动产、不动产不同，它不占据空间，而且无论以何种形式表现出来，其本身都是无形的。具体而言，相对于动产、不动产而言，知识产权具有不同的存在、利用、处分形态，即不发生有形性控制的占有，不发生有形损耗的使用，不发生消灭知识产品的实施处分与有形交付的法律处分。对于这一观点的批评主要是认为其混淆了知识产权的特点与知识产权对象的特点，偷换了概念。不过，只要明确了比较

[①] 刘春田借用古希腊质料因与形式因的思想，强调知识是有形无体，不是无形的。知识作为形式，既可以无限地再现自己，也可以经再创作"变相"地再现自己。

的前提，也不宜苛责。

有观点将该特征的实质内容另行表述为权利内容的多元性与多重性。①知识产权的权利内容具有多元性。物权对象的物是特定的、唯一的，只能是"一物一权"。而现实中"知识"呈现出"一形多用"的现象，所有方式都可以不受时空限制而合法共存，都会给权利人带来相应的利益。此外，知识产权的权利内容具有多重性。对知识的利用权既可以由权利人自己行使，也可以授权他人单独或与权利人共同行使。这包括两种情况：其一，不同的权能可以分别授予多人行使，例如，著作权人将一件作品的出版权授予某出版社，将改编权授予某作家，而将摄制电影的权利授予某电影制片厂；其二，相同的权能亦可授予多人行使，例如，专利权人通过普通许可使用合同将专利实施权授予二个以上的企业，著作权人将同一作品的公开表演权授予二个以上的表演团体，商标权人将商标使用权授予二个以上的企业等。一言以蔽之，权利内容的多元性与多重性就是同一项知识产品可以在同一时间为不同的人在不同的地方以不同的方式所使用。知道了这一点，也就容易理解在加多宝与广药之间的王老吉系列案件中，"王老吉"老字号具有深厚的历史沉淀与丰富表现形式，不可能完全由"王老吉"商标所垄断，其他指代、承载老字号内涵的表征都可以独立进行非商标性的适当使用。②

不过对于这一表述，可以注意到以下几个细节：①实际上依然存在知识产权特征与知识产权权利内容特征的区别，也是将权利的比较调整为权利组成部分的比较。本文认为，权利包括权利主体、客体、内容、对象等方面，选取其中的某一个方面作为权利本身的差异来说，也是可以接受的。相对而言，知识产权的权利内容的多元性与多重性较之知识产权对象无体性来说，更贴近于权利内核。②一物一权中的"权"仅指所有权，不包括任何他物权。因此在探寻比较的系统时需要明确。

（二）共性还是特征

知识产权无形性、法律确认性、专有性与地域性属于民事权利的共性，或者说是民事权利的基本属性，不能成为知识产权特征。

1. 无形性

这一观点主张知识产权具有无形性的特征。这是常识性错误，任何权利都是非实体的。物是有体的，但物权本身一定是无形的。

---

① 刘春田：《知识财产权解析》，载《中国社会科学》2003 年第 4 期，第 120 – 121 页。
② 杨雄文：《"王老吉"商标与相关权利纠纷的法律解析》，载《知识产权》2012 年第 12 期。

2. 法律确认性

法律确认性的观点是从知识产权是法定之权的认识入手，认为：知识产权的产生和取得方式不同于有体财产权的产生和取得方式。有形财产依据法律事实而发生，无须国家的认定、核准；而由于权利对象的无体性，决定了它本身不能直接产生知识产权，知识产权的发生必须依照专门的法律确认或授予才能产生，例如专利、商标的授权审查程序。这样的观点及其分析，存在几个方面的问题：①如果须经法律直接确认等同于国家授予性，那么它只能反映专利权和商标权以及其他类似的权利，而著作权和商业秘密则不需要国家批准授权。而且在有的国家，商标权是通过使用取得的。②这种观点造成认识上的混乱，好像除知识产权外，其他权利是自然产生的，不需要法律的确认。其实，任何权利都需要经过法律确认之后才能称之为权利。③有形财产中的不动产物权显然需要行政部门的审查与核准。因此，须经法律直接确认不能作为知识产权的法律特征。

3. 专有性

专有性的观点与知识产权是一种专有权的观点有异曲同工之处，认为：①知识产权人对其创造成果享有独占、垄断和排他的权利，任何人未经权利人的许可，都不得使用权利人的知识产品（法律另有规定的除外）。②同一项知识财产，不能有两个及以上同一属性的知识产权并存。例如，两个相同的发明物，根据法律程序只能将专利权授予其中的一个，而以后的发明与已有的技术相比，如无突出的实质性特点和显著的进步，也不能取得相应的权利。这样的看法值得商榷。所谓专有，在法律意义上是指专有其利益。实际上，同所有权一样，知识产权具有排他性和绝对性的特点；所有的权利都是专有的，物权是"对物直接支配并排除他人干涉的权利"，人身权是专属于权利人不可分离的没有直接经济内容的权利，甚至不能转让和继承。可见，知识产权、物权和人身权，虽然各自产生的法律事实前提不同，所产生的利益内容也有区别，但它们对各自利益的专有属性却是一样的。因此，专有性并非知识产权的特点。而且，知识产权的独占性是相对的，这种专有权利往往要受到权能方面的限制（如合理使用、临时过境、先用权等）。何况，就专有性而言，知识产权的权利人就其所生利益之专有程度，远低于人身权和物权。[①] 在发生权利冲突时，知识产权还要让位于物权与人身权。至于后来有观点继续将专有性推进到知识产权垄断性，更值得商榷了。

[①] 刘春田：《知识财产权解析》，载《中国社会科学》2003年第4期，第120页。

4. 地域性

地域性的观点是流传最广的有关知识产权特征的谬误。地域性的观点认为：知识产权只有在授予其权利的国家或者确认其权利的国家产生，并且只能在该国范围内发生法律效力，受法律保护。地域性是一个法的效力问题，即法律规定对什么人、在什么地方和什么时间发生效力。实际上，任何民事权利都源于主权国家的法律赋予，任何一国法律赋予民事主体的权利都只能在本国有效。对外国人的国民待遇，或给予外国人的外交特权和豁免权，也是基于主权国家之间相互承认和赋予的结果，而不是一国法律或以该国法律产生的权利可以无条件地在别国生效所致。所以，地域性是主权国家的意志体现，是法律规范的基本属性，它适用于一切民事权利。把地域性当作知识产权的独有特点来认识是没有根据的。

除此之外，还有一个知识产权特征的观点是知识产权对象的可复制性，即通过有形物固定、复制知识产权的对象，使智力成果被感知、利用，实现权利人的权利。这一观点与上述的知识产权对象无体性有着共通之处，不过有观点从形与体的区分出发，认为把可复制性当作对象（知识）的特点，也不成立。因为所谓复制，是对形式的再现，只要是形式都可以复制。形式既有人造的，也有自然界固有的。知识是人造的形式，只是客观世界无限形式中微乎其微的一部分。称可复制是人造形式独有的特点，是见木不见林。[1]

（三）人的认识存在阶段性、有限性

因为人的认识存在阶段性、有限性，因此现有的特征主张均存在一定程度上的不圆满，并不能囊括全部的知识产权种类，但一定程度上予以接受也是一种理性。

前面介绍的知识产权的权利内容多元性与多重性的特征，是以所有权作为参照物进行比较的，存在比较系统选取方面的可商榷之处。不过所有权的权能也是可以与所有权分离，但是，所有权标的物的最终使用人只能是一人，以使用标的物为内容的权能只能授予一人行使，与知识产权相比，所有权权能与所有权分离的形式是很有限的。权利的可分授性是知识产权区别于其他民事权利特别是物权的又一重要特征，这一特征使知识产权的权利人享有更多的选择自由，他可以通过多种方式行使自己的权利，谋求最大的经济效益。

时间性也是知识产权特征的主张之一，基本上没有异议。知识产权的时间性（也称时效性、有效期等），即各国法律根据各类知识产权的性质、特

---

[1] 刘春田:《知识财产权解析》，载《中国社会科学》2003 年第 4 期，第 120 – 121 页。

征及本国实际情况，对著作权、专利权、商标权等各种知识产权都规定了长短不一的保护期。如我国发明权、实用新型专利权的有效期分别为自申请日起算 20 年和 10 年。期限届满，权利归于消灭。时间性特点是知识产权与其他财产权的主要区别之一。所有权不受时间限制，只要其标的物没有灭失，权利即受到法律保护。知识产权的时效性与债权的"时间性"存在差异。债权涉及债权人和债务人之利益，以履行、清偿为目的，故不承认债权的永久性。时间性的知识产权特征主张，也存在不圆满的地方。例如：①商业秘密权、商标权（续展）不受时间性的限制。②他物权也存在时间性。① 不过主张者对此也补充了知识产权的时效性与他物权的"时间性"之间的差异，认为他物权的设定发生在特定主体之间，并以所有权的存在为前提。③严格意义上，所有权也还是存在期限的。作为法定权利，知识产权的期限和物权的期限虽有区别，但确定其长短的缘由却是相同的。二者都以对象的使用价值为存废前提。②

知识产权的时间限制主要是针对知识产权财产权而言的。知识产权法为各类型的知识产权设定了权利的有效期，表面上是国家与个人的"契约"所限定，实质上是利益平衡使然。③ 时间限制的目的是立法者为了考虑创造者的投入与合理回报，并平衡权利人和社会公众的利益。

第三节 知识产权的组成与分类

经过 40 多年的发展，我国已经形成了以《中华人民共和国专利法》（以下简称《专利法》）、《中华人民共和国商标法》（以下简称《商标法》）、《中

---

①他物权是指在他人所有的物上设定或享有的权利，源于罗马法。是指权利人根据法律规定或合同的约定，对他人之物享有的进行有限支配的物权。

②刘春田：《知识财产权解析》，载《中国社会科学》2003 年第 4 期，第 120 页。

③所谓平衡，是指物体或系统的一种状态。在知识产权理论上，平衡涉及到在知识的生产、专有，与知识的接近之间达成平衡。早期的《安娜法令》设定了一个所谓的"文学艺术的公共领域"（the public domain for literature），它来自于三个方面的规则：a. 规定创作新作品是取得著作权的必备条件（以保护现存作品不被出版商收回）；b. 规定著作权保护期限（以对抗出版商永久著作权的主张）；c. 规定著作权人在印刷、出版和出售方面享有有限的权利（即作品二次使用时权利穷竭）。美国关于知识产权的时间限制是通过宪法条款统领的："国会有权……对作者或发明人就其个人作品或发明的专有权利，赋予一定期限的保护，以促进科学和艺术的发展。"上述宪法条款被美国学者概括为三"P"政策，即"促进知识的政策"（the promotion of learning）、"公共领域保留的政策"（the preservation of the public domain）与"保护创作者的政策"（the protection of the author）。其中，"公共领域保留"即意味着对著作权和专利权在时间与范围方面的限制。

华人民共和国著作权法》（以下简称《著作权法》）为主干，集成电路布图设计、植物新品种、地理标志、商业秘密等保护制度交相辉映的知识产权法律体系，可谓成就斐然。其中，专利法与商标法一般统称为工业产权。但随着科技的进步，新近出现"工业版权"的称谓。

一、知识产权的组成

知识产权法是调整基于创造成果与工商业标记或者说信息有序组合而产生的各种社会关系的法律规范的总和。《民法典》第123条列举的七类知识产权对象对应着七类知识产权，分别是著作权、专利权、商标权、地理标志权、商业秘密权、集成电路布图设计（拓扑图）权、植物新品种权，并同时用"法律规定的其他客体"这一兜底性的规定为将来可能出现的其他类型知识产权保有一定的扩张空间。

（一）著作权、专利权、商标权、地理标志权及其差异

著作权与专利权、商标权、地理标志权同为知识产权，具有知识产权的共性，但又存在区别。

1. 著作权

著作权又称版权，它是基于文学、艺术及科学作品依法产生的一种专有权利。著作权的称谓主要来自大陆法系，其原因是著作权法的立法理由或者说正当性主要来自于对作者的人格的保护。而版权（copyright）用语主要流行于英美法系，其原因在于版权制度是"从出版商的特权脱胎而来"[1]，版权相关产业传统是以出版商为主导地位，故而侧重于复制出版的权利。不过随着时代演进，著作人身权逐渐得到全世界范围内的重视。世界上第一部版权法——英国的《安娜法令》[2] 开始保护作者的权利，而不仅仅是出版者的权利。

《著作权法》中的著作权是一种狭义的著作权，主要是指作者的权利（author's right）；作者的人身权与财产权共同构成完整的著作权，但两者又相互区别，在一定条件下可以依法分离。而与著作权相关的权利（即邻接权，

---

[1] 刘春田：《知识产权法》（第四版），北京：高等教育出版社、北京大学出版社，2010年，第45页。
[2] 该法原名为《为鼓励知识创作而授予作者及购买者就其已印刷成册的图书在一定时期内之权利的法》，后人为简便而冠之以当时在位的英国女王安娜之名。有人译作《安娜女王法》《安妮女王法》或《安妮法令》等。

也有称相关权,如出版、表演、广播、录音录像等)①同样受到保护。邻接权是"文学和艺术创作的辅助",其是从创作者的权利中衍生出来的权利。②在很多场合下使用的著作权称谓,是一种广义的著作权概念,它包括狭义的著作权(作者权)与邻接权。

2. 专利权

专利权,是发明创造人或其权利受让人对特定的发明创造在一定期限内依法享有的独占实施权。我国专利法所保护的发明创造有三大类:发明、实用新型和外观设计。③发明创造要取得专利保护必须满足实体与程序的要求。专利制度的特征是以公开换保护④,具体而言,一方面发明创造人要以书面的方式对技术方案做出清楚、完整的说明,以所属技术领域的技术人员能够实现为准;另一方面,国家以法律的手段保障权利人对于实施技术方案的独占实施权利。公开换取保护的价值主要在于:首先,公开了保护的范围,避免无意侵权的发生。其次,公开了技术方案的内容,可加速专利新技术的推广。最后,避免因信息的封闭而重复开发造成资源的浪费。⑤

3. 商标权

商标权是指商标权人对其与标志之间对应关系所享有的权利。任何能够将自然人、法人或者其他组织的商品与他人的商品区别开的标志,包括文字、图形、字母、数字、三维标志、颜色组合和声音等,以及上述要素的组合,均可以作为商标申请注册。商标权中的三维商标和专利权中的外观设计、著作权中的雕塑作品都可能出现交叉的情况。

4. 地理标志权

地理标志曾被称作原产地标识,是指标示某商品来源于某地区,该商品的特定质量、信誉或者其他特征,主要由该地区的自然因素或人为因素所决定的标识。地理标志可以是国家名称及不会引起误认的行政区划名称和地区、地域名称。

---

①从制度产生的根源来看,邻接权属于"传播作品的人的权利",其保护对象是作品的传播成果。作者权保护对象与邻接权保护对象是不一样的。

②Barbosa Roberto Garza. Revisiting. International Copyright Law [J]. Barry Law Review, 2007 (8): 43 - 110.

③一些国家的专利法仅保护发明专利,实用新型另外立法,而对于外观设计很多是采用特殊保护的方案。

④有很多表述为"公开换取垄断"。就本书观点而言,知识产权并不具备垄断的特征,也不是垄断权。

⑤卢梭在批判洛克"先占、需求、劳动"三要素取得财产权的基础上,进一步提出以"社会契约"为基础、社会公益为依据的新的财产观。卢梭关于财产权基础的社会契约论,对近代社会的"专利契约"理论有很大的影响。

有观点将地理标志权包含在商标权中,这种处理存在着一定的争议。与商标一样,地理标志也具有识别特定商品的作用,但基于地理标志的立法目的是在"公共"与"私人"之间寻求一个最佳平衡点,因此二者的区别也是明显的:①商标识别的是商标权人与他人生产、经营的同类产品或服务,而地理标志则是用以区别一地区与他地区出产的同种产品。地理标志指代着特定质量和信誉,与产品的品质有密切的关系,因此可以将地理标志注册为证明商标加以保护。②商标只能为商标权人专用,或经其许可使用,而地理标志则可由该区域范围内的经营同种产品的所有企业共用。地理标志的权利是集体权利并且可以作为集体商标注册。只有该地理标志所指的特定区域范围内的企业,在产品达到特定的质量要求后,才可以使用该地理标志。除了通过商标法的上述保护外,《中华人民共和国反不正当竞争法》(以下简称《反不正当竞争法》)将伪造产地,对商品质量作引人误解的虚假表示作为一种不正当竞争行为加以禁止。

当前各国对于地理标志保护模式也存在差异,有的通过商标法进行,有的采取其他保护机制。英美法主要采用商标法来进行保护,而欧洲大陆则更倾向于采用独立的地理标志制度。我国地理标志制度受到两股力量影响,两种制度并立。[①]

5. 著作权与专利权、商标权的差异

(1) 权利对象不同。著作权、非外观设计的专利权、商标权的对象分别对应作品、技术方案、商品(服务)与厂家。著作权、外观设计专利权和商标权的对象之间存在交叉之处,即构成著作权对象的作品也可以用来作为商标、外观设计使用,而商标、外观设计在很多情况下也可以构成著作权保护的作品。

(2) 获得权利的条件不同。著作权并不要求保护的作品是首创的,不管是否与其他作品相似,只要具有独创性,就可获得著作权;而商标权不一样,由于讲求识别性,因此尽管某个标识的设计本身没有任何识别力或创作性,但如果在实际使用中获取了识别力,即创生出一种标志与特定商品或者服务来源之间的对应关系后,仍然可以作为事实上的商标使用,或者向主管机关申请为注册商标。

(3) 保护程度不同。著作权并不排除他人独立创作雷同或类似作品,只要雷同或类似的作品具有独创性,就都可以取得著作权;而专利权和商标权

[①] 2021年3月1日起,《中华人民共和国政府与欧洲联盟地理标志保护与合作协定》(简称《中欧地理标志协定》)正式生效,有可能影响中国对于地理标志保护模式的走向。

却只能授予同一权利内容的先申请人,具有相对更强的独占性和排他性。

(4) 保护前提不同。著作权的保护以自动产生①为原则,以登记注册为补充。著作权法采取作品或者作品片段创作完成就自动取得的事实主义和非要式主义,和该作品是否实际使用没有任何关系。而专利权和商标权的获得则须履行法定手续,即经过法定机构进行审查后确认满足技术性与法律性的要求,才能够授权。而且商标法最终总是要求作为商标的标识必须实际使用,因为只有在实际的使用中才能产生识别性,才能创生出来一种标志与特定商品或者服务来源之间的对应关系。这在采取使用产生商标专用权的国家自不待言,即使在采取注册产生商标专业权的国家,最终也是如此,例如我国对于获得核准注册的商标如果连续三年不实际使用,主管机关可加以撤销。

(5) 保护期限不同。一般来说,著作权的保护期限较长而专利权和商标权的保护期限则较短。在我国,自然人作品的保护期限为作者有生之年至其死后的第50年的12月31日;而专利权的保护期限一般不超过20年,商标权的保护期限为10年,但保护期满后可续展,且不受续展次数的限制。

(二) 商业秘密权

商业秘密是指不为公众所知悉、具有商业价值并经权利人采取相应保密措施的技术信息、经营信息等商业信息。商业秘密包括技术信息和经营信息两个组成部分,如管理方法、产销策略、客户名单、货源情报等经营信息;生产配方、工艺流程、技术诀窍、设计图纸等技术信息。

商业秘密保护与"公开换取保护"理念存在冲突,由此引发公平与效率的价值冲突。保护商业秘密可以促进更多的具有商业价值的知识创生出来,实现对创生人投入及其成果的公平对待;但同时,商业秘密的公开尽管会给商业秘密权利人造成损失而成为一项私人成本,不过更多人对该商业秘密的使用却能带来更多的社会收益,不会成为一项社会成本。有关商业秘密保护的理论主要有以下三种:合同义务(contractual obligation)、信义义务(fiduciary relationship)和不当得利或不当占用(unjust enrichment and misappropri-

---

① 除了作品一经作者创作完成便自动取得著作权的情形外,还有一种著作权的有条件自动取得,即作品创作完成后,无须办理登记手续,但需要著作权人在出版的作品或其复制件上加注著作权标记,才可取得著作权的制度。著作权标记通常包括三项内容:a. "不许复制"或"有著作权"等类似声明,或将这种声明的英文缩略字母C或P(P为音像制品)的外面加圈;b. 著作权人的姓名或名称或其缩写;c. 作品的出版发行日期。《世界版权公约》规定此项制度,这在差异很大的采用登记取得制度的国家与《伯尔尼公约》成员方之间架起了一座桥梁。由于此方法简便易行,为美国等一些国家所采用。

ation）。①

关于商业秘密是否构成权利的问题存在着不同的观点。一种观点认为一般而言，只要是法律明确将某一种利益在法律中予以明确，即构成权利，指明了对公民或法人能够做出或不做出一定行为，并要求他人相应做出或不做出一定行为的许可。当前《民法典》已经明确商业秘密属于知识产权的保护对象，因此可以使用"商业秘密权"的用语。但也有不同的观点认为，商业秘密处于非公知状态，不符合权利构成中边界清楚的要求，第三人无法判断，因此可以视为一种利益，但不应称之为权利。作为上位概念的知识产权无法涵盖商业秘密、未注册商标等知识产品上的法益形态，对知识产权的扩充解释也有悖于权利一词的通常文义和基本法理。②

TRIPs 在第 39 条第 3 款中要求保护与药品研发相关的未公开的试验测试数据，即药品试验数据。它是指药企在申报药品上市注册前所进行的一系列试验中所得试验数据，这些试验旨在验证该待上市药品的安全性、有效性等。TRIPs 为成员方立法提供灵活空间。规定当成员要求以提交未披露的试验数据或其他数据，作为批准含有新化学实体（new chemical entity）的药品或农药化学产品上市的条件时，如果该数据的产生包含了相当努力，则该成员应保护相关数据，以防不公平商业使用。同时，除非出于保护公众所必须，或已采取措施保证该数据不被不公平商业使用，成员均应该保护该数据不被披露。③ 美国 Ruckelshaus v. Monsanto 案中就将药品试验数据判定为商业秘密。④

（三）集成电路布图设计权

集成电路是指半导体集成电路，即以半导体材料为基片，将至少有一个是有源元件的两个以上元件和部分或者全部互联线路集成在基片之中或者基

---

①合同义务理论认为，不披露保密信息的义务通常来自商业秘密持有者与接触秘密者之间的合同关系，比如雇佣合同、许可协议等。信义义务理论的产生是基于关系契约理论的演变，建立在社会交往的基础之上，使得共同体当事人互负互相帮助的义务。不当占用理论意为，商业秘密属于企业的财产利益，而采取不当手段获取、使用相当于"盗用"他人财产。参见马斌：《商业秘密权利基础与边界——基于保密义务的理论转化为视角》，载《科技与法律（中英文）》2021 年第 3 期。
②孙山：《法益保护说视角下知识产权法的概念还原与体系整合》，载《浙江学刊》2021 年第 4 期。
③郑成思：《WTO 知识产权协议逐条讲解》，北京：中国方正出版社，2000 年。
④Ruckelshaus v. Monsanto Co. , 467 U. S. 986（1986）：1003 - 1004. 但也有观点认为将药品试验数据归类于商业秘密并不准确。其主要理由在于：a. 一旦制药企业将药品试验数据作为药品申请上市材料提交给政府药品监管部门时，其完全未披露的性质发生了转变，而对实验数据的控制权也由药企向药品监管部门发生了一定的转移。尽管上述药品试验数据对于公众而言仍保持有商业秘密的特性。b. 虽然药品监管部门负有保密的义务，但为了公众利益，必需的情况下可以披露相关数据。c. 政府药品监管部门对药品试验数据进行保护并不以相关数据属于商业秘密为前提条件，只要药品试验数据上交至药品监管部门用于证明药品安全有效即可。

片之上，以执行某种电子功能的中间产品或者最终产品。布图设计只有具有独创性才能受到法律的保护，也就是说，布图设计必须是创作的智力成果，并且在创作时不是布图设计创作者和集成电路制造者公认的常规设计。

布图设计的权利持有人对其布图设计进行复制和商业利用的专有权利，具体包括复制权和商业利用权。集成电路布图设计专有权的保护制度既具有版权保护的部分特征，又具有工业产权，特别是专利权保护的部分特征。

（四）植物新品种权

植物新品种是指经过人工培育的或者对发现的野生植物加以开发，具备新颖性、特异性、一致性和稳定性并有适当命名的植物新品种。植物新品种知识产权保护在不同的国家有两种模式，一种是以专门法保护植物新品种，另外还可以利用专利制度保护植物的新品种。① 在我国，植物新品种不受《专利法》的保护。

（五）其他的知识产权

除了《民法典》明确的知识产权之外，学界还有主张将商号，域名，有一定影响的商品名称、包装、装潢，特殊标志，动物新品种，甚至科学发现等也纳入知识产权的保护范畴。

《反不正当竞争法》规定，"经营者不得实施下列混淆行为，引人误认为是他人商品或者与他人存在特定联系：（一）擅自使用与他人有一定影响的商品名称、包装、装潢等相同或者近似的标识；（二）擅自使用他人有一定影响的企业名称（包括简称、字号等）、社会组织名称（包括简称等）、姓名（包括笔名、艺名、译名等）；（三）擅自使用他人有一定影响的域名主体部分、网站名称、网页等；（四）其他足以引人误认为是他人商品或者与他人存在特定联系的混淆行为。"可见，现行法律是将商号，域名，特殊标志，有一定影响的商品名称、包装、装潢等置于《反不正当竞争法》中进行调整的。

目前，尽管理论界对于商号属于知识产权及其许可转让的具体限制规则的论述很多，但因为商号要成为一种界限明晰、规则完善的知识产权目前仍存在极为复杂难以厘清的困难，故而《民法典》列举的知识产权种类中并不包含商号，也没有其他法律规定商号属于知识产权对象，也就是说当前商号并不构成一种权利，也没有哪一个法律条款指明商号可以许可，迄今仍然是

---

①黄勤南：《知识产权法学》，中国政法大学出版社2003年版，第398页。

在以"企业名称"这一由《民法通则》发端并限定的人身权为中心的法律调控之下。这反映了立法者的谨慎与理性。因此,在我国的现行法律制度之下,商号与所谓的商号权并不具有独立的法律地位。实践中存在的商号许可也只是仅存于特许经营、投资关系这样极为有限的行政规章领域的探索之中。如《深圳经济特区商事条例》规定,"任何人不得使用他人在特区内已登记的字号作为自己在特区内商事登记的字号,但有投资关系或依据协议特许经营的除外"。世界各国也是采取这样的态度,如在美国只有商标可以许可,商号只有纳入商标之后才可以有所谓的商号许可。其《兰哈姆法》第1127条明确,将有可能注册为商标的那些"商号"纳入商标的定义中,而将那些仅仅表明企业身份并不具有指示商品或服务来源功能的标记,排除在可获得注册的商标范围之外。

有一定影响的商品名称、包装、装潢因其具有特有性而与注册商标一样具有显著性特点和识别性功能。仿冒有一定影响的商品名称、包装、装潢会造成消费者在购买时的混淆和误认,引人误认为是他人商品或者与他人存在特定联系,这是一种严重违反公平和诚实信用原则的不正当竞争行为。有一定影响的商品名称、包装、装潢与未注册商标有着显著的区别:①使用目的不同。商标的使用目的主要是识别不同经营者的商品或者服务,而对于有一定影响的商品名称、包装、装潢的使用的目的在于说明或美化商品。②构图设计不同。商标构图力求突出其显著特征,以达到识别经营对象的目的,而有一定影响的商品名称、包装、装潢着力于渲染、美化商品,浓墨重彩,图案绚丽。③商标所使用的文字或图形一般不能与商品内容相同,而有一定影响的商品名称、包装、装潢则不受此限制。④商标是商标权人的专用权,经核准注册后,非经商标主管机关批准不得随意改变。而有一定影响的商品名称、包装、装潢可以根据市场销售的需要而随时变动,无须经过批准。

域名(domain names)作为网络中一个特有的概念,为完成特定的分址、寻址而存在。一个域名作为IP地址别名,使之能连接至因特网,并能被方便访问,是域名的技术内容。但商标或驰名商标如果具备很高的信誉和影响,在网络中作为域名意味着巨大的社会价值和商业价值,如果将商标、字号作为域名,具备一定指向的意义和显著的区别功能,其商业价值与商标权类似。由于域名的复杂特点,因商标权和域名权冲突而引起的争议不断出现。在域名与商标权的协调中,应基于公平与效率原则去考虑二者的利益均衡。任何一方的扩大与发展都不应不适当占有对方符合规律发展和扩大的空间甚至原有的权利领域。

特殊标志权利人依据《特殊标志管理条例》享有的专有权。特殊标志是指经国务院批准举办的全国性和国际性的文化、体育、科学研究及其他社会公益活动所使用的，由文字、图形组成的名称及缩写、会徽、吉祥物等标志。比如奥林匹克标志专用权。还有一些在商品上使用的标志，如剧毒标志、易碎标志、防潮防湿标志等，它们只反映某些商品的特殊性质，提醒人们在运输、保管、使用这些商品时加以相应注意，是一种公共符号，这些标识与前面所述的特殊标志权是不一样的，也不能作为商标设计图案而为某一个人专有。

一般认为，关于科学发现的权利即发现权不是一种产权，发现人不能对发现本身进行专有。而发明权是关于确认发明者的身份、获得荣誉和物质奖励的权利，而不是可以独占实施其发明的技术的权利。因此发明权和发现权都不是严格意义上的知识产权。[①]

有学者建议授予动物新品种育种者一项专门性的权利——动物新品种权，以鼓励他们积极创新，为社会培育出更多更好的动物新品种，造福于社会和广大群众。并设计了8大类权利，每一类权利中又包含多项具体的权利。[②] 不过这暂时还是属于个人观点。

二、知识产权的分类

学界依据不同的分类标准，将知识产权分为不同的种类。

（一）根据是否与产业活动有关，分为工业产权和著作权

一种传统分类法是将知识产权分为工业产权（industrial property）与著作权两类。其中工业产权包括专利权与商标权。这种分类方法是以知识的功能为标准划分的。[③]

著作权和工业产权的保护对象所反映的领域和作用不同，其表现形式也有所区别。工业产权的对象，是以一定的产品和工艺方法以及标记为表现形式，其作用也主要在物质生产和生活的实用性以及商品流通方面用以满足人类的物质需求，改善人们的衣、食、住、行等生产和生活条件。而作为著作

[①] 张玉敏、张今、张平：《知识产权法》，北京：中国人民大学出版社，2009年，第6页。不过，基因作为一种发现，已经在世界范围内得到不同程度的专利方式保护。

[②] 侯仰坤：《中华人民共和国动物新品种权保护法（立法建议稿）》，北京：知识产权出版社，2017年。

[③] 刘春田：《知识产权法》（第四版），北京：高等教育出版社、北京大学出版社，2010年，第18页。陶鑫良认为"是以权利发生的领域为划分依据，工业产权发生于工商业等产业领域，而著作权发生于文化领域。"

权对象的作品则主要反映在文学艺术和科学范围之内，用以丰富人类的精神生活。文学艺术作品可以令人赏心悦目，科学作品则帮助人们认识和理解人与自然。

自 20 世纪 60 年代起，工业产权与著作权产权开始交叉和渗透，开始出现工业版权，其权利对象的典型代表是计算机软件与集成电路布图设计。工业版权的特色在于：对象必须具有新颖性和独创性、实行注册保护制和较短保护期、权利主要享有复制权和发行权、没有著作权主体享有的那种广泛的权利。

（二）根据标的或者价值来源不同，分为创造性成果权利和识别性标志权利

这也是业界常见的一种分类方式。其中的创造性成果权利是指对创造成果所享有的知识产权，包括专利权、集成电路布图设计权、植物新品种权、技术信息类的商业秘密权、版权等。而识别性标志类知识产权是指商业活动中的识别性标志所对应的知识产权，包括商标权、地理标志权等。

不过在本书看来，商标这类识别性的知识产权也具有创造性。

（三）根据思想与表达的区别，分为保护表达的权利与保护思想的权利

目前通说认可思想与表达二分原则。思想与表达二分原则是指，著作权法只保护作者对思想观念的原创性表达，而不保护思想观念本身。"思想，被认为是人类的集体财产。思想是不能被拥有的，这是在于它应当在公有中为任何人能够利用。"[1]。思想与表达二分原则的功能在于明确界定著作权法的保护范围，平衡著作权法激励创造与保留进入的利益关系，保证著作权法功能与目的的实现，促进科学与文学艺术的进步。在实践中运用最早可以追溯到美国 Baker v. Selden 案，该案第一次清晰地阐明了版权法不保护作品的思想。

很多观点将其扩张为下面一种通说：专利权与著作权的区别在于，著作权保护思想情感的表现形式，不保护作品的思想内容，专利权则保护思想及构思。这样一种通说值得商榷。实际上，所有知识产权所保护的对象都是一种表达，而不能是思想或者构思。专利法保护思想的论断，既是对科学的无知，也是对知识产权法律的误读、误解。客观上，任何外力的施加，都不及于人的思想，思想不可能成为被行为侵害的客体。[2]

在另外一方面，思想有一般的或者抽象的思想，也有具体的思想。思想

---

[1] 冯晓青：《知识产权法哲学》，北京：中国人民公安大学出版社，2003 年，第 75 页。
[2] 刘春田：《知识产权法》（第四版）。北京：高等教育出版社、北京大学出版社，2010 年，第 15 页。

与表达之间是存在一个很大的模糊区域，思想随着具体化的进程不断在趋近于表达。实际上，著作权保护的是一定思想下的表达，专利权保护的是一定表达上的思想，不是"抽象思想"。例如专利审查授权要求发明是解决特定技术问题的具体的技术方案。其中，"具体"是指发明必须能够实施，达到一定效果并具有可重复性。如果没有表现出一种针对特定技术课题的技术方案，不构成为专利法上的发明。① 可见专利权对象一定是具体的、表达的。

在著作权方面，作品的符号性决定了思想与表达不可分，作品实质性相似的判断过程及其具体标准也脱离不了思想与表达结合的整体。对作品关注的焦点应该从思想与表达之间的区别转变为思想与表达之间的联系。② 从思想与知识的关系看，知识是思想的功能性表达。知识产权保护的恰恰是对思想的功能性表达，而不是思想本身，无论是专利、商标、著作领域均是如此。③ 著作权与专利权以及其他知识产权之间不存在"思想与表达"的你我问题。

思想／表达二分法尽管在著作权个案判决中很难不出现，但其司法审判中指导意义并不强，大多关于某某属于"表达"或者属于"思想"这一类的断言缺乏有信服力的分析，而且就算是表达，也还必须具有独创性才能获得保护。有鉴于此，不如回归著作权法对于作品的定义，"文学、艺术和科学领域内具有独创性并能以某种有形形式复制的智力成果"，进而紧紧抓住"具有独创性"这一核心要件进行判断。

思想／表达二分原则的价值在于提供区分"思想"与"表达"的普适于知识产权立法的原理，而不是为个案提供价值判断的指导原则。

（四）其他分类

1. 以规范目的为标准

这一分类方式将知识产权分为三类：①与保护文化艺术创作相关的权利（著作权与邻接权、工业品外观设计权）；②与保护技术创新相关的权利（发明专利权、实用新型专利权、集成电路布图设计权、植物新品种权）；③与保护正当交易相关的权利（商标权、商号权、地理标志权）

2. 以取得方式为标准

这一分类方式将知识产权分为两类：①依事实取得的知识产权，即知识

---

① 杨雄文：《专利代理与检索》，广州：华南理工大学出版社，2010 年，第 17 页。
② 谭玥：《思想与表达二分法的符号学分析》，载《南昌大学学报（人文社会科学版）》2009 年第 4 期，第 54 页。
③ 齐爱民：《知识产权法总论》，北京：北京大学出版社，2010 年，第 425 页。

产权仅依一定事实的出现即可自动取得，不须履行行政审批程序。如著作权、商业秘密权等。②依申请取得的知识产权，即知识产权须经申请人申请，由相应的行政机关依一定程序审查批准予以授权后，方能取得。如专利权、植物新品种权、注册商标权等。

3. 以是否具有财产性内容为标准

这一分类方式将知识产权分为两类：①人身性知识产权，是指知识产权人所享有的人身权利或精神权利，一般仅为自然人所有。如著作权中的人身权利（或称精神权利）等。①②财产性知识产权，是指知识产权人所享有的财产权利或经济权利，从权利比重来看，财产权利在知识产权的范围与内容上占据绝大部分。

4. 以知识产权存续有无期间限期为标准

这一分类方式将知识产权分为两类：①有期限的知识产权，指仅能于一定期间有效的知识产权。如发明专利权（20年）、集成电路布图设计权（10年）。②无期限的知识产权，指存续期间法律无限制的知识产权。如商业秘密权。②

第四节　知识产权与其他财产权的关系

知识产权属于民事财产权，知识产权与其他财产权均属民法调整下的私权。但各自保护对象的自然属性即存在方式的差异，或者说各自的法律事实构成不同，物权、债权与知识产权各自对应的权利对象分别为物、行为与知识。民事权利中的财产权之所以区分为物权、债权和知识产权，正是由于它们各自对象的自然属性即存在方式的差异所致。

知识产权作为财产权，其内容和特征，既不同于物权，也不同于债权。物权、债权和知识产权均作为民事财产权，但又互相区别，就在于它们各自的法律事实构成不同。

---

①有观点将《专利法》中"发明人或者设计人有在专利文件中写明自己是发明人或者设计人的权利"的规定，作为专利权中的人身权。但实际上该署名权仅仅是发明人或者设计人的权利，而不是专利权人的权利。尽管很多情况下，发明人就是专利权人，但在专利权人变更的时候，发明人或者设计人的资格是不会发生变化的。

②有观点将著作权法中的署名权、修改权、保护作品完整权也作为无期限的知识产权例子，这一做法改变了比较的系统或者说对象，因为这些属于著作权的权能。也就是说不再是知识产权各专门法之间的比较，变成了一种知识产权与另一种知识产权权能之间的比较。指出这一点是为了强调逻辑严谨性的主张。

一、知识产权与债权

知识产权的产生前提是非物质性的"知识"的创生。权利具有绝对性,债权产生的前提是以作为或不作为方式存在的无形无体的"行为",其义务主体是特定的人,其权利具有相对权的特征。

二、知识产权与物权

物权和知识产权分别表现为对"物"和"知识"的控制、利用和支配,因而是法定权利,其义务主体是不特定的多数人,其权利具有绝对权的性质。知识产权和物权的区别在于:[1]

第一,权利的对象不同。物权的对象是动产和不动产以及其他实在存在的物理上的"物"。知识产权的对象则是不含物质实体的思想或情感的表现形式是客观存在。

第二,物权与知识产权虽然同为绝对权利,但是在独占性、专有性和排他性上,知识产权显然要弱于物权。物权只要不侵害他人的利益,不危及社会公众和国家的利益,不违反公认的社会公序良俗,其对物的占有、使用、收益和处分这些行为的权利是绝对的和排他的。但是知识产权人,对其创造成果的占有、使用、收益和处分行为,除了要考虑和遵循与物权人行使物权的相同约束条件之外,法律还明确规定了对知识产权的限制制度。例如:"合理使用""法定许可使用"和"强制许可使用"等制度。换言之,法律把某种权利同时赋予权利人和权利人以外的人。这种情况在物权法中是没有的。

第三,物权往往可以通过事实占有实现,知识产权则需仰仗法律的保障。物权的对象通常是有形有体的物质实体,可以被权利人实际占有和控制。知识产权的对象是非物质性的,一旦被创生出来,并不依赖于特定的载体存在,只要被公开,则很难被权利人实际控制占有。这也是知识产权极易被搭便车而受到侵害的原因。

第四,当知识产权与物权发生冲突时,知识产权通常要让位给物权。在一件实体物之上可以并存着物权与知识产权,但是,附着于特定物质载体之

---

[1] 刘春田:《知识产权法》(第四版),北京:高等教育出版社、北京大学出版社,2010年,第21-23页。

上的知识产权,同它所附着的载体之物权,也是可以分离的。比如一幅绘画,当物权转移时,著作权通常还留在原权利人手中。在这种物权和著作权分别属于不同的主体的情况下,如果著作权人行使权利,要以接触或使用作品原件为前提,这势必和物权发生冲突。当二者不能就此达成一致时,著作权会因物权的对抗而无法实现。[①]

第五,知识产权的期限不同于物权期限。知识产权在法律上明确规定了一定的期限,期限届满,权利归于消灭。所有权则无此法律规定,物权的期限与物的自然属性寿命竞合。

第六,知识产权作为一种财产,其价值无论质的规定性还是量的规定性,都不同于物。知识产权的价值是通过人们对其对象"知识"的利用而表现出来的。

三、知识产权与科技成果所有权或长期使用权

一般认为,科技成果是指人们在认识自然与改造自然活动中,经过实验研究、设计试制或调查考察后,所得到的,经过鉴定的,具有学术意义或实用价值的创造性结果。它包括发明、发现、技术进步以及技术改造方面的内容。科技成果管理包括成果鉴定、成果登记、成果奖励、成果保密、成果推广等几个方面的内容。

2020 年 5 月 18 日科技部等 9 部门印发《赋予科研人员职务科技成果所有权或长期使用权试点实施方案》,提出科技成果所有权就是"国家设立的高等院校、科研机构科研人员完成的职务科技成果所有权",而作为所有权对象的职务科技成果包括"专利权、计算机软件著作权、集成电路布图设计专有权、植物新品种权,以及生物医药新品种和技术秘密等"。

从法律规则的渊源上看,"科技成果所有权"最早提出是在 20 世纪 80 年代。这一用语的出现是遵循"科技体制改革是经济改革重要组成部分"的逻辑,突破了"全民所有"与"全民使用"直接的制度性关联,直接套用了土地所有权和企业所有权表述方式的制度结果。这对于强化科技与经济的结合具有立竿见影的宣示效应,也为相关改革的合理性提供了难以辩驳的有力支

[①] 有观点主张,若陈列于公共场所的美术作品的原件为该作品的唯一载体,该原件所有人对其进行拆除、损毁等事实处分前,应当在合理的期限内通知作者,作者可以通过回购、复制等方式保护其著作权,当事人另有约定的除外。

撑。同时，当时我国尚未建立起民事基本法律制度体系，以《专利法》为典型代表的知识产权法制度更是尚处于起草探索之中，这种借用、套用在法律上也不存在任何制度障碍。

但是，随着知识产权各单行法的不断出台，"科技成果所有权"这一表述当初所隐含的知识产权和技术合同权益等科技成果私权含义，逐渐为权利类型法定、权利内容具体、法律保护严格的知识产权、合同权益及其他民事权益所替代。①

特别是1986年颁布的《民法通则》明确将所有权与知识产权作为两类不同的民事权利予以规定。所有权成为一类专门的民事权利，不再是完整权利、民事权利或者财产权的统称、代称，以专利权为代表的知识产权成为科技成果的主要法定权利。而且对于科技成果是否存在所有权的问题，国家科委就曾于1988年2次专门发文②做出澄清：所有权是排他权，其权利主体是特定的，义务主体是不特定的。一项技术成果，只有经申请并被授予专利权以后，专利权人才在专利权有效期内享有与所有权相类似的实施其发明创造专利的排他权。非专利技术成果使用权、转让权则不同，它只存在特定的当事人之间。它没有对抗第三者的效力。因此，非专利技术成果的使用权和转让权，不是排他权利，而是非独占的权利，因而不具有法律意义上的"所有权"的属性。科技成果无法套用、借用所有权规则。③

2000年8月25日我国《专利法》第二次修正，完全取消以所有制形式区分专利权"所有"和"持有"的规定，删除"全民所有制单位转让专利申请权或者专利权的，必须经上级主管机关批准"的规定，结束全民所有制单位取得专利权的"两权分离"的现象。

---

①肖尤丹、刘鑫：《我国科技成果权属改革的历史逻辑——从所有制、科技成果所有权到知识产权》，载《中国科学院院刊》2021年第4期。
②1988年《国家科委负责人发表谈话关于实施技术合同法涉及的技术成果评价和权属问题的说明》和《国家科学技术委员会政策法规司负责人阐述技术市场有关法律、法规和政策界限》。
③肖尤丹、刘鑫、肖冰：《论科技成果所有权的法律内涵》，载《科学学研究》2021年第4期。

第三章 知识产权的产生与发展

财产权不过是一种工具价值,而非目的本身;它是一项服务于更为广泛的、更为多重的人类目的的社会制度。财产权的兴衰是技术、社会、经济、文化、道德观念、制度框架和法律学说共同作用的结果。规则的最终形态由此充满了偶然性和不确定性。① 知识产权制度的产生晚于一般的财产权制度。在人类社会初期,法律仅限于维护私有土地、房屋等有形财产,人们的创造成果被排斥在法律保护范围以外,知识作品只能靠创造者自己保护,侵权盗版者不会受到法律制裁。把对科学技术和文学艺术的利用权当作一种独立的财产形态,则是技术进步与商品经济发展到一定阶段的产物。② 自古以来,中国人一直勇于并且善于发明创造,除了广为人知的四大发明之外,从远古到 18 世纪末,中华民族在农业、天文、建筑、军事、园林、城市等领域也取得了惊人的成就。但是,与发明创造的辉煌相比,中国在知识产权保护上的起点却非常低。尽管中国古代对人类科技发展做出了很多重要贡献,但为什么科学和工业革命没有在近代的中国发生?这一问题随后被学术界名之为"李约瑟难题"。③ 对于这一问题,国内外学者曾从社会、经济、思维方式和文化等各种角度做了大量的探索。较近,也有部分学者开始从知识产权制度角度考虑这一问题。

知识产权制度的形成,经历了一个由封建特许权向资本主义财产权嬗变的历史过程。近代知识产权的法律制度发源于欧洲,其最本质特征就是承认知识产权为私权,欧洲构成了知识产权这一新兴法律制度萌芽与生存的土壤,

---

① 陈贤凯、许可:《译后记》,载[美]斯图尔特·班纳:《财产故事》,陈贤凯、许可,译,北京:中国政法大学出版社,2018 年,第 464 页。

② 刘春田:《知识产权法》(第四版),北京:高等教育出版社、北京大学出版社,2010 年,第 37 页。

③ 英国学者李约瑟(Joseph Needham, 1900—1995)在其编著的 15 卷《中国科学技术史》中提问,"尽管中国古代对人类科技发展做出了很多重要贡献,但为什么科学和工业革命没有在近代的中国发生?" 1976 年美国经济学家肯尼思·博尔丁称之为李约瑟难题。

其实早在李约瑟之前,就有很多人提出与李约瑟难题类似的问题。中国学者任鸿隽在中国最早的科学杂志《科学》第 1 卷第 1 期(1915 年)发表的《说中国无科学之原因》一文中提出了类似的问题。"钱学森之问"同样是对中国科学技术的关切。

且其发展史经历了从中世纪末期至资本主义初期长达数百年的孕育。换句话说，从国际条约的"字缝中"也可回溯出"私权"二字。以史为鉴可以知兴替，基于过去和现在的紧密联系，现代知识产权法只能透过历史的镜头才能得到更好的解释。① 我们需要了解知识产权法律制度变迁背后的社会动因和立法理念，用发展变化的眼光看待与学习知识产权制度的发展及其背后深刻的社会背景与经济根源。其中，主体性立场的确定直接决定了研究范围和研究方法的可靠性与正确性。最为典型的主体性基础冲击，就是对权利模式的哲学认识论转型、技术进步和文化演变的塑性。②

第一节 古代社会知识财产化

在历史上，知识并非一开始就像财产一样被当作权利的对象。在农业经济时代，人类赖以生存，社会赖以维持的基础技术主要是农业生产中的耕作技术，生产力和技术发展水平极为低下，生产工具简陋，土地和劳动力资源成为主要的争夺对象。这种生产力的水平，知识不是内在的必然需要，就更谈不上产生保护科学技术进步的专利制度。古希腊人曾把知识看作一种美德，其价值主要在道德方面；培根曾把知识当作一种力量，一种权力，其价值主要在政治方面；古代中国人把知识看作一种智慧和能力，其价值主要在修身、齐家、治国、平天下。③ 随着生产力水平的提高，知识成分在经济总体中所占的比重越来越高。人们逐渐意识到知识及其带来的思想影响的重要性。封建君主及王室成员开始以特许令的方式强化对知识传播与利用的控制。

私人财产权观念是西方现代文明核心价值观的基石，在西方现代私有财产权利制度确立过程中起到了至关重要的作用。因此，在分析知识产权法律制度形成历程的基础上，系统探究古代社会知识财产的权利观念及其特点，既能够厘清远古时期私有财产意识的萌芽与近代启蒙思想在知识产权观念上的精神联系，从理论上加深我们对现代知识权利观念内涵的理解，又为我们理解中西方知识产权制度的差异及现代市场经济社会中知识产权的本质与特

---

① Brad Sherman, Lionel Bently. The Making of Modern Intellectual Property Law, Cambridge: Cambridge University Press, 1999: 1.

② 肖尤丹：《历史视野中的著作权模式确立——权利文化与作者主体》，武汉：华中科技大学出版社，2010年，第11页。

③ 卢鹏：《罗马法拟制思维与现代知识产权制度建构》，载《华南理工大学学报（社会科学版）》2011年第5期，第25-26页。

征提供有益的参考。

一、封建社会之前知识财产化的观念

民法之真正根源乃罗马法，研究民法的人便无不"言必称罗马"。古罗马虽然没有保护知识产物的财产权制度，但是它经历了一些与知识财产权利相关的事例，也留下了相当的私法原理和规则——在后代学者的修正解释之后，为论证与完善知识财产法律化提供了重要的思想资料。主要包括无体物与无形财产理论、公共物理论，以及无体物的转让。①

标志的使用可以追溯到自人类有交易生活开始，在物品上使用标志的历史几乎与人类和宗教的历史一样悠久。不过在自然经济初期，即使有的产品上加了一些铭文、年号，也只是起到表示私有权、装饰或纪念的作用。从历史记载来看，在公元前三千多年的古埃及，人们在斧子、标枪、匕首等物品上已开始使用一些标志。在古希腊、古罗马时期的陶器、金器、灯具等物品上，也已刻有人名和其他一些文字或图形等标记。不过，这些标志并非现代意义上的商业性标志，不管从美工技巧还是从所附部位来说，也都不能认为它们具有观赏或者是指示商品来源等意义，而只是用于官方征税、作坊主与工匠记账，或用以表示官方垄断经营。这些标志可用于对产品销售商提起诉讼，对标志使用人自身并无任何相关的法律救济。我国远在汉代之前，就已经开始使用标志了，甚至早在传说中的"三皇"时代就在陶器上绘制一些标记、符号以区别器物所有人、制造人。但是在以自给自足为基本特征的自然经济条件下，这些标志所标识的物品并不是为了交换，因此不能算作是现代意义上的商标。这种只具有区别生产者的单一属性，不具有宣传产品和提供质量保证功能的标记，虽然不能算作现代意义的商标，但可以说是现代商标的雏形。

在罗马和平时代，随着社会物质财富的积累，社会劳动力的充裕。进入帝国时代，罗马手工业已经完全从农业中独立出来。但罗马手工业起步晚、档次低，与同时代西汉王朝的手工业相比还是有着质的差距。罗马在手工业生产中广泛使用奴隶，而且廉价劳动力大量过剩，企业主对于研制那些能够节约劳动力的设备也就没有任何积极性。罗马帝国的工业总体水平不高，仍然是手工业作坊，分工原始、简单。由于从被征服地引进了大量的先进的生产技术，罗马手工业因此有了较明显进步，但政府也没有采取任何保护工业

---

① 吴汉东、胡开忠：《走向知识经济时代的知识产权法》，北京：法律出版社，2001年，第12-13页。

创新的措施。在我国,据《庄子·内篇·逍遥游》记载,古代有一个世代以洗染为业的家族研制了一种"不龟手之药"。一个谋士以千金巨资买走了药方,后来配制给本国将士使用,打败了强敌,该谋士也封官晋爵。从此故事可知,远在战国时期,中国人对知识的使用价值和价值就有认识,把它当作特殊财产加以利用。但当时没有发展出独立的知识产权制度。

罗马法没有规定著作权保护,但当时出现了相关保护的意识。公元前1世纪,罗马出版业出现并扩大,作者与作品的销售变得密切,一种不太成熟的文学产权理念开始出现。[①] 作者与出版商签订合同,作者许可后,出版商才可发行和出版,若未经作者同意就出版其作品会受到舆论的谴责。罗马法学家也开始讨论知识"所有权"(ownership)的理论问题,如桌子的所有者与在桌子上面画画的艺术者之间的冲突。[②] 按照罗马帝国法学家盖尤斯(Gaius)的意见,判决的依据应该是看桌子和画哪个更有价值。判决的结果是桌子属于画家,因为画更有价值。这表明当时是将精神产品与普通财产作为同等物来比较价值的。[③] 著作权观念在我国产生很早。春秋战国以来的古典文献大都有作者的署名,一些作品甚至直接以作者姓名或学派始祖姓名作为名称,剽窃抄袭者受到社会谴责,这说明我国古代文人已意识到作者的署名权等人身权利,同时也反映了社会对这些权利的尊重,体现了朦胧的著作权利意识。当然,这种权利意识是很粗朴的,基本上没有财产权的内容。

作为近代私法鼻祖的罗马私法没有出现知识产权制度的原因在于:①当时的罗马社会尚未具备产生知识产权制度的社会条件;②罗马社会对于"知识产权"的认识尚处于萌芽状态;③技术进步对于经济发展的贡献微不足道;④知识尚未普遍商品化。但罗马社会中的实践为后人进一步认识知识产权提供了重要的成果。[④]

二、封建社会知识财产的特权制度

在知识产权的历史演变历程中,存在着这样一个重要事实:知识产权制度最初的产生脱胎于封建社会的特权制度,封建特权制度与近代知识产权制

---

① Christopher May, Suan K. Sell. Intellectual Property Rights: A Critical History. Lynne Rienner Publishers, 2006..

② Bruce W. Bugbee. Genesis of American Patent and Copyright Law. Washington: Public Affairs Press, 1967: 167.

③ 肖尤丹:《历史视野中的著作权模式确立——权利文化与作者主体》,武汉:华中科技大学出版社,2010年,第47页。

④ 吴汉东:《知识产权制度基础理论研究》,北京:知识产权出版社,2009年,第76页。

度之间是源与流的关系。在我国漫长的封建社会中，也曾存在过知识经济的现象，对于这些现象的性质以及与近代知识产权制度之间的关系，目前存在着不同的认识。

封建特许权包括印刷专有权和产品专营权，它以君主敕令或官府令状的形式，授予印刷商以出版独占许可证或赋予经营者制造、销售某种产品的专有权利，当时的特许权是一种"钦定"的行政庇护，仅是一种个别保护、局部保护，而不是法定的权利保护。

在印刷术发明之前，文化凭借口述、手抄方式传播，作品很难成为商品。随着雕版印刷术、活字印刷术①的出现，图书的翻印变得容易，著作物得以广泛流传，出版商获取到利益，由此使得各种学说（正统与非正统的）传播也随之变得容易。统治者因言论控制的需要，故对印刷出版行业实行严厉的管制。

我国在北宋年间，毕昇发明活字印刷术使官方和民间印刷出版业得到发展。与此同时，翻版和窃版行为使得采取保护民间出版的措施成为必要。南宋中期，民间刻印的北宋历史著述《东都事略》上记有"已申上司不许复版"字样，这是目前发现的世界上最早的关于禁止作品翻印传播的声明。南宋咸淳年间，两浙为保护祝穆的《方舆胜览》等四部书的权益而专发榜文。在后唐长兴三年（932），朝廷令田敏在国子监主持校正《九经》，并"刻板印卖"，禁止一般人擅自印刷，这是官府刻书之始，可谓是当时世界上第一个以出售为目的大规模印制图书的"出版社"。为保护《九经》蓝本，朝廷曾下令禁止一般人刻印这本书，从而保护国子监对《九经》出版的专有权，这相当于后来欧洲出现的特许制度。这些均可为我国著作权保护的萌芽。段昌武的《丛桂毛诗集解》也有类似内容。但较之现代意义上著作权法仍有重大差别。

1450年，德国人古登堡（J. Gutenberg）的金属活字印刷技术获得成功，并开始投入产业实践。与手抄书时代相比，图书复制变得容易、迅速而廉价。在随后不到50年的时间里，印刷术很快传遍西欧各国。书籍资料大量印刷促成知识迅速而大面积传播的同时，也给印刷商开拓了一个巨大的书籍市场与商机。随之出现的盗版印刷现象，凸显了利益分配与保护的需求。意大利的一些王国最早规定了印刷特许权制度，将某些书的印刷特许权授予某些出版商，在某个期限内（一般不超过14年），他人不得印刷该书。15世纪末，威

---

① 在中国认为活字印刷术的发明人是毕昇（北宋庆历年间（1041—1048））。但在西方国家，一直认定德国人古登堡才是活字印刷（出现在1450年前后）的发明人。

尼斯共和国授予印刷商冯·施贝叶在威尼斯印刷出版的专有权，有效期5年。这被认为是西方第一个由统治政权颁发的、保护翻印之权的特许令。在此之后，罗马教皇于1501年，法国国王于1507年，英国国王于1534年都曾为印刷出版商颁发过禁止他人随便翻印其书籍的特许令。

在我国，据先秦《韩非子》记载，最早的商店招牌出现在两千多年前，是用布帛做成的"旗"或"招"，这就是有标志识别作用的店牌。春秋战国时期的商品交换和市场发展，为我国古代商业性标志的产生提供了条件。汉、唐时期，商品上使用标志也较为普遍。随着商业的发展，宋代时我国的商业性标志已较为完整，名牌和商号增多。最早较为完整的商业性标志是北宋山东"济南刘家功夫针铺"，使用了图文并茂的"认门前白兔儿为记"商业性标志。①茶叶、丝绸、服装、纸张、医药以及其他行业，通过在器物上打标志、公开声明、在行会和地方官署登录其标志的方法进行保护。借助于政府力量的保护，直到清代才有明确记载；之前主要是通过自我方式或借助于行会的力量来实现——这与中国封建社会轻"商"的传统有着直接联系。

随着社会生产力的提高，产生了剩余产品，出现了商品交换，商品经济开始出现。为了便于交换，人们开始在商品上使用标志，由此便产生了区别商品来源的商标。在英文中，"烙印"（brand）一词常常被视为"商标"（trade-mark）一词的同义语。伴随着商品经济的发展，标记、符号已广泛使用在商业上。及至13世纪，欧洲的行会逐步盛行，每个行业都有同行业行会的组织，从事某一行业的人必须加入行会才能开展经营，而且，加入者必须在商品上签刻自己的标志，这一方面便于对产品质量进行监督，另一方面也是为了保持行会对外的垄断。与此同时，国家的市场管理人员可以通过标志检查粗制滥造、假冒他人产品的行为，作为追究责任的根据。于是，商标在西方社会中的运用越来越广泛。

古代的中国在西汉时期就对盐、铁、茶、丝等产品实行官办或商卖等垄断经营制度，以后的各朝代也多有沿用。但是，几千年的封建集权政治和自然经济模式，极大地阻碍了科学技术进步和商品经济的发展。反映在法律制度和观念上，"重刑轻民"始终在中国古代法律制度史上占据主导地位。受当时的政治、经济、法律、文化等各方面因素的影响，我国尚不具备产生专利制度的基础。直到19世纪中叶以后，西方专利思想传入中国，才引起社会

---

① 白兔上头的铜字刻的是招牌"济南刘家功夫针铺"，白兔两边刻着"认门前白兔儿为记"。白兔下面刻着"收买上等钢条，造功夫细针，不误宅院使用。转卖兴贩，别有加饶。"该铜版现陈列于中国历史博物馆。

的反响。1859年，太平天国领导人洪仁玕的《资政新编》认为，对发明实行专利保护，是赶上西方发达国家的必备条件。甚至提出在同一专利制度下分别保护发明专利与"小专利"（实用新型）的设想，"器小者赏五年，大者赏十年，益民多者年数加多"。这些思想实际上就是西方专利制度的核心。

整体而言，封建社会通过特许权的方式取得对于知识产品的获取与控制，启示了近代知识产权制度的构建。但同时，与现代知识产权制度相比，封建特权的制度存在着重大缺陷：①以新产品制造方法的引进或舆论控制作为特权授予的条件；②以统治者与特定主体作为受益的主体，缺少对真正创新者的保护。[1] 国家授予特权的目的无非是为了控制思想的传播、维护专制统治、增加税收的需要，绝非是保护创造人的权利，或者说，保护创造人的权利只是该特权的一个非常间接的目的。狭隘封闭的特权制度必将被自由、正义、平等理念指引下的知识产权制度所代替。

三、中国知识产权发展史上的"郑安之争"与"李约瑟难题"

历史本身所具有的特点与属性使得对其进行诠释和解读可能会呈现出多样性特征，这正说明了人作为历史的主角和研究历史的主体在认识论基础上的矛盾。就法律史的问题，由于存在着不同的概念定位和不同的理论立场，经常得出大相径庭的结论。

（一）宋代是否存在著作权问题的"郑安之争"

在有关宋代的版权问题上，中美两位法学家之间发生了激烈的争论。[2] 中国社会科学院郑成思认为，尽管历史上没有制定出成文的版权保护法，我国以禁令形式保护印刷出版者（在个别场合也延及作者）的情况，自宋代开始在八百多年中始终没有改变（但在明代，禁令形式的保护似曾中止过一段时期）。[3] 他还认为，在宋代，版权之作为特权出现后不久（大约一二百年）就一度被作为民事权利、作为创作者的特权（而不仅仅是出版者的特权）受到保护。[4] 而哈佛大学东亚研究中心安守廉却认为中国古代的有关出版法令只不过反映了"帝国控制思想传播的努力"，并不能由此认为中国宋代出现

---

[1] 吴汉东：《知识产权制度基础理论研究》，北京：知识产权出版社，2009年，第79-80页。
[2] 邓建鹏：《宋代的版权问题—兼评郑成思与安守廉之争》，载《环球法律评论》2005年第1期。
[3] 郑成思：《中外印刷出版与版权概念的沿革》，载《版权研究》，北京：商务印书馆，1995年，第113-114页。
[4] 郑成思：《知识产权论》，北京：法律出版社，1998年，第14页。

了著作权，同时这也是导致中国无法产生著作权法乃至知识产权法的主要原因。

与其纠结于观点的选择或者民族的自豪感，不如追问各自观点得出的前提条件孰是孰非更有思辨的意义。通过上述两位学者的观点论证，可以发现两者采用了完全不同的思维线索，由此造成了对于著作权制度的出现在论证思路上的两种不同视角。郑成思较多地通过对我国宋代早期文献中出现的类似于版权保护的形式、出版商的诉求和官府律法文本中的表达进行分析，结合印刷技术的产生发展以及当时的经济社会背景，从而以"作品"的载体形式所体现的与近代著作权类似的保护方式与作用得出其中国最早产生版权保护的结论。而安守廉的视角始终从考察保护方式的权利性目的出发，将权利出现的基本思路定位为保护而非限制，进而直接将中国古代类似版权的保护形式视为封建出版审查制度的附属，其目的仅仅在于控制思想和钳制舆论。① 历史地看待历史问题，把历史现象放在特定的历史环境中去认识，这才符合历史唯物主义的观点。② 针对这一分歧，有观点提出，从历史的角度而言，西方中世纪对出版业的控制程度远甚于宋代，而且中世纪一直近代西欧，罗马教会和世俗政权共同致力于"努力控制思想传播"，版权法却首先产生于英国。与宋代出版商不同，西方私人出版商的出版特权与政府的出版管制密切相连。在各种社会因素的作用下，出版特权成为稳定的制度。各种因素促使出版特权制度转变为后来的《安娜女王法》。反思安守廉的分析，这其中的矛盾之处显然值得注意。③ "基于宋代特有的官商经济形式，出版者为了保护自身利益，会自觉与官府的监管目的接轨，联合那些想要通过出版名垂千古的作者共同推动了传统中国版权保护（包括财产权和人身权）的点滴进步。"④

除了上述两个标准以外，业界还有不同的标准主张，包括但不限于成文法的出现⑤、著作权观念的产生⑥等。

---

① 肖尤丹：《历史视野中的著作权模式确立——权利文化与作者主体》，武汉：华中科技大学出版社，2010年，第30页。

② 李明山：《中国古代版权史》，北京：社会科学文献出版社，2012年，第134页。

③ 肖尤丹：《历史视野中的著作权模式确立——权利文化与作者主体》，武汉：华中科技大学出版社，2010年，第31页。

④ 沈玮玮、董凡：《士大夫之名与出版商之利：宋代的版权保护》，载《人民法院报》，2018年04月27日，第05版。

⑤ 朱磊：《影响现代著作权保护制度确立的因素——以中西方著作权法产生为视角的分析》，载《学术交流》2017年第3期；冯晓青：《知识产权法》（第三版），北京：中国政法大学出版社，2015年。

⑥ 杨明：《制度与文本：〈大清著作权律〉的历史审视》，载《华中科技大学学报（社会科学版）》2013年第5期。

（二）中国古代知识财产萌芽未转为近代知识产权制度的缘由之争

科技是知识产权制度产生的前提条件，但不是充分条件。我国有着和西方现代知识产权制度起源地同样的甚至可能还要早的所谓"起点"：我国有千年科技领先史，并且最早将活字印刷投入生产实践；并且同时可以认为，在我国"古代'帝国控制'的主旨之下"，也有着与西方国家类似的封建特权，且封建王朝的法律"客观"上"保护了某些私权"。[①] 但我国这一封建特权最终并没有转化为"私权"，或者说中国知识财产萌芽没有发展成一套近代意义的知识产权制度。

中国知识产权萌芽为何没有发展成一套近代意义的知识产权制度，对于中国知识产权制度发展的这一"李约瑟难题"，郑成思认为其原因是宋代以后生产力发展的滞后以及商品经济的不发达。[②]

还有其他观点是这么解释的，宋代的知识保护萌芽没有发展成为知识产权制度与中国封建社会的土壤中不能滋生出私法制度两个命题之间具有极大的相通之处，而市民社会的缺失以及私权意识的淡薄造成了知识产权成长土壤的贫瘠，使知识产权保护萌芽与近代意义上的知识产权制度之间出现了真空地带。[③] 中国古代无法发展出一套版权制度与当时的集权/极权政治相关。[④]

中国古代的科学技术发展有着自身的脉络，与西方相比有着迥然不同发展模式。在大一统的帝国里，古代的科学探索及其应用都刻着深深的官办烙印。这一官办模式，一方面可以发挥人力物力的协同合作优势，保障科学技术雄厚的生存基础。但在另一方面，官办传统以维护帝国安定为绝对前提的桎梏，制约了权利及财富观念的发展。在古代中国，有过辉煌灿烂的历史，"遗憾的是，后来在中央集权的专政体制下，阉割了中国人的高扬人性，窒息了他们活跃的思想……生产力的发展，归根到底是创造者、劳动者的解放，是人的解放。"[⑤]

[①] 纪坡民：《产权与法》，北京：三联书店，2001年。
[②] 郑成思：《知识产权论》（第三版），北京：法律出版社，2003年，第16页。
[③] 吴汉东：《知识产权制度基础理论研究》，北京：知识产权出版社，2009年，第82页。
[④] 邓建鹏：《宋代的版权问题——兼评郑成思与安守廉之争》，载《环球法律评论》2005年第1期。
[⑤] 刘春田：《知识产权法》（第四版），北京：高等教育出版社、北京大学出版社，2010年，第33–34页。

第二节 近现代知识财产私权化

知识产权的私权化,是对封建特许权制度的一场法律革命。发明创造者依法对自己的知识产品享有独占和专有的权利,能够随意转让和处分这一权利,并分享他人利用知识产品所带来的利益,是资产阶级革命时期形成的知识产权观念。知识产权作为一种私人享有的无体财产权,在资本主义条件下才得到法律普遍认可和严格保护,并逐渐形成一种独立而系统的法律制度。中国近现代历史上,曾经历两次重大的历史变迁,分别是晚清变革和新中国改革开放。中国知识产权制度的初创和重建也正是发生在这两个时期。[①] 知识产权法律制度是保护知识产品的重要法律制度,日益成为各国保护创造成果、促进科学技术和社会经济发展、进行国际竞争的有力措施。

一、近现代知识财产私权化的社会基础

近代知识产权制度是政治、经济、科技和文化四个方面合力作用的结果。[②]

近代科学技术的产生与应用是近代社会生产力发展的原动力,是商品经济繁荣与科技成果商品化的前提。但资本主义的科学技术发展与文艺复兴和启蒙运动所倡导的理性精神有着直接的关联。从 14 到 16 世纪,西欧资产阶级所发动的文艺复兴运动,激励人们改造现世,研究自然,重视实际有用的知识——为资产阶级一手将科学技术作为物质武器,一手将私权制度作为法律武器提供了必要的文化思想准备。在 17 世纪中叶英国资产阶级革命的过程中,从霍布斯、米尔顿到洛克等思想家、政治家,主张主权在民,倡导平等自由,强调私有财产的不可侵性,这些也都为知识产权法律制度的建立奠定了重要的思想基础。启蒙运动推动财产权合理证成,倡导自由平等。

科学理性促成自然科学发展,促进文学艺术作品极大繁荣。文艺复兴和启蒙运动打破了宗教神学的禁忌与束缚,在人格平等的基础上,构建了科学自由、表达自由的文化氛围,保证了科学技术的迅猛发展。中世纪后期的西方国家,伴随着"文艺复兴"运动的进行及大学的建立,科学精神得到彰

[①] 刘春田:《知识产权制度与中国的现代性》,在 2012 年"中美知识产权司法审判研讨会"上的发言。
[②] 吴汉东:《知识产权制度基础理论研究》,北京:知识产权出版社,2009 年,第 91 页。

显，科学知识被广泛传播，新的科技成就频频出现，这就是近代知识产权制度产生的科技基础，也为工业文明的出现以及以保护工业文明为使命的知识产权制度的产生奠定了坚实的技术基础。

而激励科技创新、充分表达的机制来源于创新成果的商品化。在近代商品经济蓬勃发展的基础上，出现了很多有助于知识产权制度产生与发展的基础。通过知识产品的商业化，创造者获得了精神与物质的满足。在科学技术运用于社会生产的过程中，知识产品与物质产品开始具有了同等的商品意义。在早期社会，知识产权的保护并不是天然地获得理性的认可，相反，知识产权的专有性还与自然理性在某些方面存在严重的对立。后来学者们尝试运用洛克的财产权劳动理论及黑格尔的人格理论、社会契约理论、（社会）利益理论等等，为知识产权制度存在的正当性辩护。

由于知识产品的非物质性和巨大价值，"搭便车"侵权的行为层出不穷。鉴于此，知识产品的利益获取需要有法律上的保障，也就需要新兴工商阶层扩张话语权。这推动智力劳动者及其关联利益者在权利舞台上享有话语权，并最终落实到立法上。这一过程与民主政治紧密相连。自12世纪起，欧洲开始了罗马法复兴的运动。马克思、恩格斯指出："当工业和商业进一步发展了私有制的时候，详细拟订的罗马私法便立即得到恢复并重新取得威信。"罗马私法的复兴，为近代知识产权制度的制定贡献了有益的法律思想材料。罗马人所创建的私法原理和私权保护规则，可以为我们解释知识产权制度提供理论基础和法律渊源。[①] 同时，国家统一以及民主政治体制的确立为各项制度的发展提供了一个良好的外部环境，保障了知识产权制度在良好的政治基础上产生以及发展。

随着封建王朝的衰落和市民权利观念的进化，知识产权作为一种私权，在资本主义条件下才得到法律普遍认可和严格保护，并逐渐形成一种独立而系统的法律制度，为人们提供了一种新的思维方式、行为方式以及存在方式。与封建特许权相比，作为私权的知识产权有如下特点：第一，它是"天赋之权"。近代启蒙思想家认为，天赋人权是利己主义的权利，即私有财产神圣不可侵犯的权利。因此知识产权是"天赋"的、"与生俱来"的，它不应由国家特许而产生。第二，它是"普世之权"。近代人权理论的视野中，财产权与其他人权一样，是超时代、超社会的普遍权利。因此，知识产权是"普世"的，是一种"普遍权利要求"，它不可能是个别的、局部的行政庇护；第三，它是"法定之权"。从法哲学理论而言，知识产权既是一种自然权，也是一

[①] 丁丽瑛：《现代知识产权制度的罗马法基础》，载《比较法研究》2008年第5期，第128页。

种法定权。这即是说，由宪法和法律规定的知识产权，即是"以实定法的名义反映了自然权利"。因此，知识产权在近代社会受到国家立法的保护，而不是官府特许令状的保护。①

相比于西方国家，当时的中国重农抑商，不重视科学技术的发展，导致智力劳动者地位低下。近代科技在明清时期的缺失使得中国知识产权制度的产生缺乏合适的土壤。

二、近代知识财产私权制度及其特点

民事权利的保护历史可以追溯到非常遥远的年代，但知识产权法却是在物权法、债权法及亲属法等传统民法已初具规模时，才渐露峥嵘。尽管西方知识产权法的成长历程不过短短数百年而已，但及至于今，知识产权法已成为当代法律体系中极为重要的一支。

知识产权制度是近代法制史上的新一页，是科学技术与商品经济发展到一定阶段的产物。一般认为，英国于1709年制定世界上首部真正意义上的著作权法《安娜法令》②，首开世界著作权成文法之先河，将著作权由最初的"印刷出版权"演变为具有现代意义的"版权"，明确了作者对其作品的支配权。到了15世纪，地中海沿岸贸易交往日趋发达，技术在经济发展中变得越来越重要，一些国家开始着手建立保护新技术的法律制度。1474年3月19日，威尼斯城邦共和国颁布了世界上第一部专利法，这与威尼斯当时商业发达有着直接的关系。这部专利法虽然简单粗陋，但已包含现代专利法一些基本因素，提出了保护发明专利的三项原则：即发明公开；申请专利不受国籍限制；除发明者和威尼斯共和国政府，其他任何人不得使用其专利发明。这些原则为现代专利制度奠定了基础。威尼斯专利法对中世纪的欧洲产生了巨大影响，许多国家相继效仿。

英国在1623年制定的《垄断法规》，被认为是世界上第一部现代意义的专利法，对后世立法有很大影响，其中的许多原则和制度一直沿用至今。英

---

①吴汉东：《关于知识产权私权属性的再认识——兼评"知识产权公权化"理论》，载《社会科学》2005年第10期，第58-59页。

②全称为《为鼓励知识创作而授予作者及购买者就其已印刷成册的图书在一定时期之权利法》。也有翻译为《安妮法令》《安娜女王法》或《安妮女王法》等。

国专利制度的产生标志着现代专利制度步入发展阶段。[①] 德国于 1877 年在世界上首次引入强制审查制度。

到了 16、17 世纪，许多欧洲国家开始制定法律来保护商品上的标记。到了 19 世纪，随着商标制度的产生，现代意义上的商标终于在欧洲诞生了。法国于 1857 年制定近代第一部商标法（《关于使用原则和不审查原则为内容的制造标记和商标的法律》）。

随着资本主义制度在西方的确立，各主要资本主义国家自 18、19 世纪以来都先后开始了知识产权的立法活动。其中最有代表性的立法例有：美国 1790 年《联邦版权法》、法国 1793 年《作者权法》、德国 1837 年《保护科学和艺术作品的所有人反对复制或仿制法》、日本 1899 年《著作权法》；美国于 1790 年、法国于 1791 年、德国于 1877 年、日本于 1885 年先后制定的专利法；英国于 1875 年、美国于 1870 年、德国于 1874 年、日本于 1884 年先后颁布的商标法。近代外观设计制度在十八世纪至十九世纪开始在一些国家产生。

虽然我国从宋朝起即开始出现了对作品实施保护的现象，1882 年光绪皇帝批准了上海机器织布局可享有为期 10 年的机器织布技术专利。但直至清朝末年才开始对知识产权进行立法，比西欧国家的类似进程迟了近 300 年。清朝末年的修法是为了适应清末中国资产阶级"维新变法"的需要而进行的，受大陆法系的影响较大，尤其是受德国、日本的影响大。清政府 1889 年 5 月颁布了我国历史上第一部有关专利的法规《振兴工艺给奖章程》，1904 年颁布了我国第一部商标法——《商标注册试办章程》及其细则，1910 年颁布中国历史上第一部著作权法《大清著作权律》。一般认为这是中国知识产权立法的开端。[②] 民国政府 1923 年颁布的《商标法》与 1912 年颁布的《奖励工艺品暂行章程》，是我国历史上真正付诸实施的第一部商标法与专利法，而第一部真正被称为专利法的是 1944 年民国政府颁布的《专利法》，不过依据这部专利法批准的专利没有几件。

近代知识产权制度具有鲜明的特征：①以创造者为权利的享有者。《安娜法令》即是这一转变的分水岭。②以兼顾服务公共利益为宗旨。在文艺复兴、

---

①有不同观点认为《垄断法》是当时限制王权的立法成果之一，而非规范发明人专利权益的法律。作为涉及发明人权益的专利，是在欧洲封建特权的基础上随着近代科技经济与权利观念的发展而逐步形成的，《垄断法》将发明垄断作为"一切垄断非法"的例外予以规定，间接促进了现代专利制度的发展。参见杨利华：《英国〈垄断法〉与现代专利法的关系探析》，载《知识产权》2010 年第 4 期。
②吴汉东：《中国知识产权制度的理论特色与实践导向》，载刘春田：《中国知识产权四十年》，北京：知识产权出版社，2019 年，第 9 页。

启蒙运动鼓吹个人利益保护的基础上,近代知识产权立法都直接或间接把公共利益的推进作为立法的重要指导原则。如英国1623年的《垄断法案》规定了专利权的主体、客体、可以取得专利的发明主题、取得专利权的条件、专利的有效期以及在什么情况下专利权将被判为无效等内容。① 而1787年《美国宪法》提出了知识产权3P原则②更是维护公共利益的直接宣扬。③凸显知识产权的私权属性。知识产权的获得不再受到王室贵族偏好的影响,而是在法律庇护下得到平等的保护。④成为经济发展的强大动力。知识产权是科技、经济和法律相结合的典型形式,是促进和保障科技进步和经济发展的基本法律机制。工业革命时期,英国的专利申请量急剧增加,出现了以瓦特蒸汽机为代表的一批重大机器发明。18世纪末,被称为"工业革命之父"的瓦特获得他的第一项蒸汽机专利。美国则涌现出一批以爱迪生为代表的杰出的发明家。知识产权法律为美国工业革命的进行以及使其快速走上工业化发达国家之路提供了重要的制度保障。

但知识产权制度的发展并不是一帆风顺的。专利制度在19世纪一度出现倒退现象,一些国家的议会多次否决专利法议案,荷兰甚至废止了已经实施半个多世纪的专利法。这是因为当时的欧洲完全处于自由资本主义时期,经济自由的内在需要在上层建筑中的反映必然要求打破以垄断为基本属性的专利制度。但专利制度作为历史必然产物,不会因特定时期的挫折而退出历史舞台。19世纪末、20世纪初,专利制度在一些国家相继得以重建并且更加完善。到1900年,世界上已有40多个国家建立专利制度。

第三节 现代知识产权制度国际化

通过知识产权制度的国际化,各国可以在知识产权保护方面实现更高水平的协调和一致性,为创新者和知识产权所有人提供更好的保护,并促进全球创新和技术转移。这种国际化的努力有助于建立公平竞争环境,提高创新和知识产权在全球范围内的价值和影响力。

---

①郑成思:《知识产权论》,北京:法律出版社,2003年,第5页。
②3P包括:a. "促进知识"(the promotion of learning),即知识产权的立法目标旨在促进知识传播;b. "公共领域保留"(the preservation of public domain),即知识产权被限制在一定的时间和范围之内;c. "保护创造者"(the protection of the author),即宪法赋予创造者对其知识财产以专有权利。

一、知识产权国际保护制度的出现

早期的知识产权保护主要通过各个国家和地区立法的形式来实现，对知识产权的保护范围千差万别。知识产权保护早期，许多资本主义国家采取歧视外国人的政策，如1709年《安娜法令》规定不得进口、贩卖或者销售任何以希腊文、拉丁文或者以其他外文撰写并且在国外印刷的书籍。在1790年到1836年期间，外国人不能在美国申请专利权，即使后来能够享有申请的资格，但需要支付更多的费用。[1]

1873年，奥地利举办国际博览会，但一些国家却不愿报名参加，原因是担心自己的知识产权得不到保护。随着世界各国经济交往的密切，进行知识产权保护国际协调的必要性日益显现。作为法律全球化的一部分，知识产权法的全球化是指通过多边国际条约实现的各国知识产权法的趋同化。知识产权法的国际合作在19世纪就开始了。据统计，在1886年《保护文学和艺术作品伯尔尼公约》（以下简称《伯尔尼公约》）缔结之前，在著作权领域签订的双边协定在欧洲已达30多个。及至19世纪后期，寻求知识产权多边保护的努力开始尝试，并取得成功。1883年缔结的《保护工业产权巴黎公约》（以下简称《巴黎公约》），并根据该公约成立了保护工业产权联盟，开创了通过多边国际条约协调各国知识产权法的先河。

此后国际社会又先后缔结了《商标国际注册马德里协定》《专利合作条约》等工业产权保护的国际公约，并据此建立了统一的专利权、商标权国际保护体系及专利国际审查和商标注册制度。另一方面，以1886年的《伯尔尼公约》和1952年的《世界版权公约》为代表的著作权国际保护体系也逐步建立和发展起来。为了更有效地在国际上保护知识产权，管理、监督执行各个公约，1967年7月14日51个国家在斯德哥尔摩签订了《世界知识产权组织公约》，并根据该公约将《巴黎公约》与《伯尔尼公约》的国际机构合并，成立了一个政府间的国际机构世界知识产权组织（World Intellectual Property Organization，简称WIPO）。该公约于1974年4月26日正式生效，该组织也于同年12月成为联合国的一个专门机构，有效地协调和促进了全世界范围内的知识产权保护。

不过，WIPO作为当时国际上的单一机构，在其条约框架下仍存在一些

---

[1] Christopher May, Suan K. Sell. Intellectual Property Rights: A Critical History, Boulder: Lynne Rienner Publishers, 2006: 111 – 121.

不足。WIPO 与其之前的《伯尔尼公约》与《巴黎公约》一样，对于知识产权执法措施重视不够，进而导致各成员方的国内法不统一，影响知识产权执法效果，欠缺普遍的约束力；另外，对于争端解决机制的相应条款，大多数的成员方行使了保留的权利①，从而使得该机制达不到预期效果。随着经济全球化的形成和国际贸易的深化，知识产权保护机构走向了多元化发展的道路。TRIPs 协定成功把知识产权国际保护纳入到多边体制之下，并且在世界范围内形成了在与贸易有关的知识产权保护的统一标准②，同时 TRIPs 协定作为一揽子方案③，把知识产权执法规则纳入国际条约之中，赋予缔约方适用 WTO 框架下的争端解决机制的权利，使知识产权保护变得更为有力。

TRIPs 协定是缔约方相互妥协的产物，规定的是知识产权保护的最低标准，各成员方可以在国内法上进行更为严格的知识产权执法规定。TRIPs 协定对国际知识产权最大的贡献在于"统一"而不是"高标准"④。

国际知识产权保护制度出现的益处：①消除基本理念的分歧；②促进创造成果国际流动；③降低知识产权获取成本；④减少不同制度之间的差异。

二、知识产权国际保护的基本原则

知识产权国际保护制度是当代国际经济、文化、科技贸易领域中的一种法律秩序。这些国际条约就是知识产权国际保护的法律依据，它们所确定的规则不仅是知识产权保护的国际标准，还影响和决定着其成员方的规则制定，甚至对非成员方也有指引和参照作用。

知识产权国际条约众多，但是都遵循着一定的基本原则。这些原则负载着知识产权国际保护制度的价值，是各个具体规则的来源和依据，是对上述制度价值与制度规则的抽象和概括。⑤ 本书在这里阐释知识产权国际条约中普遍适用的原则，但并不否定一些国际条约有自己特有的原则。

---

①条款保留是指缔约国在签署某个国际条约时，如果不同意其中某个条款，提出保留，那么这个条款就不适用于国家，而其他没提出保留的国家就得适用这一条款。

②因为人身权与贸易没有直接关联，因此 TRIPs 并没有规定知识产权人身权的内容。

③"一揽子"（package）协议，是指缔约各方应同时全盘接收谈判所达成的所有协议，不允许选择性地接受其中的部分协议而拒绝接受其他协议。在当今国际经济法、世贸组织法的立法领域，"一揽子"协议意味着"要么全有，要么全无"（all or nothing）的规则。

④毛金哲、杨哲、程文婷：《国际知识产权执法新动态研究》，北京：知识产权出版社，2013 年，第 4 页。

⑤吴汉东：《论知识产权国际保护制度的基本原则》，载《知识产权国际保护制度研究》，北京：知识产权出版社，2007 年。

（一）国民待遇原则

国民待遇原则（national treatment principle）是 WTO 的基本法律原则之一，是在民事权利方面一个国家给予在其国境内的外国公民和企业与其国内公民、企业同等待遇，而非政治方面的待遇。广义的国民待遇原则也可称为非歧视原则或无差别待遇原则，是最惠国待遇原则的重要补充。

无差别的国民待遇是市场经济高度发达，国际经济联系日益密切的产物。市场主体法律地位平等是价值规律发挥作用的前提，只有在同一起跑线上竞争，才能最终使资源得到优化配置，实现效益的最大化。该原则是《保护工业产权巴黎公约》首先提出的，在 TRIPs 协定中再次强调，后来成为各个知识产权国际条约共同遵守的基本原则。在知识产权的保护上，各成员方法律必须给予其他成员方国民以本国国民所享有的同样待遇。如果是非成员方国民，在符合一定条件后也可享受国民待遇。

至于说"在中国没有经常居所或者营业所的外国人、外国企业或者外国其他组织在中国申请专利和办理其他专利事务的，应当委托依法设立的专利代理机构办理"这样的规定，与国民待遇原则不相冲突，这是国家司法主权的范畴。

（二）最低保护原则

最低保护标准原则，是指各缔约国依据本国法对该条约缔约国国民的知识产权保护不能低于该条约规定的最低标准，这些标准包括权利保护对象、权利取得方式、权利内容及限制、权利保护期间等。在知识产权制度的国际协调体系中，仅有国民待遇原则是不够的，国民待遇原则只能使外国人享有与本国人等同的待遇，但是并不能使外国人在各个成员方都得到相同的保护水平。最低保护标准原则是对国民待遇原则的重要补充。[①]

同时，最低保护标准原则并没有强制各国知识产权保护完全一致。它设定了最低标准，没有设定最高标准。这样的话，基于各国经济、科技、文化发展不平衡的现状，最低保护标准原则承认各国知识产权制度的差异，从而保证了知识产权制度国际协调的广泛性和普遍性。如《伯尔尼公约》第 19 条、20 条的规定则体现了最低保护标准原则，即某一缔约国的本国法律可以提供较之该公约更广泛的保护，或有关缔约国通过双边或多边协议给予作者

[①] 吴汉东：《论知识产权国际保护制度的基本原则》，载《知识产权国际保护制度研究》，北京：知识产权出版社，2007 年。

比该公约所规定的更多的权利。还有 TRIPs 也明确"成员可在其域内法中，规定宽于本协议要求的保护，只要其不违反本协定"。

（三）独立性原则

独立性原则是指缔约国国民就同一项知识产品在数国（包括缔约国和非缔约国）取得的知识产权，相互独立，各不相涉。这种独立性源于权利的地域性，知识产权的国际保护并没有消减这一属性。各成员方的人们就同一知识产品在其他成员方所获得的知识产权保护是互相独立的，对其他缔约国相关权利的存废没有任何约束力。知识产权在一个成员方产生、被宣告无效或终止，并不必然导致该知识产权在其他成员方也产生、被宣告无效或终止。

独立性原则与国民待遇原则的精神并不冲突。独立性原则承认各成员在自己的领土范围内独立适用本国法律，某一成员方的知识产权是独立的，而且基于最低保护原则可能存在权利内容的不同，但缔约国的成员与该成员方国民享有的利益则是平等的。

（四）优先权原则

优先权原则是《巴黎公约》所确立的对工业产权国际保护的重要原则之一，TRIPs 协定予以肯定。优先权原则主要体现在专利权和商标权的申请程序上。① 申请人向一个成员方提出发明专利、实用新型、外观设计或商标注册申请后，又在规定期限内就相同主题提出申请（包括向其他成员方），可以享有优先权，即将首次申请日视为申请日。因此，优先权原则主要适用于工业产权。优先权分为国内优先权与国际优先权两种，两者的适用范围不完全一致。

利用优先权原则可以达到补充和完善首次申请的目的，具体而言，以专利法为例，其作用有以下几个方面：①使他人在优先权期限内就相同主题提出的申请不具备新颖性。②为申请人进一步完善和补充试验数据以支持权利要求提供了准备时间。③挽救不符合专利性的专利申请。如通过要求优先权提出新申请，并在新申请中补充必要的试验数据或实施例以克服首次申请的缺陷。④主动撤回在优先权规定的期限内仍无法满足专利三性要求的专利申请，以避免技术秘密的公开。⑤减轻申请人的费用负担。通过要求首次申请

---

①我国《商标法》规定，"商标在中国政府主办的或者承认的国际展览会展出的商品上首次使用的，自该商品展出之日起六个月内，该商标的注册申请人可以享有优先权。"有观点认为这一"展览优先权"也构成优先权原则的内容。在体系化视野下，这一规定与《专利法》的"宽限期"规定类似，尽管法条使用了"优先权"的措辞，但是不宜作为优先权的内容组成部分。

的优先权,可以对在后申请的说明书进行完善,可以增加改进的技术特征作为从属权利要求保护,不必单独提出申请。另外,利用优先权原则,可以将与首次申请具备单一性的多个不同主题的几份在先申请进行合案申请,不同的权利要求可以在各自的优先权期限内享受不同在先申请的优先权。⑥间接延长了保护期限。我国《专利法》规定了发明专利享有 20 年的专利保护期,该期限从实际申请日开始计算,不包含优先权日。申请人可以在我国首次申请后,在优先权期限行将届满前,重新提出一个与首次申请完全一致的申请,要求首次申请的优先权,从而实际上起到将其专利权的保护期限最多可延长一年的作用。

(五) 公共利益原则

公共利益这种良好愿望本身包含着这样一种含义,多数人的利益高于个人的利益,任何一个公民都应该为了全社会的共同利益而放弃个人私利。保护公共利益原则是利益衡平理念的直接体现。利益衡平是指当事人之间、权利与义务主体之间、个人与社会之间的利益应当符合公平的价值理念。利益衡平是民法精神和社会公德的要求,也是"人权思想和公共利益原则的反映"。权利的基本要素首先是利益,利益既是权利的基础和根本内容,又是权利的目标指向,是人们设定该项法律制度所要达到的目的(起始动机)之所在。因此,知识产权国际保护应强调私益与公益的协调。出于公共利益目标,对创造者的专有权利进行必要的限制,以保证社会公众对知识产品的合理利用。利用他人知识产品,或是基于表现自由的目的,或是基于公共教育的需求,或是基于社会公共卫生与生活的必要,这些都是正当的、合理的,其本身都是人权公约所要求的。①

三、后 TRIPs 时代的国际知识产权保护的变化

TRIPs 这样的多边协定搭建了全球知识产权统一保护的基础,但其后一个新的趋势是知识产权保护复边条约②逐步影响并改变了知识产权保护的现状。发达国家不满足于国际知识产权保护现状,尤其是认为发展中国家对于

---

① 吴汉东:《关于知识产权私权属性的再认识——兼评"知识产权公权化"理论》,载《社会科学》2005 年第 10 期,第 64 页。

② 亦称诸边协议(plurilateral agreement),与多边协议(multilateral agreement)相对称,加入复边协议并不是成为世贸成员的必需条件;复边协议只对签字国有效,其所确立的权利与义务并不当然地及于世贸组织的所有成员。

知识产权保护的执法力度不够。但是在 WTO 和 WIPO 框架下重新进行更高标准的知识产权保护的谈判进展低效，因此发达国家通过集合世界上主要的贸易伙伴，打造高标准且灵活的体系。近年来，知识产权国际化趋势逐渐加强，各国之间知识产权保护的合作与协调程度不断提高。从知识产权全球治理角度呈现两个特征：一是继续与贸易挂钩，二是不断强化保护。①

（一）体制转移方式下的更高标准保护

发达国家通过主导复边条约的方法来达到体制转移②的目的，避开 TRIPs 等相关公约，将 WTO 的一揽子谈判方式运用到双边自由贸易区协议（FTA）的谈判中。以《反假冒贸易协定》（ACTA, Anti-Counterfeiting Trade Agreement）、《跨太平洋伙伴关系协定》（TPP, Trans-Pacific Partnership Agreement）和《跨大西洋贸易与投资伙伴协定》（TTIP, Transatlantic Trade and Investment Partnership）为代表，设定了更高标准的要求，同时尤其注重对执法措施的规制，执法力度高出 TRIPs 协定许多。

相对于 TRIPs，这种后 TRIPs 时代的知识产权保护扩张主要体现在三个方面：一是增加新规定，拓宽国际保护的覆盖面；③ 二是对相关条款进行更为严格的设置，从而实施比 TRIPS 协定更高的知识产权保护标准，有实体方面的规定，也有执法措施上的规定，如民事和行政程序及救济措施、边境措施④、刑事执法措施以及数字环境下的知识产权执法等内容，以及在适用范围、执法对象、处罚种类及对权利人保护等方面；⑤ 三是进一步限制缔约国在国内法上的选择空间。

后 TRIPs 时代的国际知识产权保护在提升保护水平的同时，特别注重将知识产权保护的重点由实体性规范向程序性规范转移，造成了对多边体系的弱化和国际知识产权保护重心转移的后果。尽管在一定程度上有发展中国家的参与，但更高标准、更全方位执法规则的推进并没有受到影响，对发展中

---

①姚兵兵：《知识产权国际条约与中国涉外知识产权保护历程及进展》，载 https://zhuanlan.zhihu.com/p/477001187，2023 年 11 月 4 日登录。

②"体制转移"，也称"场所转换"或"场景转移"，是指在新的利益驱使下体制内的国家寻求更全面保障其利益的目的，将条约谈判、法律起草、规则（标准）制定活动从一个国际舞台转移到另一个国际舞台。（薛虹：《十字路口的国际知识产权法》，北京：法律出版社，2012 年，第 40 页。）

③例如 TRIPs 协定规定适用于边境措施的知识产权只是"假冒商标和盗版货物"两类，而 ACTA 扩展至除了专利和未公开信息外所有的知识产权。

④例如 TRIPs 协定强制规定了进口环节必须执行边境措施，但 ACTA 和 TPP 将其拓展至出口甚至过境环节。

⑤例如临时措施适用范围扩大至"司法机关有管辖权的第三方"，强调了"及时而有效"的同时，有意无意地忽略了 TRIPs 协议中规定的临时措施的通知、听证和扣押的合理期间等。

国家也构成了严重的冲击：一是因为经贸离不开发达国家的市场；二是 ACTA、TPP 等协定的影响力不局限于缔约方，对非缔约方也会具有明显的约束力。因为 ACTA、TPP 等协定的具体条款内容被缔约方的国内法中规定之后，非缔约国的企业的进出口将面临巨大压力，即进口的成本可能增加，出口（甚至是过境）的货物可能涉嫌侵权而被采取执法措施。而且，ACTA 和 TPP 都规定执法措施的准据法是措施实施国的法律，并且还包括过境国法律，由此带来了对于过境货物的不同处理方式，处理起来非常复杂。

（二）长臂管辖扩张与国际司法礼让原则退缩

在跨国知识产权诉讼中，管辖权的确立是一国法院裁决特定纠纷，主导和参与国际知识治理规则的前提。通识上，由于知识产权与其他民事权利一样，都具有地域性，一国的法院无权对他国知识产权的有效性以及是否侵权进行判决，这是属地原则的体现。但在 2020 年 8 月 26 日，英国最高法院就"Unwired Planet 诉华为案"做出最终判决，认定 SEP 权利人提供的全球性许可符合 FRAND 承诺，因为要求 Unwired Planet 在多个国家同时起诉维权是不现实的，而全球许可更有效率，是双方唯一的 FRAND 许可；至于华为对 SEP 有效性提出的质疑以及是否侵权依然可以在其他法域国家提起诉讼。[1] 如何理解与应对域外的长臂管辖，成为知识产权国际私法中的一个新问题，也引发了知识产权界对于司法礼让的关注。管辖权是主权国家通过立法、颁布行政规章或法院判决而影响人们权利的权力，它与独立和领土的概念密不可分。

在现代国际社会中，任何一个国家都不可能脱离国际社会而孤立存在。这也决定了各国彼此间在一定条件下必须承认外国判决的效力。这就是国际私法基础之一的司法礼让原则。"它是指在同时考虑到国际义务、便利和本国公民权利的前提下，承认一国在其领土内的立法、行政或司法行为。"[2] 但国家并无义务执行其认为在外国法院管辖区域之外的判决，司法礼让应当满足不违反本国法律的基本原则及不损害本国国家和社会利益的前提。在本案中，我国普遍认为该英国最高法院的判决损害了我国司法主权，降低我国司法公信力，也会因为知识产权的特质而削弱我国产业的国际竞争力。中国法院也

---

[1] Unwired Planet v. Huawei, [2017] EWHC 711 (Pat); Unwired Planet v. Huawei, [2018] EWCA Civ 2344.

[2] Hilton v. Guyot, 159 U. S. 113, 163 - 64 (1895).

做出了一系列针对性的应对裁判。

鉴于涉外民事诉讼往往牵涉到在他国几乎同时或先后发生的管辖行使，动辄便会出现平行诉讼的局面，导致两个管辖法院在无形中受到彼此的某种影响甚至牵制，如果在处理上稍有不慎，便可能造成实质上的国际司法对峙与冲突，甚至引发更大、更为棘手的国际争端（如欧盟于2022年底针对中国司法体系处理禁诉令①与反禁诉令的判决向世界贸易组织提起的争端处理程序），对全球的经济、贸易与科技发展和消费者保护都造成伤害，因此，无论在立法还是司法实践上都需要极度审慎地平衡与对应。②

（三）从"与贸易有关"向"与投资有关"延伸

传统上，知识产权国际保护与国际贸易、国际投资本无太大关联，知识产权条约与贸易条约、投资条约相互独立，各自沿着自身的轨道发展。近年来，知识产权的国际保护正日益呈现从"与贸易有关"向"与投资有关"延伸的新趋势。《国际投资条约》将知识产权纳入"投资"范畴，并通过投资待遇条款和投资者与国家间争端解决机制为知识产权增添了新一层保护。③

在TRIPs条约下，知识产权人不享有WTO体制的诉权，也就是说其仅可依据东道国法律寻求当地救济或请求母国政府出面寻求WTO救济。但在国际投资条约下，虽然其未直接规定知识产权的实体保护标准，但是知识产权、知识产权人可作为投资条约下的"投资""投资者"受到保护，也就意味着不符合知识产权条约保护标准的东道国措施可能会被认定为是对投资条约的违反。

当东道国的立法、行政或司法措施有损知识产权利益时，知识产权人可利用投资条约中的投资者与国家间争端解决机制（ISDS），获取程序保护。这一程序保护包括三方面的内容值得注意：一是投资者可直接控告东道国；二是将东道国诉诸国际仲裁，可更大程度地排除投资者母国、东道国的政治干扰，为投资者提供更有效的国际救济平台；三是投资者仅可要求赔偿其知识产权损失，不得主张惩罚性赔偿或要求东道国取消或修改涉案的立法、司法或行政措施。

---

① 禁诉令（anti-suit injunction），即指禁止当事人在其他法院诉讼的命令。该制度最早起源于英国。
② 孙远钊：《对〈民事诉讼法〉（第五次修正草案）的反馈意见》，载《知产前沿》2023-5-6。
③ 徐树：《国际投资条约下知识产权保护的困境及其应对》，载《法学》2019年第5期。

第四节 新中国知识产权制度的产生与发展

新中国知识产权制度的形成、发展与变革，是在知识产权保护理念及保护水平的全球化过程中发生的。我国知识产权保护制度要与国际规则"接轨"①的说法是不准确的，因接轨的前提是"分别"，而中国知识产权制度并不是独立自主发展出来的，更合适的说法应当是以知识产权思维的"接轨"促知识经济发展的"并轨"。

现代知识产权制度在中国的建立与健全，或者说知识产权制度在中国的现代化，是一场深刻的、有关知识的产权革命。对于中国式现代化性质的认识和践行，关系到知识产权保护能否坚持正确的方向，也关系到知识产权保护工作能否真正有机融入中国式现代化这一系统工程。②

中华人民共和国成立后，我国知识产权制度发展可以分为两个阶段。③前一段是改革开放前，后一段是改革开放后。

一、改革开放前的新中国知识产权制度

改革开放前，中国知识产权制度大体是沿用苏联的制度，是一种以计划经济体制为基础的知识生产—传播—分配—奖励体制。如1950年政务院发布的《保障发明权与专利权的暂行条例》（在1954年被《有关生产的发明、技术改造及合理化建议奖励暂行条例》④所取代，由此中华人民共和国进入专利奖励时期）、1950年批准实施的《商标注册暂行条例》、1963年国务院批准实施的《商标管理条例》、1963年国务院发布实施的《发明奖励条例》和《技术改进奖励条例》等。在科技成果公有制的制度框架下，生产资料社会主义公有制是确定科技成果公有性质的唯一标准，无论科技成果由谁创造、

---

①"接轨"本是一个交通术语，原义专指分别修筑的两条或两条以上的道路或铁路轨道并轨连接起来。
②董新凯：《中国式现代化视阈下知识产权保护的人民性》，载《学术探索》2023年第9期，第95页。
③陈贤凯认为，中国知识产权发展制度史是一部知识产权制度"中国式现代化"的历史。
④专利奖励，在中华人民共和国成立初期的特殊年代里，极大地促进了国民的集体荣誉感，荣誉归功于集体，成就归于国家，对于一个一穷二白的国家在初期发展过程起到的特殊的稳定作用。这一条例可以认为是属于公法范畴。

由谁资助、由谁管理，都应当属于"全民所有、无偿使用、不得私有"的。国家发明奖励等行政性奖励制度完全替代了民事法律权利，成为研发单位和个人获得社会认可的唯一形式。①

二、改革开放后的新中国知识产权制度

改革开放后的知识产权制度是以市场经济体制为基础的。故而虽然在法律、条例的名称上看似相近，但立法理念上存在天壤之别。真正建立知识产权法律制度并逐步完善还是从我国改革开放后开始的，"私权制度的复兴是知识产权兴起的前提。"② 1980年6月3日，中国成为世界知识产权组织的成员国。1982年8月23日我国颁布《商标法》，并于1983年3月1日起施行。这是中国开始系统建立现代知识产权法律制度的一个重要标识。1984年3月12日颁布《中华人民共和国专利法》。1985年3月19日，中国成为巴黎公约成员。1986年4月12日颁布《民法通则》，知识产权作为一个整体首次在中国的民事基本法中被明确，并被确认为公民和法人的民事权利，并首次明确公民、法人等享有著作权。1990年9月7日颁布《著作权法》。而中国于2008年6月原则通过了《国家知识产权战略》，2009年十一届全国人大二次会议上，政府工作报告正式将"实施知识产权战略"和建设创新型国家战略、人才战略一起，并称国家战略。这无疑对完善和健全知识产权法制，具有长远的意义。③

中国知识产权发展制度史，回应了知识产权制度"中国式现代化"道路的理论要求。中国知识产权40年来发展历程背后所蕴藏的规则秩序远非单一的法律逻辑，需要在"公""私"经济生活演化中结合地域传统、政治体制、社会形态、时代变迁及法律渊源，对比实体与程序、过去与现在，方能正确认识中国知识产权立法的本土化状态，深刻理解"中国式现代化"道路上知识产权的现代化问题。如针对政府动用一切资源，包括但不限于财政支持、融资支持、品牌评选等，来培育不同程度竞争力的知识产品，有观点分析说，

---

① 肖尤丹、刘鑫：《我国科技成果权属改革的历史逻辑——从所有制、科技成果所有权到知识产权》，载《中国科学院院刊》2021年第4期。

② 刘春田：《知识产权法治的经济与法律基础》，载刘春田：《中国知识产权四十年》，北京：知识产权出版社，2019年，序第15页。

③ 刘春田：《知识产权法》（第四版），北京：高等教育出版社、北京大学出版社，2010年，第35页。

这是为了缓解知识产权运用成本的需求导致了政府的过度干预,是我们为"早产"的高标准立法所付出的社会成本。①

---

① 产权的保护范围和水平与一个国家或者地区的经济增长和社会发展有着积极的正相关。然而,从知识产权立法的历程看,我国似乎是走出了一条不符合各国发展一般经验的道路:在极其短暂的时间内建立了完备的、高水平的知识产权法律体系,走过了发达国家通常需要几十年甚至上百年才能完成的立法路程,在经济、科技水平都非常落后的情况下,在改革开放的时间起点上,建立了世界先进水平的立法制度。参见谢晓尧、陈贤凯:《知识的产权革命——知识产权立法的"中国奇迹"》,载《法学评论》2010年第3期。

第四章 知识产权的主体

知识产权的主体需具备何种资格，他们享有何种权利，这是由国家法律直接规定的。主体资格是民事主体在民法上（包括知识产权制度）的法律人格，是自然人及其组织成为民事主体的法律前提。[①] 法律地位平等与主体人格独立是确认民事主体资格的基本原则。其中，地位平等是人格独立的必要前提，而人格独立则是地位平等的具体表现。我们在阐释知识产权利益分配及相关议题的时候，是没有办法脱离知识产权的权属内容的。知识产权的主体虽然是由国家的法律直接规定的，但也存在着很多有争议的问题。

只关注权利对象，忽视权利主体与客体，是有害的。[②]

第一节 知识产权的主体范围

从权利的角度来看，知识产权主体包括著作权人、专利权人、商标权人以及其他知识产权人。与一般权利主体一样，知识产权主体通常主要指自然人、法人，包括非法人单位以及国家。

一、知识产权的主体类型

关于知识产权的主体类型，主要有下面四种。

（一）原始主体和继受主体

所谓原始主体，是指直接根据法律规定或者合同约定，在没有其他基础性权利的前提下，对知识产品享有知识产权的人，包括：创作者、职务成果

[①] 李开国：《民法基本问题研究》，北京：法律出版社，1997年，第54页。
[②] 曾经有一段时间，仅阐释人工智能作品（成果）的作品性（知识产权对象性），却不提及与考虑相应的权利主体。这种研究其实是主客观相分离。以统一之名行分离之实，以整体之名行局部之实，这是对整体思维与辩证逻辑的一种浅显理解和负面运用。

与委托成果的知识产权人等情形。

继受主体是指通过受让、继承、受赠或法律规定的其他方式取得全部或者部分知识产权的人。这里的"人"包括原始主体，也包括前一个继受主体。

（二）本国主体和外国主体

所谓本国主体是指享有知识产权的具有中国国籍的自然人、法人或者其他组织。而外国主体是指享有知识产权的不具有中国国籍的自然人、法人或者其他组织，包括外国人和无国籍人。根据在我国境内是否有经常居所或营业所为标准，外国主体又可以分为在我国有经常居所或营业所的外国主体和在我国没有经常居所或营业所的外国主体。根据"有条件的国民待遇原则"，在我国没有经常居所或营业所的外国主体，因为不具备相应条件，而无法享受到相同的国民待遇。

区分本国主体与外国主体的意义在于：

（1）适用互惠（对等）原则、国民待遇原则。见《专利法》《商标法》《著作权法》以及《集成电路布图设计保护条例》《中华人民共和国植物新品种保护条例》（以下简称《植物新品种保护条例》）相关规定。

（2）取得权利存在限制条件，如国内的代理机构的聘请问题。

（3）保护条件存在差异，如著作权获得保护的条件不同。

（三）单一主体和共同主体

所谓的单一主体是指一个人构成的知识产权主体。而共同主体是指 2 人或者 2 人以上构成的知识产权主体。

共同主体的产生情形大概分为 5 大类：

（1）共同合作产生，所谓的共同合作产生是指该创造成果由多个人共同合作而产生，集大家的创造成果而成。

（2）委托行为，即该主体资格是由他人委托而产生的。

（3）履行职务而产生，是行为人通过履行职务而取得的主体资格。

（4）共同申请而产生。

（5）继受取得，即该主体资格是通过继受的方式取得的。

（四）基础主体和后继主体

基础主体是指对作为他人再创造基础的成果，享有知识产权的人。而后继主体是指对他人已有成果进行再创造而享有知识产权的人。

基础主体和后继主体是基于知识产权对象的进一步创新而产生不同的权利主体的一对概念。如演绎作品的主体。而原始主体与继受主体之间则不存在这样的对象本身变化，它们仅仅是基于权利主体发生变化而生的另一对概念。

二、知识产权的特殊主体

原则上，知识产权的主体通常是创造该知识产权的自然人。但是，考虑知识创造方式的转变（不论是企业化的生产模式还是市场化的生产模式，在20世纪末21世纪初都发生重大转变），知识产权制度中规定了许多特殊的归属规则。这些特殊的归属规则也是专利法、著作权法和商标法各具体部门法讲授的重点。（如专利法中的职务发明、合作发明、委托发明归属；著作权法中的职务作品、合作作品、委托作品、视听作品归属等等）。其背后的逻辑，与当代知识生产越来越趋于资本密集型以及群体性创作有关，也与越来越尊重合同自由、尊重创新人员探索新的合作模式有关。

第二节　知识产权的归属

知识产权归属是指某一知识产权应当属于谁享有。广义上，包括原始取得知识产权之归属，和继受取得知识产权之归属。这里主要指前者。

知识产权归属原则，一般为知识产品的实际创造者或完成者，除非法律有特别规定的人。另外，根据私权自治，当事人也可以约定知识产权的归属。

一、合作成果的知识产权归属

我国法律对于合作成果的权利归属有明文规定的主要情形，除了《著作权法》《专利法》《集成电路布图设计保护条例》《植物新品种保护条例》等知识产权法律法规之外，还包括《民法典》中合同编的内容。

（一）合作成果的概念、认定及其权利行使

合作成果，指由两人或两人以上共同合作完成的成果。合作成果在不同的知识产权权利类型中有着不同的表现，例如在专利权中表现为共同发明创

造，在著作权中表现为合作作品。合作进行智力创作这一传统方式越来越多地出现在当今的知识创新中。

合作的认定标准的构成需要满足两个要求：①合作者之间必须有共同创造的意思表示，即各合作人之间应达成合作创作的合意，不管是事前还是事后，也不管是明示还是暗示。如果仅仅是一人单方面去为他人创造配套成果，而事先并未与他人达成共同的意愿，则不能视为合作成果。②在创造过程中合作者之间始终贯彻合作创造的意图，有意识地调整各自的风格和习惯，以便使他们的创造内容相互照应、衔接、协调和统一，达到整体的和谐。各合作人对合作成果的完成均做出了实质性贡献。如果一方仅从事了辅助性工作，例如为发明创造提供素材与后勤支持等，则不能被认定为合作成果。

由于合作成果的权利归属于全体合作人或是部分合作人，权利并不由一人所独占。任何一方行使权利必然在一定程度上对他人的权利造成影响。因此在现实生活中合作成果的权利行使经常会引起纠纷与争议。

针对这一情况，各方合作者最好对权利的行使方式达成协议。不能协商一致的，不同意的人应当提出正当理由，提不出正当理由的，不得阻止他方行使权利。一方行使合作成果的知识产权所得到的收益应当合理分配给所有的权利人。在合作成果可以分割使用的情况下，对单独使用部分享有权利的合作人可以单独行使其权利，但不得侵犯合作成果整体的知识产权。例如在著作权中，修改自己创作部分的内容，而使之与作品整体的内容发生矛盾，那么便损害了合作成果整体的价值，侵犯了他人的合法权利。一方转让时，其他各方享有在同等条件下优先受让的权利

（二）合作作品与以特定人物经历为题材的自传体作品

《最高人民法院关于审理著作权民事纠纷案件适用法律若干问题的解释》（法释〔2002〕31号）第十四条规定，"当事人合意以特定人物经历为题材完成的自传体作品，当事人对著作权权属有约定的，依其约定；没有约定的，著作权归该特定人物享有，执笔人或整理人对作品完成付出劳动的，著作权人可以向其支付适当的报酬。"

所谓自传体文学作品，是以特定个人生平为写作题材，通过第一人称方式，并运用文学描写的手法而创作出来的作品。通常情况下，由被传记人（传主）一人署名。本书认为，上述司法解释仅仅考虑了特定人物的利益而忽略了其他实际创作人的利益，而且该司法解释的推理过程不合逻辑，违背了公认的著作权法的基本原理，也不符合我国著作权法对于合作作品归属的

规定。自传体作品与其他文学作品的差别不足以动摇合作作品的认定标准。①

著作权首先应保护作者的利益,这也应该是著作权法的核心原则。各国对著作权的保护,无不以作者利益为首要目的。② 从作品的表达着手分析,只要在作品的写作上运用了自己的表现方式,有创作的成分,区别于简单的文字加工,因而对作品的完成有独创性的实质贡献,即使作品的素材是由特定经历的人提供的相关材料,也不能否认执笔人作为自传性文学作品作者的权利。因此,对于合作作品的认定,既不能视"有共同创作合意"为认定合作作品的一个普遍要件,也不能否定它在司法实践中正确认定合作作品的积极意义。在无约定时,如果传主与执笔人或者整理人之间就自传体作品的著作权归属发生争议,那么只要执笔人或者整理人有证据可以证明其工作构成对作品的创造性贡献,而不仅仅是文秘工作类的辅助性劳动,则不能以自传体作品仅署有传主的姓名或者以没有约定为理由,而否定执笔人或者整理人的作者身份。

如果自传体作品构成了合作作品,原则上合作者之间应该按《著作权法》关于合作作品所作的规定行使权利。其中的署名权、保护作品完整权应当由对作品的完成做出实质性贡献和真正创造性劳动的人享有,但因自传性作品涉及特定经历人物的人身权益,其发表权、修改权等均应考虑到特定经历人物的利益,如果传主不同意,则不能发表或者修改。这主要是基于自传性文学作品本身的性质,而对合作者权利的一定限制。否则,非传主合作者的行为既不能实现传主的愿望,也可能造成对读者的欺骗。另外,那些使用权、获得报酬权等财产权利应通过义务性规范,适当分派给其他合作作品的参与人,如口述人、整理人等,从而平衡各方的权利关系,减少纠纷的产生。

二、委托成果的知识产权归属

委托是指委托人与受托人约定,由受托人处置委托人委托的事务的一种民事法律关系。从知识产权的委托创作而言,就是委托方根据自身的需要,让受托方按其要求完成某项创造成果,并向受托人支付约定的报酬。

知识产权属于私权,依据意思自治这一基本原则,双方当事人可根据双方的意愿约定委托成果的知识产权归属。这一方面是尊重创作者也即受托人的意愿,另一方面是为了方便委托人有效的使用作品。如果委托合同未作明

---

① 杨雄文:《论合意完成的自传体文学作品著作权归属》,载《中国版权》2007年第6期。
② 吴汉东:《著作权合理使用制度研究》,北京:中国政法大学出版社,1996年,第10页。

确约定，申请知识产权以及获得的知识产权属于受托人，主要是因为：委托成果虽然是要按照委托人的要求进行创造，但是，委托人的思想、观点只能为受托人的创造限定范围，并不能取代受托人的智力创造，而且委托人也没有参与具体的创造过程。[①] 当然，在知识产权归属于受托人的，委托人可以在约定的使用范围内享有使用合作成果的权利，并在同等条件下优先受让。没有约定成果使用范围的，委托人可以在委托目的范围内免费使用该成果。

委托方取得的权利范围仅仅是知识产权中的财产内容，不包括其中的人身权，如著作权中的发表权、署名权、修改权和保护作品完整权。人身权是不可以转让的，委托成果涉及的知识产权人身权依然归受托方所有。

我国法律对于委托成果的权利归属有明文规定的主要有《专利法》《集成电路布图设计保护条例》《植物新品种保护条例》《著作权法》与《民法典》之合同编等。

三、职务成果的知识产权归属

职务成果的权利归属是影响科技成果转化动力和效率的重要因素。

（一）职务成果的概念及其归属原理

所谓职务成果，是指为履行本单位的工作任务，或主要是利用了本单位的物质技术条件而完成的成果。[②] 职务成果的知识产权，除了法律有特别规定的以外，一般应当归属于单位（雇主），而不是职务成果的实际完成人（雇员）。我国法律对于委托成果的权利归属有明文规定的主要有《专利法》《集成电路布图设计保护条例》《植物新品种保护条例》《著作权法》等。

早先大陆法系国家以"人格价值观"作为著作权法正义性的基础，多数大陆法系国家将法人排斥在作者概念之外，且出资人、雇主、委托人一般不能成为著作权主体。强调作品乃是由作者进行创作的这一事实，尽管投资者可以通过合同取得著作权人转让的部分或全部著作财产权，但无论如何，著作人身权始终是由著作人拥有。而英美法系国家的著作权法构筑在"财产价值观"的基础上，认为著作权的价值是在于它是一项可以转移于他人的财产。

[①] 如果委托人参与了知识产品的构思和具体创造，而双方又有共同创造的意愿，就变成合作成果而不是委托成果了。

[②] 陶鑫良、袁真富：《知识产权法总论》，北京：知识产权出版社，2005年，第141页。

基于这种思想，英美法系国家从实用主义出发，更注重保护作为投资者雇主的利益，从而最大限度地刺激作品的生产和投资。而从事创作的人并未出资，也无须承担风险。他们的创作报酬由雇主支付，付出的劳动已得到回报，因此也无必要赋予创作人以著作权，雇主才是雇佣作品的著作权所有人。从以上的考察我们可以看出，职务作品著作权归属原则取决于对作品创作意义的认识。大陆法系将创作作品的行为视为一种交流思想和表达意见的基本人权，因此其著作权法更注重作者人格权的保护；而英美法系著作权法的目的在于最大限度地刺激作品的生产和投资，因此它更注重保护投资者雇主的利益。①

（二）职务成果的认定及其权利分配

1984年中国第一部专利法采取了与绝大多数国家并不相同的权利逻辑，将国家所有权置入专利权属之中，从而形成了具有中国特色的职务发明制度。2000年的专利法改革对1984年专利法中的国家所有权制度进行了系统性的改革，但是这一改革仍然遗留有问题，也就是这些问题产生了当前科技界对职务发明制度改革的要求。目前我国职务成果的权利归属，依据单位在其中起到的作用大小进行处理。

（1）职务成果的创生，主要是单位起到关键作用。这种情况下，申请知识产权的权利、知识产权申请权以及其后获得的知识产权归属单位，但发明人、设计人、作者等实际创造人享有署名、奖励与按比例提取报酬的权利。如主要是利用法人或者非法人单位的物质技术条件创作，并由法人或者非法人单位承担责任的工程设计、产品设计图纸及其说明、计算机软件、地图等职务作品。

（2）职务成果的创生，利用了法人或者非法人单位的物质技术条件，那么知识产权仍归实际创造人享有，但法人或者非法人单位有权在其业务范围内优先使用。

根据产权理论，职务发明创造的权利归属，不论归国家所有、归单位所有或归发明人所有，在不同的权利归属模式下，职务发明创造是否得到有效的利用，发明创造的收益是否得到有效分配，关键看权利的界定是否清晰，哪种权利界定下交易成本最低，权利是否可以通过市场自由地交易。②

---

①陈明明：《我国非自然人作品权利归属研究》，载青岛法院网，http://qdfy.chinacourt.org/public/detail.php?id=1490，2012年10月30日登录。

②肖尤丹、徐慧：《职务发明国家所有权制度研究》，载《知识产权》2018年第8期。

四、后续成果的知识产权归属

所谓后续成果，是指在他人已有成果的基础上，从事智力创造而完成的新的成果。后续成果可能与合作成果、委托成果或职务成果发生重合。一般而言，当事人之间可以就后续成果的知识产权归属做出约定，在没有约定的情况下，后续成果的知识产权归属后续成果的完成人，但行使权利时，不得侵犯原成果的知识产权。如著作权法中的演绎作品的权利归属与使用。

如果因为原有成果的权利人的原因，造成后续成果的知识产权难以行使的，可以借助强制许可制度来解决这个矛盾。

第三节 知识产权主体制度的构建

知识产权主体的建构遵循一般民事权利主体的规则，同时也在不同程度上体现出自身的特殊性。

一、知识产权主体制度中的平等精神

知识产权主体制度深刻体现了现代法制的平等精神，在本质上同于一般意义上的私权平等原则，但又有着自身的法律品性。这主要表现在两个方面：首先，知识产权制度中的平等，是一种主体从事创造性活动的自由选择，是一种取得创造者权利的机会均等。现代民法奉行的是一种程序意义上的平等观，即只要社会向人们提供了平等的机会，便做到了平等。知识产权的原始取得主要来源于主体的创造性行为（包括创作、发明等）。创造性行为属于事实行为，而不是一般民事法律行为，它不受民事法律行为能力的限制，主体只要以自己的创造性行为完成知识产品，即可以以创造者的身份依法取得权利。

其次，知识产权制度中的平等，是一种当事人权利义务关系的协调，是对社会精神财富的合理分享。知识产权制度的历史发展，经历了从单一权利主体扩充为多元权利主体的过程。由于知识产品的社会性和非物质性特点，使得多数主体的共同利用成为可能。知识产权制度保障和促进社会分配的正义，并把这种分配原则上升为法律上的权利义务，从而对精神资源进行权威

性的公正分配。①

二、主体的差异性

每个个体都具有自我意识和自由意志，"如果一个社会为发挥个人的积极性和自我肯定留有空间，那么在相互矛盾的个人利益之间肯定会有冲突和碰撞。"② 要实现知识产权相关各方利益合理与优化状态，个体之间的差异是无法消除也不应消除的。

（一）被忽视的主体差异性

从 20 世纪 30 年代以来，西方世界经济学领域回避主体比较已经成为主流经济学的传统，通过将人理性化成为一个"理性人"模型。实际上，人与人之间在很多方面都具有差异，哪怕在同一类的知识产权主体中也存在不同的利益诉求——而这一重要现象一直被忽视。回避主体差异性的后果之一，就是基于激励理论，或者基于功利主义理论而建立的知识产权制度同时也对主体差异问题形成了先天性的回避。

当知识产权主体差异被忽视的时候，实现知识产权利益平衡的难度也会随之增加，甚至出现不能实现公平正义的情况。当然，并不是立法者与理论研究者都完全没有注意到主体差异的问题。至少，知识产权法将知识产权主体分为创造者、消费者和经营者这样的主体构架，而且也构建出基于主体构架上关照各自利益的一套平衡规则。不过，知识产权的发展伴随着政策与技术进步，所体现的利益平衡呈现出动态的变化。现有平面化的划分遮盖了个人利益与公共利益事实上存在的双赢与交错的立体图景；过于静态的划分忽视了利益差异的动态与发展的特征。

（二）主体差异性现实中的知识产权利益平衡

知识产权利益平衡问题展开首先要回答两个核心问题：为什么要平衡，以及谁要平衡？完成后者再去来解答利益平衡可以获取坚实的基础。鉴于不同主体之间的利益有和谐也有冲突，需要我们基于主体的视角回答知识产权利益平衡是什么、应该是什么，以及如何认识这三个基本问题，关注知识产

---

①吴汉东：《关于知识产权本体、主体与客体的重新认识——以财产所有权为比较研究对象》，载《法学评论》2000 年第 5 期。

②[美] E. 博登海默：《法理学：法律哲学与法律方法》，邓正来，译，北京：中国政法大学出版社，2004 年，第 413 页。

权利益进行平衡时的主体差异及其带来的利益差异、平衡与基本平衡等概念所蕴涵的由主体差异引发的价值内涵。

利益是否平衡在本质上是一种价值判断，涉及有关社会运转方式的重要伦理，而这种具体的工作及对其效果的评价等，都应当在某个评价域里进行。而不同主体追逐利益能力存在着极大差异，在对知识产权相关主体的利益及其实现手段（权利）的基础上去进一步探讨有关"能力"的影响，是有着重要意义的。在价值观的约束下，在能力分析法的具体应用中，对于自由、控制、贫困等关涉知识产权利益实现能力有着重要影响的因素展开深入考量，有助于在各主体间的知识产权利益分配中实现更有质量的实质平衡，获得更多的认可。

知识产权利益平衡也是利益博弈的过程，主体在制度构建中是从自己利益出发制定策略的。按照博弈论的理念，仅从利己原则出发难以实现均衡状态，最可行的途径就是进行互利合作的协商。具体而言，互利合作的协商则是通过信息传递，在公开化、透明化和信息对称的条件下得以实现。[①] 信息的充分公开能够使得权利人和社会公众理性决策，在机会层面自主判断和获取利益。这要求政府和集体性组织通过宣传、公示，增进人民对制度政策的了解，构建具体的方式以使得公众和权利人明晰其权利和义务。具体而言，对于权利人，政府、组织团体可以以宣传知识产权维权路径、开展知识产权法律宣传活动的方式指导权利人的维权活动，并且构建平台以扩大公众对专利信息获取的途径，同时也可以引导权利人和公众对话，使其有机会表达和协商利益诉求，促进利益平衡的微观实现。看似利益对立的两方，在技术、社会和规范的发展下，利益关系也在动态地发生转变。[②] 而只有给每个主体以平衡且充分的机会参与在利益对话中，不是将静态的结果附于各个主体，才能动态实现对利益关系的平衡。

三、知识产权主体与一般财产权主体的区别

相对于一般财产权人，知识产权的主体有着自身的特点。

（1）知识产权的原始取得，以创造者的身份资格为基础，以国家认可或授予为条件。而一般财产权是通过生产、收益、添附、没收、孳息、先占等

[①] 丛立先：《论著作权制度中的利益博弈与利益平衡》，载《政法论丛》，2013 年第 3 期。
[②] 冯晓青：《知识产权法的价值构造：知识产权法利益平衡机制研究》，载《中国法学》，2007 年第 1 期。

方式取得所有权的。

（2）知识产权的继受取得，往往是不完全取得或限制取得，从而产生数个权利主体对同一知识产品分享利益的情形。如：知识产权人身权不能继承与转让，继受主体只享有财产权。

（3）知识产权制度对外国人的主体资格，主要奉行"有条件的国民待遇原则"，以区别于一般财产法所采取的"有限制国民待遇原则"。[①] 所谓"有限制国民待遇原则"是指在现代各国法中，对外国人往往赋予其国民待遇，但在权利的内容和范围上有所限制。[②]

知识产权主要采取有条件的国民待遇原则，知识产权制度关于外国人的主体资格有不同的规定，但只要符合规定的情形，外国人即可与本国人享有同等的权利，在权利种类和内容上不加限制。如著作权法的通行规定是，外国人创作的作品在一国境内首先发表的，应当享受与该国国民作品同等的保护；不在该国境内首先发表的，则根据相关国家之间的双边条约或共同参加的国际公约，或在互惠基础上给予保护。工业产权法的通行规定是，在本国境内有经常居所或营业所的外国人享有与本国人同等的待遇；在境外的外国人，依照其所属国与本国缔结的双边条约或共同参加的国际公约，或按照互惠原则办理。

四、国家与知识产权的主体

国家是特殊的民事主体，著作权本属于私权，但在某种情况下，国家可以成为知识产权的权利人。

（一）国家成为知识产权主体的情形

国家可以成为知识产权主体的情况主要包括五种：①公民、法人或者其他组织向国家赠予的；②公民遗赠给国家的；③公民死后无人继承又无人受遗赠的；④法人或其他组织变更、终止后无人承受的；⑤国家依法通过其他方式取得的。如一些政府部门所开展的调查研究乃至年度或专项报告所取得

[①] 吴汉东：《关于知识产权本体、主体与客体的重新认识——以财产所有权为比较研究对象》，载《法学评论》2000年第5期。

[②] 例如，对外国人一般不给予政治权利，某些财产不得为外国人所有（如日本及美国一些州禁止外国人取得土地所有权），某些工作不许外国人承担（如英国禁止外国人担任商船船长、苏联禁止外国人担任船长、大副和飞机乘务员）。

的成果中,很多都属于国有著作权。① 也包括另外一些国有机构取得的一些职务作品的情形。② 国有著作财产权属于国有资产,其作品组成及其对应权利构成极为复杂,而当前其民间再利用的力度不能满足社会的需要。国有著作权作品民间再利用的授权机制包括分散、兼顾、集中与委托四种类型,各具优劣,而其授权应当遵守公平原则、简单透明原则、保值增值原则。③

(二) 对"国家拥有知识产权"的分析

很多学者认为,由国家拥有知识产权的做法不是太妥当。首先从权利行使的角度看,国家是非营业主体,如何行使这些知识产权是一个难题。一直以来,绝大部分的享有国有著作权的调查研究成果,可能被或多或少吸纳进政府决策之外,大都深藏在政府机构档案室的故纸堆中,多以部门内部资料的形式使用,控制过严,开放力度不够,不能满足社会的需要。其次,从知识产权的立法目的看,在鼓励创造发明的同时让知识产权尽快进入公有领域,让更多的人享受知识进步的好处。其实,现有规定中已经存在例外情形,例如《商标法实施条例》第 47 条规定,商标注册人死亡或者终止,该注册商标在法律规定时间内没有办理移转手续的,任何人都可以向商标局申请注销该注册商标。《集成电路布图设计保护条例》第 13 条规定,"没有承继其权利、义务的法人或者其他组织的,该布图设计进入公有领域。"《著作权法实施条例》第 14 条关于合作作品的规定,也有相似的理念:合作作者之一死亡后,其对合作作品享有的使用权和获得报酬权无人继承又无人受遗赠的,由其他合作作者享有,而并没有根据《继承法》第 32 条的规定归国家所有。

五、主体仅为自然人情形

首先需要说明的是,主体应当是权利主体。在发明人、设计人(包括外

---

①《关于广州市政府决策咨询专家开展课题研究的暂行办法》第八条规定:市政府研究室和承担课题研究的专家应当在委托研究合同中明确著作权归市政府研究室所有。未经市政府研究室书面许可,课题研究者不得侵犯市政府研究室依据《中华人民共和国版权法》第十七条、第十条享有的发表权、署名权、修改权、保护作品完整权、复制权、发行权、信息网络传播权、汇编权等各项权利。如违反合同规定,市政府研究室有权追回资助经费,直至依法追究其法律责任。(广州市人民政府决策咨询专家网 http://www.gzzjk.com.cn/shownews.asp? id=207,2015 年 4 月 27 日登录)

②如 2002 年中国革命博物馆诉刘春华和中国建设银行返还油画《毛主席去安源》一案,北京市第二中级人民法院判决认为:"当年创作此画,北京市革命委员会拨付经费,革命博物馆提供工作条件,作者接受委派从事创作……都可以证明《毛主席去安源》油画根本权属性质为国家所有。"

③杨雄文、郭哲:《国有著作权作品的民间再利用研究》,载《国家行政学院学报》,2017 年第 5 期。

观设计与标识设计)、作者等成为知识产权主体之前,或者说不是在知识产权的权利意义上,不属于严格或者狭义意义上的知识产权主体,至多只能说是广义的知识产权主体,因为他们最终不一定能够成为知识产权的权利人。本书仅在此处适用广义的主体范畴。

按照现行法律规定,发明人、设计人仅能为自然人。其中发明人指对产品、方法或者其改进提出新技术方案的人。设计人是指外观设计的完成人。发明创造行为是一种具有探索性的智力劳动,只有具体的自然人在认识自然规律的基础上,运用自己的智慧和才能进行创造性思维,方可取得智力成果。没有生物意义上的大脑就无法完成发明创造,也不能成为发明人或设计人。实践中法人及其他组织可以成为专利申请人及专利权人,但不能作为发明人或设计人。同时,发明创造是一种事实行为,它不受主体行为能力与权利能力的限制,无论其是否具备完全的行为能力与权利能力,都可以成为发明人或设计人。

但作者不一定为自然人,也可以是法人或者其他组织,例如法人作品。对于非自然人成为作者的做法,有不同的看法。持批评态度的观点基于以下理由:①从事创作是自然人的特有能力,不能由单位实现;②《伯尔尼公约》的措辞也暗示作者只能是自然人。因此让单位成为作者于逻辑不通,与民法文化不符。但支持的观点认为:①从法人实在说理论出发,法人既非法律虚构拟制的,也并不是没有团体意思和团体利益,而是有其社会实在,法人本身就是客观的独立主体,当然可以为创作行为。②现实生活中,企业组织多人创作的情形很多,如地图、大型工具书等等,这些光靠个人是无法完成的,同时,参与法人作品创作的个人基本上是无法确认为作者的,他们的创作受到集体特别是单位意志的制约。因此,法人可成为作者,甚至有人主张法人作者也可拥有精神权利。

第四节 知识产权主体制度的演进

在知识产权几百年的演进过程中,知识产权制度已发生过数次重大的变革与发展,其主体制度则是其中的一个重要方面。近年来,知识产权主体有了新时代的演进趋向,知识产权主体制度从传统模式到创新模式,从单一主体向共同主体发展,从本国主体向外国主体发展。[①] 对知识产权主体制度变

---

①郑成思:《知识产权论》,北京:社会科学文献出版社,2007年,第66-89页。

革与发展的考察，有利于洞察知识产权整体制度变革与发展的规律，有利于推动知识产权制度的进一步完善，使之与新的发展趋势相适应。①

一、由国内主体向外国主体的演进

知识产权主体制度的第一次重大变革与发展大约发生于 19 世纪中后期，其主要标识是《巴黎公约》与《伯尔尼公约》等知识产权国际公约的缔结，将知识产权保护从国内导向国际。此次变革与发展突破了国籍的限制，让外国国民能够到国内来获得知识产权，使国内主体扩及至外国主体。

在知识产权制度的早期，能够就其作品获得版权或者就其发明创造获得专利权的人主要是本国人，原则上排除了外国人。美国 1793 年的《专利法》在第 1 条明确规定只有美国公民才具有专利申请资格。此后，美国分别于 1836 年、1839 年、1870 年、1897 年对《专利法》作过修订，将专利申请人逐渐由美国公民向居住在美国且有意成为美国公民的外国人、居住在美国的外国人以及与美国有对等保护协定的外国人演变，在此渐变过程中通过差别待遇加以限制和区分。1903 年的《专利法》完全符合了《巴黎公约》的要求，允许该公约成员方人民向美国申请专利。

而英国早在 1623 年颁布、1624 年开始实施的《垄断法规》中明确规定，颁布该法的目的包括由尊敬的国王陛下将"其财富与安宁"分配给臣民，同时解除"其臣民的抑郁与不便"。紧随美国法之后的法国 1791 年的专利法，所采用的标准虽然不同，但能够获得法国专利权的也只能是法国公民。

不仅专利法是这样，版权法也是这样，其中最典型的代表仍然是美国。它 1790 年 5 月 31 日通过的第一部《版权法》第 1 条明确规定，在美国出版的地图、航海图或者书籍，其作者是美国公民或者美国永久居民的，自该地图、航海图或者书籍被记录之日起享有 14 年的专有权以及印刷、重印、出版和贩卖的自由权利。第一个 14 年保护期届满时，作者仍然健在，而且仍然是美国公民或者美国永久居民的，则可以通过办理相应的记录手续后享有第二个 14 年的专有权。在 18 世纪和 19 世纪，随着国际贸易和文化交流的增长，越来越清楚的情形是，仅仅保护本国国民的作品或发明可能导致不合理的后果。为了消除仅给本国国民的作品或发明提供保护所带来的缺陷，许多国

---

① 本部分内容中关于前三次趋向的分类，主要参考了曹新明：《知识产权主体制度的演进趋向》，载《法商研究》2005 年第 5 期，第 11－14 页。

家采取签订双边协定的方式，相互给对方国家的国民以国民待遇。这样做的结果是自己国家能够从对外国知识产品的保护中获得有益的回报。这个双边协定阶段可以当作知识产权国际化的第一步。尔后，双边协定逐渐地被标准化。

二、由自然人主体向法人或者团体组织主体的演进

知识产权主体制度的第二次重大变革与发展大约发生于20世纪初至20世纪中叶，以《保护表演者、唱片制作者和广播组织的国际公约》（即《罗马公约》）的缔结为标识。此次变革的重要结果是将知识产权主体由自然人扩及法人，其更进一步的发展使除了法人之外的其他组织也能成为知识产权主体。

在知识产权领域，两大法系所表现出来的差异非常清晰。大陆法系国家的知识产权制度以"人格权理论"为基础，作品或发明创造等是作者或发明人人格的延伸，法人或者团体组织不具有相应的创造能力，所以知识产权的原始主体只能是创作作品或者进行发明创造的自然人。而英美法系国家将知识产权保护的重点放在经济利益方面，所以英美法系国家不仅承认自然人是知识产品的创作者，而且也承认创作或发明创造的投资者的创作者地位，他们也能依法成为知识产权的原始主体。

19世纪末20世纪初，录音技术、摄影技术、电影技术以及广播技术发明和广泛应用。在当时，它们给著作权制度提出了三个全新的问题：①如何保护舞台表演者的利益，使其不因录音、广播技术的应用而受损失？②如何保护唱片制作者的利益？③如何保护广播组织的利益？面对这些新问题，两大法系表现出了截然不同的解决方式：由于英美法系国家将知识产权保护的重心放在经济利益的保护上，不仅承认自然人可以成为知识产权的原始主体，而且也承认法人或者其他组织的原始主体地位，因此，它们只是将表演者的表演、唱片制作者制作的唱片以及广播组织制作的广播节目当作一种新作品（第二作品），就使所有的问题迎刃而解。但是，大陆法系国家因为其传统理念认为法人不具有创作能力，唱片制作者和广播组织不能成为原始主体。只好另辟蹊径创立了邻接权制度，使这样的问题得到了解决。[①]

[①] 有观点认为我国著作权法中的"与著作权有关的其他权利"不能被简称为邻接权，因为我国有自己独特的版式设计权规定在改向其他权利中。所谓版式设计权，是指出版者基于对图书、期刊的字体设计、格式的编排，版面布局等依法享有的权利。

1961 年 11 月 26 日 WIPO 缔结的《罗马公约》，使邻接权制度得到了国际社会的承认。至此，在大陆法系国家，著作权主体就从自然人扩展到了法人和其他组织。但是，从严格意义上讲，大陆法系国家并未将邻接权人与著作权人同等对待，直到现在，许多国家仍然没有让邻接权人享有与著作权人同样的权利。尽管如此，邻接权制度的建立，至少使著作权主体在某种程度上得到了扩张。这样的问题在专利制度中的表现不明显，在商标制度中则反其道而行之。以我国为例，直到 2001 年 10 月 27 日第二次修订《商标法》时，才将商标权主体从法人或其他组织扩展到了自然人。

三、由单向度主体向多向度主体的演进

知识产权主体制度的第三次重大变革与发展主要表现为由单向度主体向多向度主体的演进。知识产权主体制度的此次变革与发展，可以说是知识产权制度发展过程中的一个重要阶段，将知识产权效益向最大化推进。

知识产权主体的向度可以进行三种解读：一是在同一权利体系内，知识产权主体既是经济权利主体，同时也是精神权利主体；二是在不同的权利体系内，由同一项知识产品能够同时产生不同种类的知识产权，使同一个权利主体同时享有不同种类的知识产权；三是关于主体确定性的问题。

对知识产权主体向度的第一种解读，如前所述，大陆法系国家的知识产权主体（尤其是著作权主体）能够同时享有精神权利与经济权利，而英美法系国家的版权人所享有的主要是经济权利，没有或者很少享有精神权利。这种情形一直持续到 20 世纪 80 年代，以英国 1988 年《版权法》的颁布实施为标志，使单向度主体演变为多向度主体。该法给版权人授予了四项精神权利：作者或导演身份权、反对对作品进行损害性处理的权利、禁止虚假署名的权利以及某些照片或影片中的隐私权。这些规定对英美法系的许多国家产生了较大的影响，使知识产权主体的向度得以扩张。

对知识产权主体向度的第二种解读，则主要表现为利益的多样性。在当代社会，在市场规律作用下，人们会尽最大的可能让现有资源产生最大的利益。在知识产权领域的具体表现形式就是在一项具体的知识产品上创设尽可能多种类的知识产权。知识产权权利内容的多元性与多重性，就会使得同一个知识产品上涌现出多种多样的权利。

对知识产权主体向度的第三种解读，实际上是对传统知识保护所呈现的现象的解读。从形式上看，传统知识与现行知识产权对象并无不同，但是在实质上，传统知识与现行知识产权对象存在着巨大的差异。其中最为明显的

差异在于绝大部分传统知识的创作者或者发明人是不明确的或者说是不确定的，因为它们是基于传统世世代代传承下来的结果，充其量只能知道它们归属于某一个民族、社区、部落或者国家，从而导致传统知识难以适用现行的知识产权规范。因此，有人建议创建新的制度如社区权、社区知识权或者传统资源权制度来解决这个问题，而且现在有些国家正在这样做。由此产生的结果必将使知识产权主体的向度有新的发展：现行知识产权的主体是明确且确定的，而传统知识的一部分主体可能就是概括性的，不明确且不确定的。

目前，传统知识并不属于知识产权对象的范畴，对传统知识的保护并不能够获得与现行知识产权相同的内容，而是遵循"知情同意"+"惠益分享"的方式来处理。至于依据传统知识而创生出来的知识产品，则归属于知识产权对象。

四、人工智能机器能否演进为权利主体

非智能或者说低智能时代，一般认为所谓的机器独立的创造或设计，在本质上仍然是自然人智力在相关工具上的延伸。随着人工智能技术的高速发展，机器已经开始了自我学习，随之而来的就是人工智能将不断迭代，且功能愈发强大，不断摆脱人类对它的控制，[①] 并给人类带来生存的威胁。[②] 对于人工智能创造物的所谓知识产权归属目前存在几种观点：一是认为人工智能产生物知识产权应归人工智能的开发者或是所有者，无须新增人工智能的机器为权利主体；二是赋予人工智能机器人主体资格，人工智能创造的知识成果其知识产权可归人工智能机器人享有。在2016年，欧盟委员会法律事务委员会就向欧盟提议，要求将最先进的自动化机器人定义为"电子人"（electronic persons），要赋予其"特定的权利义务"，并且建议为智能机器人进行登记，以便为其纳税，使其获得缴纳、领取养老金的账号；三是认为应该让人工智能的创造成果进入公有领域让社会共享，促进科学文化发展；四是通过创设新的专有权进行保护，专有权归属于开发者、所有者或者投资者，以此来保护人工智能开发者、所有者、投资者的相关权益。

非人类造出"知识产品"的事例并非人工智能机器独有或者第一次发

[①] 据报道，击败柯洁、李世石等一众国际围棋顶尖高手的 AlphaGo Zero，首次实现了完全脱离人类的自我学习。

[②] 特斯拉创始人埃隆·马斯克断言，发展人工智能就像是召唤魔鬼。当代最伟大的物理学家斯蒂芬·霍金也持悲观态度：人工智能方面取得的成功将会是人类历史上最重要的事情；不幸的是，它也可能是最后一件。

生。至少在2005年5月就发生过猩猩作画的事例并引发过知识产权界的讨论,而且2014年左右又发生过大猩猩自拍的案例。另外,赋予人工智能的机器为权利主体的建议与早些年动物保护主义兴旺时期提出赋予动物在法律上"物格"主体的观点完全是"新瓶旧酒"。有"物格"主张者建议划分出四级物格,分别赋予不同种的动物不同级别的主体资格及其对应权利。

  本书认为,动物保护不是非得让它们成为权利主体才可以实现,用动物保护法或者环境保护法来处理即可。人工智能机器获得权利主体资格就会意味着法律不再是人类的法律,而是另外一回事了。同时,现有知识产权制度是否已经能够激励人工智能发展?这是业界需要考虑的前提。面对新时代新技术的发展,制度要保护创新,但不能简单化于创新制度去保护创新。法律的应对仍需强调科学理性。[1]

---

[1] 任何时候对于对策或举措的提出,都需要追问几个基本问题:一是能不能解决问题,二是有没有引发新的问题,三是有没有替代方案,四是可不可行,五是有无必要等。

第五章　知识产权的对象

在传统民法学上,"权利客体""权利对象"的界定及其之间的关系一直存在争论。能够成为知识产权的对象需具备一定的条件,当然,不同类型的知识产权,对其权利对象的要求也不同。对于对象的思考,不能停留在对象本体论上的了解,必须转向规范评价。了解对象本体是为了更好把握好社会关系,进行行为评价,这样才能增益知识产权的研究与实践。

第一节　对象与客体之争

一门逻辑自洽、体系严整的学科必然是建立在科学、严谨的概念术语之上。随着人类认识的不断深入,一些被认为是常识的概念也要面临着诘问。概念的错误直接影响了顺畅的学术交流与高效的法律实践,严重时影响思维的科学理性,成为不得不澄清的首要问题。

一、对象客体一体说

在我国传统民法中,一般认为,民事权利客体是指民事法律关系主体享有的民事权利和承担的民事义务所共同指向的对象,也称为民事法律关系的客体。[①] 权利客体是民事权利利益的载体。按照一般对"载体"和"利益"的理解,前者是一个具体的范畴,后者应该是一个抽象的范畴。由此可推出:"民事权利利益的载体"应该也是一个具体的范畴,即物权的客体应该是物,而不是物上所体现的财产利益;债权的客体应该是行为,而不是行为所体现的利益;知识产权的客体应该是知识产品,而不是知识产品或创造成果所体现的利益;人格权的客体应该是生命、身体、个人信息等所谓的"人格要素",而不是这些"人格要素"所体现的人格利益。照此理解,就不应该有

[①] 魏振瀛:《民法》(第八版),北京:北京大学出版社、高等教育出版社,2021年。

所谓的"权利对象"和"权利客体"之分,二者应该是同一含义。

二、客体对象分离说

这种观点主张"权利对象"和"权利客体"是两个不同的概念,应该加以区分。① 其中,前者是一个比较具体的范畴,是第一性的,它往往表现为物、人格要素等。具体而言,知识产权的对象就是"知识(产品)"本身,它是知识产权法律关系发生的前提和基础。

知识产权的对象只是一个事实存在,比如说一件作品,一幅画或者一篇文章等,这是一个事实存在的物体,这是对象;但是,如果这个作品用在外观设计上,申请专利保护,那是成为专利法保护的一种利益;如果申请商标成功,其利益就成了商标法律关系的客体;当然也可以用著作权法来保护,这个利益就成了著作权法律关系的客体了。可以看见,这个作品用不同的法律来保护,实现的是不同的利益价值。如果我们眼中只看到这个作品,看不到作品所蕴含的基于社会关系的利益的话,那么它就只是一个作品,只是对象,而不能成为客体。

对于权利客体是什么,现在有三种说法。

第一种说法是行为说,即"知识产权的客体是指在对象上所施加的、能够产生一定利益关系的行为。"② 权利作为主观精神,自身的作用既不能及于作为物理实体的技术,也不能大于关系实在的利益。主体精神与客观世界连接的唯一纽带是主体的行为,这是精神变物质的唯一途径。因而行为在全部人类生活中都居于核心地位。意志是主观的,行为是受主体的权利支配的客观物质运动,二者反映的就是主体与客体的关系。③ 不同于犯罪构成理论而是从事实出发找出客体的做法,这种观点是从法律关系的性质进行推理的。

法律调整的是人与人之间的关系,而不是人与物之间的关系。按照这个逻辑,法律关系的客体自然不可能是创造成果或者工商业标记这些具体事物本身,而是在法律规范下对其进行控制、支配和利用的行为。权利是精神的,行为是物质的,是受精神、意志支配的物质运动。法益是伴随行为发生的关系。法律的功能在于,通过调整人的行为,既顾及对象,更着眼于维护作为关系实在的利益关系。所谓侵犯专利权行为,并非对"知识""技术"存在

---

① 原中国人民大学教授常怡是相对较早的分离说坚持者。
② 刘春田:《知识产权法》(第六版),北京:中国人民大学出版社,2022年,第10页。
③ 刘春田:《序》,载马云鹏:《专利权利要求解释规则》,北京:法律出版社,2021年。

方式的侵害或毁损，其本质乃是行为人违背法律的规定和权利人的意愿，擅自行使了依法本当由权利人才有权对"知识、技术"为之的行为，借此攫取由该行为导致的本该由权利人享有之利益。倘若其行为绕过作为专利权客体的"行为"，而直接攫取利益，就不再属于侵犯专利权行为，而是属于其他侵犯财产权利的行为了。所以，民事权利的前提和基础是对象，对象的性质与特征决定了民事权利的分类，如果对象是某种"物"，则该权利属于物权，如果对象是艺术作品，则该权利就是著作权。民事权利的核心是作为客体的行为，客体决定权利主体获取利益的类别、范围和限度。比如，《著作权法》第10条赋予权利人有权作为的有名行为就多达16种。所以，作为权利发生前提的对象，即事实确定的前提下，民事权利真正的价值在于它的客体，它才是法律要刻意保护的东西。①

第二种说法是利益说或社会关系说，即知识产权客体是指基于知识产权的对象的控制、利用和支配行为而产生的利益关系或者称社会关系，它是法律所保护的内容。"权利客体"是一个抽象的概念，它是一种利益，包括人格利益与财产利益。知识产权的对象是知识产权法律关系发生的前提和基础。这一种说法，主要是基于两方面的考虑：一是哲学上界定客体是主体实践活动和认识活动指向的对象，因此人的行为只能是权利主体与权利客体之间的"实践活动和认识活动"，才能实现哲学上的一般定义与具体专业定义的逻辑统一；二是行为调整只是利益调整的手段，利益平衡是行为的目的与意义所在。

第三种说法，认为知识产权客体是知识产权法律制度所保障实现的知识功能。② 作品、商标、专利均为知识，它们之间的种差在于功能的不同。不同的知识产权制度设置了不同的知识产权权能，保障不同的知识功能得以实现，这就是各种知识产权制度之间差异的秘密之所在。具体而言，作品、商标、专利等知识产权对象分别具有不同的功能：其中，作品是一种具有精神功能的知识；商标是一种具有实用销售功能的知识；专利是一种具有实用技术功能的知识。著作权制度、商标权制度、专利权制度分别保障不同的知识功能得以实现，并将相关利益归属于特定的权利主体。③

三、辨析

对于对象与客体的关系探讨，不是无聊的文字游戏，而是具有方法

---

①刘春田：《序》，载马云鹏：《专利权利要求解释规则》，北京：法律出版社，2021年。
②王坤：《知识产权对象、客体的区分及其在民法学上的意义》，载《法治研究》2020年第1期。
③王坤：《知识产权法学方法论》，武汉：华中科技大学出版社，2016年，第86页。

（论）的基础性意义。"如果我们试图摒弃概念，那么整个法律大厦就会化为灰烬。"①

（一）一体说的困难

一体说的存在以下两个困难：

其一，按照大陆法系自罗马法以来对私权基本分类方法——按照权利客体/对象所指向的利益将私权划分财产权与人格权，即当客体/对象直接体现为人格利益时，应该对其给予人格权保护，当客体/对象直接体现为财产利益时，应该对其给予财产权保护。但问题是，如果某一对象同时体现为人格利益和财产利益时，应该如何确权，传统民法理论并没有给予回答。《最高人民法院关于确定民事侵权精神损害赔偿若干问题的解释》规定，对于"具有人格象征意义的特定纪念物品"等特殊物被损毁的情形，所有人既可以要求财产赔偿，也可以要求精神损害赔偿。那"纪念物"承载的既有物权，也有人格权。因为，按照传统民法中关于权利客体的界定，就会得出人格权和财产权的客体是相同的结论。这样的话就失去了权利客体对于适用何种法律的指导意义。长期以来，司法过程中均是按照物、人格要素来对应适用物权法、人格权法的。实际上，是利益，而不是物或者人格要素等，才在法律上有意义。生活中还有诸多人类没有认识到的"实在"，实际上并没有进入法律甚至是认识论的视野。

其二，刑民不统一。在刑法理论上，犯罪对象与犯罪客体是有着严格区分的。犯罪对象是指犯罪行为所侵害的人或物。犯罪客体，是指我国刑法所保护而为犯罪行为所侵犯的社会主义社会关系。犯罪对象是犯罪客体的外在形式，犯罪客体才是犯罪的对象和本质，犯罪对象是将抽象的犯罪客体表现出来的载体。② 相同的犯罪对象，可以体现不同的犯罪客体。如公共汽车被破坏，这一犯罪对象所体现的犯罪客体，可以是公共安全的社会关系（在行驶中被破坏），也可以是公共财产所有权的社会关系（在车库中被破坏）。此时，就不会出现民事案件中相关"纪念物"这样的客体对象一体说理论难以证成司法实践的问题。

其三，传统民法有关客体类型的例举存在逻辑问题。物、行为与人格利益不是同一标准为依据进行划分，也不是相互排斥的关系，存在交叉与重合。

---

① [美] E.博登海默：《法理学 - 法哲学及其方法》，邓正来、姬敬武，译，北京：华夏出版社，1987年。

② 张明楷：《刑法学》，北京：法律出版社2011年版，第165页。

（二）对象的间接性与客体的直接性

所谓对象的间接性，是从权利对象对于权利的作用与价值而言。尽管熟悉对象对于法律条款的设计是很重要的，例如不了解网络、游戏这样的客观实在，就无法准确知晓其能够给人们带来什么样的利益，也无法把握哪些技术因素、手段可以引发什么样的利益失衡以及可以被利用起来纠正失衡的利益。但这种作用只是间接的，法律常识已经明确，法律从来不规范对象，只是通过规范利益行为来调整。由此可见，只有客体，无论是行为还是利益，对于权利才存在直接的意义。对象的间接性也只能借助于客体直接性的桥梁作用，才有被法律关注的机会。这一点，也可从大陆法系与英美法系对于财产权的不同认识进路及其导致的理论与实践差异中得到验证。

大陆法系的财产权可追溯至罗马法，在罗马法时期的财产权特点是：能为人所支配、具有财产性以及包括无体物。需要明晰的是，此处所指的无体物并不涉及知识产权意义上的无体物，而仅是指类似遗产继承权、用益权等权利。此时的财产权对物的定义上接近"财产"，在概念上泛指"财物"，故物与财产的界线混淆不清，由此，"物即财产"之概念对后世影响颇深①。也正因如此，对物能实际占有和控制，同时能够排除其他不确定的使用者，这样才能使财产权发挥作用的观念流传下来。进入工业时代后，机器设备等动产实物成为重要的财产类型，因此对财产权的阐释重心便偏向以动产为对象展开。法学家们以动产实物为原型来展开财产权概念与体系之归纳，并自然而然地将财产权的排他性属性沿用，进而演绎了"一物一权""物权法定"等原则。随后，法典将所有权收纳进物权编，并构造出债权性权利，由此演化出物权与债权组成的财产权体系。②

在英美法系中，财产权的发展则截然不同。英美的财产权发端背景是封建农业时代，土地是那时的主要财产，人们着重对不动产土地进行财产权的阐释，其将拟制的土地权视为一种实体物，则土地权成为一种财产权。以此开端为路径，财产权发展逐渐去"物"化，成为一束没有核心、可随意抽取的"权利束"。之后，针对财产权纠纷是对单方损害还是相互损害而产生了财产权纠纷具有"相互性"本质的概念，即财产权纠纷实际上是纠纷双方的"相互性"损害，而非仅为有请求权的一方受损，因为社会财富最大化的核

---

① 田土城、王康：《〈民法总则〉中财产权的体系化解释》，载《河北法学》2018 年第 12 期，第 53－64 页。

② 冉昊：《财产权的历史变迁》，载《中外法学》2018 年第 2 期，第 379－392 页。

心在于交易，而非占有财产本身，故由于纠纷导致交易无法完成对双方都会造成损害。对纠纷的处理应先由纠纷双方协商，协商不成的可以靠公权力分配财产权，此时的救济方式应优先考虑整体效益，即哪方得到该财产权能够在未来创造更大的收益，公权力就应该将财产权赋予哪方。①

由两大法系的财产权发展可以看到，在大陆法系中，财产权与物的关系较为紧密，执着于对物的实在外观的追求，比如"一物一权"原则，而在英美法系中，去"物"化成为其特点，即对物的形态关注较少，同时越来越注重财产于社会的效益问题。

（三）一体说的阶段性及分离说的优势

传统民法理论之所以没能直接回答"纪念物"这样的法律适用问题，其根本原因乃在于，传统民法对于私权及其对象、客体的认识是以有体物或物质财富为其认识背景的。在此背景下，由于对有体物的占有即意味着利益控制，因此作为有体物的"实体"及其之上的利益基本上是不可分离的。同时，在传统社会条件下，不仅诸如纪念物、与人体分离出来的组织等"特殊物"问题并不常见，而且，无体物的出现十分有限，因此，对于无体物（如对权利的所有权）的保护问题不突出，将其作为有体对象加上一个"准"字（如准物权）进行权宜处理也感觉凑合。于是，作为"权利对象"的物与作为"权利客体"的财产利益之间经常被不加区分地混同使用。但是，在知识经济时代，这种对权利对象和权利客体不加区分的做法就会遇到麻烦，制约了民法与知识产权体系化的进程。

知识产权成为事实上的"第一财产权"，是财产历史重大革命的标志。②知识产权的横空出世，已经形成了物权、债权与知识产权的财产权三足鼎立的局面，而且世界三大贸易（技术贸易、商品贸易、服务贸易）都离不开知识产权。这样的背景改变，"准"字对策已经失去了其权宜的土壤。更值得强调的是，对象与客体的区分，是科学研究过程中逻辑严谨的要求使然，可以帮助我们更准确地理解、表达和解决知识产权问题以及法学问题。区分知识产权对象和客体，就可以通过知识功能分析系统地界定各种具体的知识产权对象，厘清各种知识产权之间的本质区别，判断知识产权是否成立及其保护范围，解决知识产权法上的疑难问题，这就是对象、客体区分在知识产权法上的具体意义。

---

① 冉昊：《财产权的历史变迁》，载《中外法学》2018年第2期，第379-392页。
② 刘春田：《我国〈民法典〉设立知识产权编的合理性》，载《知识产权》2018年第9期。

在这个意义上,知识产权开拓了传统法学的视野,传统法学也能同比实现与时俱进。

第二节 知识产权对象的种类、范围限制与特征

知识产权的对象就是"知识"本身①,包括创造成果与工商业标记。知识作为知识产权对象,是知识产权法律关系得以发生的根据。

一、知识产权对象的种类

作为知识产权对象的知识的范围,在学界尚未取得完全统一,在国际条约与各国立法中,也存在明显的发展变化

(一)通说

知识产权有广义和狭义之分。广义的知识产权包括一切人类智力创作的成果,也就是 WIPO 公约所划定的范围。

晚于 WIPO 公约 27 年的 TRIPs,不但提炼出专业术语,而且排除了 WIPO 公约中的科学发现与不正当竞争,同时增加了后来出现的集成电路布图设计(拓扑图)与未公开的信息(商业秘密),更为科学与全面,体现了知识产权法律制度的与时俱进。

《民法典》第 123 条列举的七类知识产权对象,分别是作品、发明、实用新型、外观设计,商标,地理标志,商业秘密,集成电路布图设计和植物新品种。并且留有兜底性规定作为对将来可能出现的新的知识产权对象的空间。

(二)商标权的对象

现在通说,包括立法都认为商标权对象是标志,本文对此持否定意见,认为应当是标志与商家之间的对应关系。TRIPs 认定:商标是任何能够将一个企业的商品或者服务区别于另一个企业的商品或者服务的符号或者符号组合。任何一个独立存在的标志在没有与特定企业相联系的前提下,是不应称为商标的。区分商品或服务来源是商标最基本、最重要的功能。商标法所赋予商标权的本质在于权利人对标志的商业性使用,脱离了使用行为该商标权

---

① 刘春田:《知识产权法》(第六版),北京:中国人民大学出版社,2022 年,第 7 页。

将不具有被保护的价值。从商标到商品或服务再到企业之间的线性联系，形成"品牌忠诚"。注册商标权利人可通过消费者的"品牌忠诚"持续获利。

未经商标权人的许可，擅自在相同或类似商品上使用相同或者近似商标的行为，都将有可能导致消费者对商品或服务的真实来源产生混淆，破坏了商标指示商品或服务来源的作用，损害了商标权人的利益。商标侵权的处理，一定会结合同种商品或者类似商品的判断，为现在强调商标申请的"使用"意图，打击囤积商标的做法赋予了正当性，且与美国的"先使用原则"或者在申请取得商标之后的使用要求①相通。

（三）数据与大数据的知识产权对象说商榷

1. 数据

随着计算技术的发展与数据的运用，海量、复杂的数据能够带来巨大的经济利益，也引发极大的社会问题。数据是否应当设置为权利，设置什么类型的权利，权利的具体行使如何规范，这三个核心问题是学界集中讨论的核心点。权利设置牵涉政治、经济、法治体系的复杂因素，需要法理正当性的充分论证；权利的类型化牵扯现有法律体系的比照和融合，单独立法还是现有规范的拓展解释；权利的运行论关涉相关主体的利益平衡和内外部环境的协同与塑造。②

有一些观点认为，数据是一种无形财产，而且数据产品研发中需要投入智力劳动，故应当将数据纳入知识产权对象的范畴，并适用知识产权的法律规则。这一主张存在很大的不足。"数据权益具有综合性特点，是各项权益的集合，它包含财产因素、人格因素、知识产权等。就数据权益的保护而言，它是一项综合性工程，是各个法律部门的共同任务，需要公法与私法相互配合才能完成。"③ 粗暴纳入知识产权对象，必然存在保护不周延的问题。

简单以权利对象的特点为依据进行权利的设计不是科学的，回归权利客体对应的利益关系为依据是科学立法的要求。我们太执着于这个数据以及人工智能、区域链、元宇宙能做什么，做的东西与作品或者技术方案是不是一致，却忽略了更为重要与紧迫的问题：这些新生事物能带来什么样的利益，怎样分配这些利益更有助于社会秩序的和谐与进步？

至于将大数据也作为知识产权对象的观点，也值得商榷。大数据，从一

---

①美国法规定，在专利商标局发出商标的准许通知书之日起6月内，申请人应向专利商标局提交一份已宣誓声明，说明该商标已在商业中使用等相关证明。否则，该申请被视为放弃。
②李士林：《数据法律保护制度研究述要与简评》，载《知产前沿》2023-08-04。
③王利明：《数据的民法保护》，载《数字法治》2023年第1期。

般意义上来说，是指无法在合理时间内用传统技术和软硬件工具对其进行收集、处理和分析的数据集合。大数据的产生，得益于无处不在的传感器和微处理器。如果在形式上将大数据看成数据，当然也就可回到我们对于数据的看法。

但是，大数据不是说仅仅是数量大，而是意味着大价值。以机器学习、数据挖掘为基础的高级数据分析技术，将促进从数据到知识的转化、从知识到行动的跨越。大数据是一种发现问题与解决问题的方法，其更大的意义在于发现新的知识，创造新的价值。数据挖掘实现从"已知"扩大到"未知"，从"过去"推向了"将来"。大数据与过往的统计分析的根本差别在于：统计分析所依据的规律或者定律是已知的，相当于三段论之中的大前提是确定的，进行统计分析就是为了从现有的数据得出其所对应的某种结果。法律界绝大部分的所谓大数据研究其实还是统计分析。典型的如：利用大数据分析方法，通过"被适用总次数"通用指标和"被适用次数排名前十的案由"特殊指标，可以辅助分析三类民法总则法律规范的去留问题。正是因为这一分析所依据的定理是明确的，"一个法律条文被适用总次数及其同时适用的相关法律规范总次数能够在一定程度上反映其制度供给需求，一个法律条文被适用的前十大案由占比在40%～50%之间，其所对应的法律规范总则属性就较强。"因此这一研究的套路不是大数据研究，而是统计分析。

大数据时代思维变革的三个特征：①思维数据不再是随机样本，而是全体数据；②不再追求精确性，允许混杂性；③思维依据的归责不再是因果关系，而是相关关系。① 因果关系意味着大前提是确定的，而大数据的工作更趋向了发现大前提。

二、知识产权对象范围的限制

知识产权保护的对象是广泛的，但各具体的知识产权法律规范基于公共利益、国家安全等原因，很多国家在立法时，往往把一些虽然具备了知识产品的一般形式或要件的"知识"类型排除在保护之外。这就是知识产权的对象限制。按照限制的原因，可以分为以下几种主要情形。

（一）违反法律、社会公德或者妨害公共利益的对象

一些知识产品因其表达的思想倾向、设计手段等对社会具有危害性，或

---

① [英] 维克托·迈尔－舍恩伯格、肯尼思·库克耶：《大数据时代：生活、工作与思维的大变革》，盛杨燕、周涛，译，杭州：浙江人民出版社，2012年。

是直接与公共秩序、善良风俗相抵触，因而不纳入知识产权法的保护范畴。例如用原子核变换方法以及用该方法获得的物质关系到国家的重大利益，不宜为人垄断，不宜公开，因此不授予专利权。而淫秽图片，不受著作权法保护。《伯尔尼公约》第 17 条也规定，如果本同盟任何成员方的主管当局认为有必要对于任何作品的发行、演出、展出，通过法律或条例行使许可、监督或禁止权利，本公约绝不应妨碍同盟成员方政府的这种权利。如专用于吸食毒品的工具、被盗时会爆炸的保险箱等是不能被授予专利权的。《商标法》出于维护我国国家尊严和尊重他国与国际组织，规定国家名称、国旗、国徽相同或近似的标识不得用来注册商标。

对于"公共秩序""社会公德"或"公共利益"等概念的内涵，各国及不同学说给出的界定非常类似，例如英国《1977 年专利法》第 1 条第 3 款（a）规定："发明的公开或实施一般有可能诱使违法、不道德或反社会行为发生的"，不授予专利权。但在列举外延的时候却相差甚远，比如，在某些国家，赌具的合法性就是不一样的。而且，基于时间、文化、经济的发展变化，同一国家对于同一概念的界定也在或大或小地发生变化。

（二）不应归入私权领域的对象

有些知识产品虽然满足知识产权保护对象的基本条件，但是为了国家或公共利益，不给予知识产权法的保护。例如，著作权法规定的两种情形：一种是法律、法规、国家机关的决议、决定、命令和其他属于立法、行政、司法性质的文件及其官方正式译文。这些文件涉及社会公众和国家的整体利益，属于国家和相关社会成员的公有的资源，不应为任何人专有而限制它们的传播和被人们利用。另一种是单纯事实消息。这类资讯直接涉及国家、社会公众、国际社会乃至全人类的经济、政治、文化和社会生活，因而要求广泛而迅速地传播，不应受到私人的制约。

仅有本商品的通用名称、图形、型号的，禁止商标注册，因为商品的通用名称、图形、型号是某一行业共同认可与使用的，不应由一个企业来垄断。否则，不但这些标识本身也不具有区别不同经营者的功能，而且可能损害同行业其他从业者的利益。

（三）欠缺实质要件的对象

这些对象具备知识产权对象的形式要件，但因其欠缺实质要件而不能纳入知识产权保护对象的范围。例如，著作权法对于历法、数表、通用表格和公式等，不给予著作权法保护。智力活动的规则和方法不能被授予专利，因为其没有利用自然规律，自然也就不是专利法意义上的发明创造。① 还有疾病诊断和治疗方法因不属于产业上的技术方法，因此也不能授予专利权。而对于缺乏显著性的标识是不能申请注册商标的。

科学发现是指对自然界中客观存在的物质、现象、变化过程及其特性和规律的揭示，它不是专利法意义上的发明创造。但是，利用科学发现去制造出的新的产品，则可以获得专利权。随着科技与观念的变化，某些科学发现，例如基因，在一些国家按照不同的审查标准的要求，也是可以获得专利的。

三、知识产权对象的特征

知识产权对象的特征同知识产权的概念一样，学界并未取得共识。我国业界的看法主要包括无体性（无形性、非物质性）、创造性、可复制性、价值性（一般有价性）等。价值性是所有民事权利对象的共性，不宜作为特征；无体性与可复制性具有等同意义，不宜重复。② 至于其他一些将权利的特征作为权利对象特征进行表述的观点错误，这里不再一一评述。本书认为，知识产权对象的特征有三个，一是不具有实体性，依赖载体存在，二是创造性，三是永存性。

（一）不具有实体性，依赖载体存在

知识产权对象与作为有形财产对象的动产、不动产不同，不占据空间，而且无论以何种形式表现出来，其本身都是非物质性的。这种非物质性是知识产权对象区别于物权对象的主要特征。某一物质产品，在一定的时空条件下，只能由某一个主体来实际占有或使用，并排除他人的不法侵占。而知识产品则不同，相对于动产、不动产而言，知识产权具有不同的存在、利用、处分形态。它不发生有形性控制的占有，权利人不能通过对其占有来实现利益，区别于物以及知识的载体；不发生有形损耗的使用；也不发生消灭知识产品的实施处分与有形交付的法律处分，亦无法适用恢复原状、返还原物的民事责任形式。

---

①如果一项权利要求中既包括智力活动的规则和方法的内容，又包括技术特征，那么是不能以含有智力活动的规则与方法为理由拒绝授予专利权。

②刘春田教授还认为：所谓复制，是对形式的再现。只要是形式都可以复制。形式既有人造的，也有自然界固有的。知识是人造的形式，只是客观世界无限形式中微乎其微的一部分。称可复制是人造形式独有的特点，是见木不见林（刘春田：《知识财产权解析》，载《中国社会科学》2003 年第 4 期，第 120 页）。

知识产权对象必须依附于一定的载体，才能为人们所认识、掌握和利用，也才能受到知识产权的保护。但是，书籍、产品等载体的转移，只是发生物权的转移，并不意味着该载体所承载的知识产权也随之转移了，除非当事人转移这些物质载体的目的就是为了交付知识产权。《民法典》第600条对此有明确的规定："出卖具有知识产权的计算机软件等标的物的，除法律另有规定或者当事人另有约定的以外，该标的物的知识产权不属于买受人。"对载体拥有了物权的人，必须尊重该载体上的知识产权。在关东升诉赵淑雯、道琼斯公司侵犯著作权纠纷一案中，法院认为道琼斯公司虽然受赠获得该作品的原件，但并未获得该作品的著作权，不能据此认为原告已许可其将该作品作为商业标识使用。不过，在著作权法上存在一个例外。当画家出售他的一幅绘画作品时，买主就该画不仅获得了所有权，而且获得了展览权，但除"展览权"之外的著作权仍属于画家。

知识产权对象具有非实体性，故而具有"公共产品的属性"。[①] 一方面，每个人对知识产权对象的消费，不会造成其他人消费的减少，无数个人可以共享。另一方面具有正外部性。[②] 比如作品不仅使作者自己得到精神和经济上的利益，而且通过传播丰富了人们的精神生活，具有一定的社会效益。

（二）创造性

知识产权对象与物权对象不同，不能是之前知识的复制，而是必须要有所创新，有所突破。创造性是知识产权对象取得法律保护的条件，而一般财产法并不对权利对象做出这样要求。

在知识产权领域，受保护的对象不同，其要求的创造性也不同。一般来说，专利发明所要求的创造性最高，它必须是该技术领域中先进的科学技术成就，它要求取得专利权的技术方案必须具有"技术先进性"（或称为"非显而易见性"）。著作权作品所要求的创造性次之，任何作品只要是独立构思和创作的，不问其思想内容是否与他人作品相同或类似，均可取得独立的著

[①] 陶鑫良、袁真富：《知识产权法总论》，北京：知识产权出版社，2006年，第127页。私人物品（private goods），是指只能由一个人消费的物品或劳务。具有竞争性（rivalry）和排他性（excludability）。该类物品在特定的时空条件下只能为某一特定的主体使用，在私人产品的消费上具有对抗性。公共物品（public goods），是指由每一个人消费并不能排除其他任何一个人消费的物品或劳务。具有非竞争性（non-rivalry）和非排他性（nonexcludability）。公共产品可以在某一时空条件下为不同的主体同时使用，公共产品在消费上无对抗性。

[②] 所谓外部性包括：负外部性——一个行为主体将自己生产、消费的成本转嫁给了其他行为主体。比如，工厂向大气中、河流中排放污染；正外部性——一个行为主体本身的生产、消费行为使得其他主体因此而受益。比如，果农种植的果树越多，养蜂人生产的蜂蜜就越多。

作权,即作品具有"独创性"(或称为"原创性")。

而商标权所要求的创造性仅达到不产生混淆的程度。即标志与商家之间的对应关系应当具有可识别性,不但其文字、图形或其组合应避免与他人的商标构成相同或者近似,而且所使用的商品或者服务也不能相同或者类似。

(三) 永存性

"知识"一旦被创生出来,呈现出一种可为人感知的客观状态,其后,无论是借助于形形色色的物质材料作介质以支撑其存在,还是被抽象转化为意象,存储于大脑的记忆中,就知识的自身而言,具有永不磨灭的品格,不可能有实物形态消费而导致其本身消灭之情形。这和物有根本的不同,作为物权性质的物不具有永存性的特点。物权以物的存在为前提,如影随形,物灭权灭。

第三节 知识产权对象的称谓及其本质

近代和现代科学的基本信条之一,就是精益求精。在知识产权对象的用语选择上也是如此。

一、知识产权对象的称谓

"知识"(知识产品)"信息"①"创造成果""信号"和"符号组合"等用语的争执与推敲,都反映了学者们在法学研究中追求精确的情结和努力。相对而言,"知识"一词较之其他用语,更加准确。

(一) 知识:知识产权对象的模糊学选择

法律概念是确定性和模糊性的对立统一,人们追求的目标是最大限度地实现法律概念的确定性,但事实上却总是难以消除法律概念的模糊性。具有通俗意义的知识一词的使用,对于知识产权对象的界定来说存在宽泛和模糊的问题,"按照前述《辞海》的解释,'知识'……可分为普通知识和专门知

---

① 郑成思在"中国民法典知识产权篇"中设计第五条为:"知识产权的客体表现为一定的信息,一般不能作为占有的标的,故不适用与占有有关的制度,如取得时效制度等"。

识，公有知识和专有知识。知识产权的对象属于专有知识。"① 知识只是处于一个相对确定的过程之中，这种不确定性不仅对普通人有较大影响，也往往会将专家推入风险困境。例如在专利领域，即使权利要求的文书满足了充分公开的要求，也极有可能带来模糊的边界。由于语言自身的不确定性与人类理性能力的有限性，不同的人可能对权利要求存在不同解释，这些不同的解释必然影响知识产权保护范围的大小。在此同时，由信息不对称、信息泛滥、信息污染所带来的知识不确定性的风险，也将增加裁判的不确定性因素。例如在当今时代下，"专利丛林"的形成使得现有技术在进行比照时难免会有遗漏，导致审查质量堪忧，也使许多市场主体陷入了举步维艰的地步。大多数知识产权建立在文字相关描述之上，其所仰仗的特殊的书面表达和界定形式，在文字上的不精确性、权利界定对解释的依赖性和权利要求解释的不确定性等因素影响下，必然会造成知识产权权利界定确定性的欠缺。② 不过，模糊学认为模糊是不可避免的，同经典集合相比，模糊集合的运算能在一定程度上表现人脑在不同情形下灵活处理模糊性所用的规则。概念用语要保证法律的安定性，但是要将类型精确进行描述是不可能的，描述只能尽量贴近类型。

我们对知识产权对象的描述应当尽量满足知识产权对象的功能和价值需要，这就是有关模糊学的重要概念"贴近度"的体现。众所周知，知识的本性是一种对象性存在，是人类意识、精神和思维对客观对象的反应，知识的产生和思维的质量、能力密切相关。评价知识的标准是深度、创建、卓越、是否与客观对象相一致等。这与知识产权鼓励创造的核心精神是相一致的。

（二）知识：知识产权对象的模式识别选择

人的思维活动有一个重要的特征，就是模式识别。模式识别在数学上归结为衡量两个模式集合的接近程度。人在认识某种客观事物之后，有关该事物的基本特征的知识就存储于大脑之中，形成所谓模式或标准样本。在以后的实践中，每当出现认识对象时，人就会把它们同头脑中存储的样本进行比

---

① 刘春田：《知识财产权解析》，载《中国社会科学》2003 年第 4 期，第 110 页。关于知识的种类，许多学者都做过划分。例如，英国哲学家罗素把知识分为关于事实的知识和关于事实之间的一般关联的知识。马克斯·舍勒把知识划分为七种类型，即神话和传奇、隐含在日常自然语言中的知识、宗教知识、神秘知识、哲学－形而上学的知识、实证知识以及技术方面的知识。弗·兹纳涅茨基则把知识区分为工艺知识和技术知识。（［英］罗素：《人类的知识》，张金言，译，北京：商务印书馆，1983 年，第 502 页；［德］马克斯·舍勒：《知识社会学问题》，艾彦，译，北京：华夏出版社，2000 年，第 71 页；［波］弗·兹纳涅茨基：《知识人的社会角色》，郏斌祥，译，上海：译林出版社，2000 年，第 18、25 页）

② 杨雄文、郭哲：《知识的不确定性与知识产权裁判的可预测性》，载《法律适用》2017 年第 19 期。

较，确定对象的类属。"知识产权"一词首次在中国官方媒体公开使用是 1973 年 11 月 19 日《人民日报》第 3 版的一条简讯。① 知识一词在中国的知识产权法律建设中的源远流长，法律的自组织②功能已经通过几十年的司法实践和宣传实现了知识概念在知识产权中的明确化、精确化，已将自己界定的各种知识产权权利的具体对象"放置"到"知识"中去了，已经使其在与其他相关内容的比较中获取具体的"法律身份"。而相反，其他几个试图替代"知识"的语词相对于知识产权调整的对象来说仍然存在或多或少的不足，甚至是根本性的问题，尚不足以达到取而代之的程度。文化的确可以改变，但要想真正改变一种文化，特别是人们习焉已久的方式，的确又非常困难，需要时间和各种偶然的机缘。对于"知识"一词的替代用语所遭受的冷遇正揭示了知识产权在人们头脑中留下的烙印是多么深刻。③

总之，"知识"作为知识产权对象语词的选取并不是偶然的，而是有其必然性，也就是说，是一个有工作能力的、能创造成果的一般性概念。

（三）从模糊走向精确：知识产权对象本质的贴近度的探寻

范畴既然是人们实践活动的产物，它们就不是永恒的，而是历史的、暂时的。对法律意义上的知识产权对象用语的贴近度进行考察的目的，不仅在于提供另一种描述，而且在于对对象用语进行法律上的考察，以达到将对象的社会关系制度化的目的。"知识"一词作为知识产权对象称谓的采用，在本书看来是一种相对其他学说更为优越的模糊性处理。但是，对于知识的定

---

①余俊：《知识产权称谓考》，载刘春田：《中国知识产权评论》（第三卷），北京：商务印书馆，2008 年，第 22 页。

②自组织理论是 20 世纪 60 年代末期开始建立并发展起来的一种系统理论。从组织的进化形式来看，可以把它分为两类：他组织和自组织。如果一个系统靠外部指令而形成组织，就是他组织；如果不存在外部指令，系统按照相互默契的某种规则，各尽其责而又协调地自动地形成有序结构，就是自组织。自组织现象无论在自然界还是在人类社会中都普遍存在。一个系统自组织功能愈强，其保持和产生新功能的能力也就愈强。

③早在 1986 年《民法通则》就已经将"知识产权"的称谓纳入法典。另外，除开知识产权法教材外，一般的法理、民法学教材基本上也都是将知识与信息分开后并列作为权利客体（对象）。（张文显：《法哲学范畴研究》（修订版），北京：中国政法大学出版社，2003 年，第 109 页。）语言烙印的深刻在各国法律中均有着体现。普通法起源于英国。起先，法庭的诉讼、法律文书的起草都用的是拉丁语，后来是法语、拉丁语、英语三种语言混合使用，再后来是英语。这种演变过程给我们留下了一些独特的词语和结构，同时也留下了相当一部分由拉丁语、法语、古英语组合在一起的术语。原因之一是，英国属判例法国家，它所遵循的一个基本原则是"维持先例原则"。下级法院的判决常常会受到上级法院判决的影响。由此一来，为了与先例保持一致，以防因变更词语而引起误解，下级法院所使用的术语和词汇（许多来自拉丁语和法语）都原封不动地保留了下来。（魏小璞：《语言与法律——兼谈法律英语的历史嬗变》，载《宁夏社会科学》2005 年第 3 期，第 136 页。）

义或者种类也存在诸多分歧,还远未进入到统一的阶段。"如果没有自己的范畴或者是范畴的内容模糊不清,就不能引发共识,各门学科就无法正常地、有效地沟通、对话、合作。"①

于是,这意味着我们不可以躺在这种知识产权对象的模糊性处理上过一辈子。当前可以利用两种做法推进对于知识产权对象的称谓抉择,努力达到"名正言顺"。一种做法是,暂时使用"知识"或者"知识产品"一词作为知识产权对象的称谓。② 另一种做法是强化对知识产权对象本质的探讨,这是知识产权对象概念定位取得共识的重中之重。通过本质的探讨,找出同一语词、概念的语义差度,即人们用同一语词所表达的实际思想内容的差别,确认要回答的是什么问题,不是什么问题以及这些个问题是否真的存在,这样可以避免、澄清与解决一些争论。

二、知识产权对象本质的三种主要学说

所谓本质,是"指事物本身所固有的,决定事物性质、面貌和发展的根本属性。"③ 在哲学意义上,本质与规律是等同的,它是揭示事物或现象发生、存在、变化的内在根据、联系与规定性的概念。"关系说"的观点认为:事物的本质特征并不是如同机械整体观者认为的那样固定不变,而是在不同的系统中显出不同的本质特征,它依赖于关系。④

在认识论上,"本质乃在他物之中"⑤,"本质特征是事实上的,就是说,

---

① 张文显:《法哲学范畴研究》,北京:中国政法大学出版社,2003 年,绪论。
② 反对使用"知识产品"一词作为称谓的理由主要是认为知识就是产品,因此在知识后面加上产品两字是多余的。不过语感上,"知识产品"相对更能隔离通俗语境中的"知识"与知识产权法律语境中的"知识"。如无特别说明,本书中知识与知识产品是在同一个意义上使用,并无差异。
③ 中国社会科学院与研究所词典编辑室:《现代汉语词典》(第 5 版),北京:商务印书馆,2006 年,第 65 页。
④ 以人的本质探讨为例,柏拉图认为"人是两脚无毛动物",于是有人把一只鸡剥了毛拿给他。尼采认为人有第一性和第二性。第一性是自我,第二性是爱人。在萨特那里,人的本质是荒谬——自身愿望和外部世界极度不协调。到头来,人的本质是什么反而不重要了。重要的是对这个问题的回答。这个回答反映了回答者的个人知识、体验和经历(范懿,载 https://www.zhihu.com/question/26575570/answer/33388872,2019 年 5 月 11 日登录)。从系统科学的关系观来看,不同的答案产生的根本缘由在于不同的学者在不同的关系,或者说在不同的系统中进行比较分析得出的结论。例如柏拉图与其他学者不同,其是在人类与动物这一对关系(系统)中的结论。这正如美学关于"美是什么?"这一千古问题的最新回答:"美是有主体性"。这是一种方法论的转变。
⑤ [德] 黑格尔:《精神现象学》(上卷),贺麟、王玖兴,译,北京:商务印书馆,1979 年,第 34 页。

它的确存在,的确决定了其他的特征,的确把一组存在物与其他的存在物区别开来;它是认识论上的,就是说,对'本质特征'的分类是人类认识方法的手段,是划分、浓缩和整合不断增长的知识的手段"①。在当下阶段,知识产权对象存在论本质与认识论本质是相互依存、互为条件的,这一特殊性导致人们在论述知识产权对象问题时很难将它们截然分开。

当前有关知识产权本质的认识,主要有形式说、信息说与符号组合说三种观点。

(一) 形式说

刘春田教授认为:"知识产权的对象就是'知识'本身""'知识'的本质就是'形式',创造是'设计形式'的活动。"②对象自然属性的差别是导致法律关系不同的决定因素。物权的对象是物,债权的对象是行为,知识产权的对象则是以"形式"为存在方式的知识。就形式说来看,是借用亚里士多德的质料因和形式因两分法发展而来,体现了古代朴素的整体性思想的精华,由此相通于系统科学。但质料因和形式因作为古代整体观的典型代表,其内涵朴素,而且与现代系统科学"关系"观相比,其在"实体"基础上的整体思维方式也造成其历史局限。"我们再也不能将'实体'范畴看作是亚里士多德时代纯粹不变的质料,也不能将其看作是近代科学中的无差别的质点式的刚性不变的实体。实体的意义已经发生改变,它指的是能独立存在、自我支持而不需要别的载体的自立体,这种实体已经演变成'关系'。"③

(二) 信息说

知识产权对象信息说④引导我们注意到知识的本体问题,反映了其选择的角度有意义,但是,如果简单认为知识产权的对象为信息的话,范围明显过大。把信息作为知识产权的研究范畴,"扩大了知识产权研究的难度"⑤,

---

① [美] 安·兰德:《客观主义认识论导论》,江怡,等译,北京:华夏出版社,2007年,第39页。
② 刘春田:《知识产权法》(第二版),北京:高等教育出版社、北京大学出版社,2005年,第6页。
③ 高建平:《系统科学思想史研究——从"实体"的科学到"关系"的科学》,南京大学博士论文2006年,第198页。
④ 张玉敏:《信息社会、知识产权与民法典编纂》,载刘春田:《中国知识产权四十年》,北京:知识产权出版社,2019年,第37页。
⑤ 饶明辉:《当代西方知识产权理论的哲学反思》,吉林大学2006年博士学位论文,第10页。

而建构信息产权将是民法"不能承受的生命之重。"① 随着人类实践的经验积累，人们已经发现按照内容的属性不同，可以将信息分成不同的类别，如自然信息和社会信息、人工信息和天然信息，而且还有诸如政治信息、文化信息等等，可以说包罗万象。可见，信息所涉及的范围十分广泛。按照信息论创始人申农的观点，只要有人愿意传输，即使是毫无意义的噪音也可以是"信息"。② 另外，如果简单地以信息取代知识，并进而推演到构建"信息产权"，将引发的一个民法体系化的问题：归属于人格权中的名誉、隐私、姓名等，以及不同的法律部门中的调整对象，如国家秘密、电子邮箱③等，其实质都是一种信息。可见，某些信息在一个法律部门中可能是调整的对象，而在另一个法律部门中却不是。信息产权的"字面过于宽泛，法律框架中不存在对任何信息都使用的专有权"④。可见，不是所有的信息都受到知识产权的保护，考虑法律是否需要介入对信息的调整时，就不得不度量具体的法律文化语境。

(三) 符合组合说

有观点认为，知识产权是一种符号财产权。符号是对象的人工指称物，也就是说，是人所创造的用来指称、标识或代表某一对象的东西。它包括语言符号、文字符号、盲文、手语、旗语、电码等等。符号依照其存在方式的不同，可以分为符号元素、符号系统和符号组合。符号与知识之间存在着非常密切的关系，符号在人类获得、储存和传递知识的过程中发挥着至关重要的作用，而知识则构成符号的意义内容，是符号中的核心要素。知识的本质是符号，符号是人类获取知识的唯一途径，是人类储存知识的唯一载体，也是人类传递知识的唯一工具。"人类的知识按其本性而言就是符号化的知识"：首先，符号是人类获取知识的唯一通道；其次，符号是人类储存知识的唯一载体；最后，符号也是人类传递知识的唯一工具。符号的本质是知识：

---

① 这也可从国外对于"information"的有关研究来认识。国外研究（主要指英美法系国家）中所称的 Information Law 并非一个严格意义上的法律部门（law branch），而是一种理论理解和制度建构的法律方式（law approach）。国内外信息法的研究范围不一，有的十分宽泛，包括各种与信息有关的法律制度，例如邮政法、知识产权法、商业秘密和计算机犯罪等；有的比较有限，仅包括网络知识产权、网络隐私、新闻自由和知情权等。（李晓辉：《信息权利研究》，北京：知识产权出版社2006年，第32页。）

② [美] 西奥多·罗斯扎克：《信息崇拜——计算机神话和真正的思维艺术》，苗华健、陈体仁，译，北京：中国对外翻译出版公司1997年，第9页。

③ 一些表面上可以放入信息产权中的财产，在现今并没有被主流认定为财产，如电子邮箱一般是被作为"提供服务"而获得报酬，而并不是邮箱用户的财产。

④ 郭禾：《知识产权法选论》，北京：人民交通出版社，2001年，第20页。

知识是一种符号信息，是符号的意义内容，符号中的具象信息和理性信息构成了知识的实质内容。离开知识，符号就将失去意义，失去价值，失去效用。由此，符号产权就是知识产权的同义语，知识产权就是符号产权，就是"基于符号化知识所依法享有的独占其利益的权利"，是对符号世界中知识资源的有限支配权。

哲学上符号世界的发现使人们能够看出符号与知识、符号世界与法律之间的辩证关系，从而能够对知识产权本体研究提供一种比较新颖的理论视角。

三、信息有序组合：知识产权对象的本质

"知识产权对象的价值确实在于反映信息"[①]，而所谓知识，"就是认识主体用内在认识图式结合、同化、认识客体而再现出来或原则上可以再现出来的被观念化被符号化的有序信息组合。"[②]

（一）信息有序组合：对知识的解读

知识是"观念化""符号化"和"有序性"三重内在规定性的统一，这三重规定性之所以能有机地统一起来并相互依存，其根源在于"知识的主－客体相关联"。[③] 可见，从构造方式来看，知识是一种"有序化"之后的信息组合，而不是一种混乱的、无规则的符号组合。一般意义上，"知识之所以为知识，不在于是否运用了符号、是否把符号组合起来，而在于组合起来的符号是否能反映一定的客体关系、是否能表征确定的意义。这既是一个知识创造的问题，同时又是一个知识被识辨的问题。知识之所以被人们识辨，就在于它的符号能够把所指称的信息内容有序化"[④]。有序化是信息在主体的结合、同化客体过程中进行有效编码成为知识的基本原则，信息编码必须遵守有序性的原则。符号的排列组合要合乎基本的思维规则及表述规则。只有这样，才可能保障符号所负载的意义能够有效地显现或再现出来。

符号本身只是知识的载体，知识区别于一般的信息的根源体现在信息的"组合"过程中，即有序化。夏甄陶指出："知识又是主体与客体间发生的信息化关系，正是这种信息化由无序向有序的转化，构成了知识特有的文化基质。知识之为知识，就在于其文化基质以信息化为根本特性。这种信息

[①] 李琛：《论知识产权法的体系化》，北京：北京大学出版社，2005年，第127页。
[②] 昌家立：《关于知识的本体论研究——本质 结构 形态》，成都：巴蜀书社，2004年，第18页。
[③] 昌家立：《关于知识的本体论研究——本质 结构 形态》，成都：巴蜀书社，2004年，第16页。
[④] 昌家立：《关于知识的本体论研究——本质 结构 形态》，成都：巴蜀书社，2004年，第28页。

化文化基质,既构成主体同化、结合客体的起点与积极成果,又构成了主体进一步同化、结合客体的起点与认知背景。知识最根本的特性在于其信息的有序性,是一种有序化的信息组合,这也是知识之所以能被主体把握并为主体辨识和运用的根本原因。"① 没有信息的有序组合过程,就不存在知识,也就没有可能成为法律调整的对象。符号组合本身与符号存在本质不同,如果将符号的本性误解为符号组合的本性,必然导致"创造性"价值的丢失。

另外,知识具有有序化功能,或者说,从知识的功能看,知识能够起到有序化的作用,能够通过被利用而有效减少或降低世界的熵增②,使其他事物走向相对于主体(人)而言的新的有序状态。人获得知识等于吸收负熵。劳动创造和利用工具,这是应用人头脑中储存的负熵与物质和能量相结合的产物。寻根溯源,劳动和生产都与负熵的结合或转换有关。知识产权对象是人们思维和实践相结合的产物。人类社会在社会生活及生产中不断地交流、传递、利用及创造着知识,突出体现为以信息有序组合的凝集为主题的人类创造出来的财富。在传统的知识产权的三分法中,专利中的发明和实用新型作为利用自然规律解决人类生产、生活中某一特定技术问题的构思成果,借助于这一技术方案可以将零散的材料进行有序化,形成新的产品。作为有序符号组合表现的著作权对象,文学和艺术作品与人的内心情感和对时间节律的感受密切相关,对人类有着重要性。它们宣泄了人的情绪(信息),引起欣赏者的共鸣而引发同一种感受秩序。如《达·芬奇密码》就是一个经典范例,作者丹·布朗巧妙地将女性主义运动和新时代运动(new age)的反主流观念和思想主张作为文化资本,从而使作品赢得西方发达社会中广泛的共鸣。

---

① 昌家立:《关于知识的本体论研究——本质 结构 形态》,成都:巴蜀书社,2004年,序言第3页。

② 1865年,克劳修斯找到一个普遍的热力学函数——熵,来定量说明自发过程的方向和限度。系统的熵值直接反映了它所处状态的均匀程度或有序程度。所谓有序,是指事物内部的要素和事物之间有规则的联系,其表现是事物按照一定的客观秩序进行有规则的排列、组合和运动,反之则称为无序。系统的熵值越小,它所处的状态越是有序、越不均匀;反之,系统的熵值越大,它所处的状态越是无序、越均匀。

引入熵概念以后,热力学第二定律可以表述为"熵增定律":在一个孤立系统中,自发的能量转换总是指向熵值增大(无序)方向发展,而不是相反(即熵值减小、有序)。但是对于非孤立系统来说,它能够通过从外界取得负熵的办法来抵偿系统内部的熵增,使系统总的熵变为零甚至为负值,从而使该系统的有序化程度越来越高——生物体就是其典型。

在对麦克斯韦妖的解释中,科学家发现"信息即负熵"。正是由于信息的作用,才使系统的熵减小——这一发现揭示了信息与熵之间存在的密切关系。信息论的创始人香农(C·Shannon)把熵作为一个随机事件的不确定性或信息量的量度,从而奠定了现代信息论的科学基础。信息熵的出现,被视为熵泛化的标志。(杨雄文:《知识产权熵论》,载《知识产权》2006年第10期;杨雄文:《知识产权熵论重述》,载刘春田《中国知识产权评论》(第三卷),北京:商务印书馆,2008年)。

又如音乐一直被比喻为"秩序的化身"①。标志与某种品质的商品或服务来源之间的对应关系,起到有序化的作用。商标权人将该对应关系传播到目标客户,即向目标客户输出了负熵,而目标客户得到负熵。这一负熵使目标客户的认知系统的熵值减少,即增加了负熵。至于"数据库的保护,实际上也是源于对有序的保护,因为数据库并非其内容的杂乱无章的集合,而是根据一定的目的和要求,按照一定的方式,经过系统地筛选、编排而形成的一个有规则排列和组合的有机整体,提升了某类信息的有序程度,能够使其他众多人在浩瀚如海的数据中减少收集数据所花费的熵增。用熵的语言来说,信宿本身由此信源得到有序化自身的条件和手段也越多"②。

(二) 从知识的本质到知识产权的概念

从上述知识产权本质的推演来看,知识产权是基于信息有序组合依法产生的权利的统称。这一界定表现了本书一种方法转向态度上的倾向和系统科学应用结果上的个性。与"知识产权是基于创造性创造成果和工商业标记依法产生的权利的统称"传统的定义相比,这一定义用"信息有序组合"代替"创造成果和工商业标记"关于知识产权保护对象的概括。显然,这一说法必然会触动对传统知识产权概念的理解。

1. "有序"与创造性

不同的知识产权对象,虽然是不同特点的拥有者,但它们之所以都被纳入知识产权的保护范畴,是因为它们具有同一个基础——信息有序组合,而且最终的创造性价值都与"信息有序组合"中的"有序"取向趋于同质,尽管是否保护以及如何保护这些新生事物取决于立法者基于利益平衡等法律政策所进行的抉择。而知识产权传统定义中的"创造性"内涵被包容在"有序"中,并且商标也存在创造性。

概念与概念的连接具有内在逻辑关联和必然联系。"'有序性'信息组合是知识的构造层面。它相当于'观念化'和'符号化'的中介环节。"③ 这一中介表面上看来是一个劳动过程而已,其深刻内涵反映了自然界的信息需要一个人为的智力创造过程方能实现符号组合的有序化,从而升华为知识,也

---

①罗艺峰:《论音乐中的熵增现象》,载《文艺研究新方法论文集》,南昌:江西人民出版社,1987年,第158页。
②杨雄文:《知识产权熵论》,载《知识产权》2006年第5期,第17-18页。
③昌家立:《关于知识的本体论研究——本质 结构 形态》,成都:巴蜀书社,2004年,第16页。

因此才能获得知识产权法律保护的正义性证成。因此,"有序"直接指向了知识产权法律的鼓励创造的理念,进而把"符号组合"的非创造性的部分从知识产权法的对象中剔除出来了。

在知识产权法律科学中,其概念的形成,特别是对于"知识"这一基本概念的形成与知识产权法律制度的发展过程是不可分割的,它只有在整个概念体系中,在整个理论结构中才能获得其完全科学的意义。知识产权确定保护对象时,理所当然要考虑创造成果的质量。专利审批、产品发明和方法发明的权利效力范围不同即是典型例子;著作权要求作品应当具有独创性,排斥纯粹的临摹作品,亦是对质的要求。这也就意味着知识的创造性本质的确定体现着法律的调整对象控制。控制论是系统科学的核心组成部分。所谓控制,就是在一个事物在发展的可能性空间进行有方向的选择的过程,或者说,是一个通过调节使系统按一定程序做合乎预定目标的运动过程。如果将知识产权对象扩张理解到整个符号组合,那么由于两者的含义存在重大差异,其变动就相当于对知识产权法系统的运动发展施加了一个反馈或者说控制向量。这一控制向量对知识产权的发展和司法适用所产生的影响值得关注。将知识精确到有序,不但符合人类智力活动的内涵,符合知识产权法对创造性的鼓励和支持,而且这对知识产权法的适用而言是非常有益的。反之,如果不注意区分知识中的创造性部分与非创造性部分,将影响知识产权的正当性,加剧知识产权法系统偏离正在进行的目标,使本来处于体系基础认同分歧中的知识产权法日益走向不平衡,离稳定态越来越远,在相当程度上造成知识产权法失去控制、失去调节。

与通说认为商标法保护的标志的识别性而不是创造性的看法不同的是,本书认为商标创造性表现在使用(而不是设计)过程中形成的创造,更准确地说,是某种标志与某种品质的商品或服务来源之间对应关系的创造性。商标的基本功能是将相同或相似商品或服务区分开来,这也是商标使用的最重要的目的。于是,对于这一商标最重要目的的表征——创造性的对应关系是适用商标法的前提依据,脱离了商标与这种对应关系之间联系的任何对标志的使用行为,不能受到商标权人的控制。商标标志所体现的商品(服务)与特定商家之间的关系,就像电学中的正极与负极,它们在对立中相互依存。"离开了所附着的营业或商业活动,在商标中不存在任何财产。"[①] 这也就意

[①] Am. Steel Foundries v. Robertson, 269 U. S. 372, 380 (1926).

味着,"对某一标识是否具有显著性的判断,不能抽象地进行,而应考虑其依附的商品或服务"①。

2. 有序性——知识在知识产权法上不同界定的统一

实践以范畴为载体和基础,还对范畴起检验作用。从知识产权法系统内部各不同层次的子系统和要素的规律来看,这类规律也是非常复杂的。各不同知识产权法系统的子系统和要素既有共同的规律,又有不同的规律。考察知识产权现有的调整范围可以使知识范畴的界定达到一定条件下的普遍性、特殊性、个别性三个环节的辩证统一,并不断充实其内容。

知识产权对象其实是一种集合,包括多种形态,如作品、专利、数据库等。但从知识产权法的保护内容来看,知识在不同的知识产权法中的界定是不一样的。如在著作权法中,知识表现为符号的组合方式本身——既不是符号本身,也不是通过人的组合活动所获得的符号(由多个符号组合而形成一个新的符号)之上新的意义②;在专利法中,知识表现为技术方案,或者说符号之上的新意义;在商标法(域名保护)中,知识表现为某种标识与某种品质的商品或服务来源之间的创造性对应关系;③ 数据库的保护中,知识体现

---

①Jeremy Phillips: Trade Mark Law: A Practical Anatomy, Oxford: Oxford University Press, 2004: 89.

②"符号与对象之间不存在任何明确的区别,符号不仅说明对象,而且明确地代替了对象。"([德]卡西尔:《人论》,甘阳,译,上海:上海译文出版社,1985年,第268页。)而人们能够通过符号来辨识知识的内容,了解它指称的对象,并不完全取决于符号的指称功能,还取决于事变符号的主体内部储存的背景信息。也就是说,符号本身的选择对知识可识辨的深度和广度就会有着直接或间接的影响。因此,对于作品的保护只能是对作品的符号组合方式这一选择的独创性知识的保护,而与作品表现的意义(即思想/表达二分法中的思想)完全是两回事。

③正是因为系统科学立场和内涵挖掘出了商标的创造性在于"某种标识与某种品质的商品或服务来源之间的创造性对应关系",而这种创造性体现为对应关系"有序化"的结果,一种商家在使用过程中获得显著性,而不一定是商标标识在设计过程中的显著性。这样,不但解决了"传统'固有显著性'与'获得显著性'概念所带来的困惑"这一问题,而且可以肯定商标的价值基本上(甚至全部)是来自于商家的持续不断的努力,从而最终从理论上解决了"美的"电器商标案和"CCTV"台标案的困惑。有学者早已指出:"任何一个文字形式、图案或符号,不管它们天然的多么适合于做某些商品或服务的标记,亦非天然就是其他事物的标记。没有文字、图案或符号与特定的商品或服务这二者在市场上作为'标'与'本'相联系的法律事实,就不会产生'商标'这种法律关系。说到底,商标反映的是一种利益关系,这种利益是通过在市场上把标记与商品或服务不断地联系在一起而产生的。"(刘春田:《商标与商标权辨析》,载《知识产权》1998年第1期。)

为系统的、有序的信息选取和安排的方式;[①] 而基因保护的知识是基因的用途或潜在的应用功能[②];集成电路知识产权保护的是布图设计及其组合方式。[③] 而植物新品种权保护的知识是物化在植物新品种上的创造性思想而非思想的载体——植物新品种。由此出发,我们也才能真正理解知识产权法的诸多规定,比如,对于数据库的知识产权保护是不可能数据库这样的一个包括其他知识在内的整个产品,而只能是数据库中所蕴含的制作人在这个产品中所从事的具有独创性的选取和安排。

总之,在这里列出这些知识产权的对象组成,并指明它们的受到法律保护所依据的条件,是为了更好把握知识产权的立法宗旨,进而警示通说的松懈之处。

3. 信息有序组合的负熵特性——与物权、债权对象的区分点

信息有序组合因为在被利用的同时并没有自身的熵增,因此能够被反复利用。对于物来说这是不可想象的,虽然物也可以被利用以此来降低世界的熵增,但被利用的同时意味着自身的熵增,因此不能够被反复利用。在熵看来,权利对象负熵性特征的不同是导致法律关系不同的决定因素。

债权的对象是"行为"。不论行为是否使其他事物走向新的有序状态,其本身必然导致熵增,而且不能够反复——时间不可逆。所以,债权与知识产权的区别是非常明显的。

而物权对象和知识产权对象具有相生相克的矛盾关系。有序化的提出,说明了民法体系中物权与知识产权的分立。在物和知识这一对矛盾中,物权对象表征为一种熵增的自发倾向,只有依靠知识产权对象的负熵流的注入,才能有效扭转物权对象被利用后的无序化(熵增)结果;同时,知识和知识

[①] 数据库是指围绕某一特定目的收集起来,由有序排列的作品、数据或其他材料组成的,并且能以电子或非电子方式单独访问的集合体。关于数据库的独创性认定,基本是完全类似于对作品独创性的认定。数据库的资料内容是别人的(受到保护或者不受到保护),数据库创造人不能对这些资料内容主张权利,而只能对其通过合法渠道收集并整理而形成的独创性——蕴含"有序性"努力的劳动——的部分主张权利。这正如作者不能对其作品中处于公有领域的符号(包括符号组合形成的符号)主张权利,而只能对其独创性——蕴含"有序性"努力的劳动——的部分主张权利。

还有一点值得指出,很多人认为对数据库(及其技术措施权)的保护,"背离了知识产权的原意,导致公共领域的逐渐减少和信息自由不断受到侵害"。这其实是不成立的,因为数据库的使用人完全可以通过其他途径获取数据库中的内容,换句话说,数据库制作人将一些内容收录到数据库中,并不会导致该收录的内容只能在数据库中获得,公共领域并没有因此相应减少和信息自由也没有因此受到侵害。于是,你通过数据库获取一些相关内容,你就应当为你利用数据库制作人完成的有序性工作而付费。

[②] 更准确地说,基因保护的是基因序列与其功能或潜在的功能之间的对应性关系,而对这种对应性的序列的损害关系只能体现在功能的使用上。

[③] 布图设计的创造性表现为三种形式:作品的信息有序组合的独创性、专利技术方案的创造性和前两者的综合。

载体是互为倚靠的，因此知识的产生、传播和利用必然要消耗能量，必然要以物权对象的熵增为代价，故表现出知识产权对象对物权对象的相克作用。但如果没有物权对象的熵增，也就没有必要追求更多的负熵，故此时物权对象对知识产权对象有相生作用。从现今民法体系的构建来看，在广义上，能量和物质属于物权法的对象，而信息有序组合属于知识产权的对象。这里应当注意的是，物上表征的知识与物权的物存在实质与表征的对应关系，因为任何质量、能量的传递和交换都必然会伴随着知识的传递和交换，只不过物权的物上所蕴含的知识不受知识产权的保护而已——当然，对此要排除信息有序组合在物中的物化情形。

总之，就知识产权对象本质而言，本书试图返回到更为原始的不同知识的根源上去，返回到"形式"的深度解读。总的来看，卡西尔符号哲学的内在理路可以表达为"人——运用符号——创造文化"[1]，而知识本质的"信息有序组合"假说，是试图在理论上对符号组合在知识的内涵意义做出进一步挖掘，提出"人——运用符号——创造文化——人致有序"的理路，集中关注知识的创生——作为人的最高认识能力集中体现的抽象思维活动正是通过符号的逻辑推演创造新的知识的过程。从有序性这个统一内涵出发，将知识产权各个具体对象统一起来。它为三大财产权的划分提供了基础，不但为现今的知识产权对象的规范类型提供了归类的理由，也为将来可能出现的新的知识产权对象提供了空间。并且它不会对现今的知识产权法体系伤筋动骨，避免了推倒重来的做法。

---

[1] [德] 恩斯特·卡西尔：《人论》，甘阳，译，上海：上海译文出版社，1985年，译序。

第六章　知识产权的属性

有关知识产权属性的讨论重点在中国经历了三个阶段。在 20 世纪 80 年代集中于一体两权的讨论，认为人身权与财产权的两权一体性是知识产权最突出的一个特点。到 20 世纪 90 年代，学者关注于知识产权的无体财产权定性分析，从民事权利体系出发，认为知识产权是一种新型的民事权利，是一种有别于财产所有权的无体财产权。而到了 21 世纪，相关讨论转向人权角度。从《美洲人类权利和义务宣言》到《世界人权宣言》，主要国际人权公约都赋予了知识产权的人权意义。在我国，知识产权作为法律用语，最早出现在《民法通则》中，这也是从一开始就明确了知识产权属于民事权利。它反映的和调整的社会关系是平等主体的公民，法人之间的财产关系，属于私权的性质，具备了民事权利的最基本的特征。

第一节　知识产权的私权属性

知识产权的发生、行使和保护无不适用民法的基本原则和规范，如民事主体、对象、内容、法律事实、法律行为、救济方式等，它是民法的有机组成部分，两者不可分割。如果抽掉民事规范和制度，脱离民法的基本原则，知识产权必将没有适有的余地。反之，如果民法的内容不包括知识产权，民法也必将是不完整和不科学的。在知识产权制度的起源和发展过程中，知识产权法规范始终渗透和交融着关涉市场的立法理念、原则和规则。从历史沿革、法律价值和法律利益等方面进行分析，可以发现知识产权法是市场本位法。[1]

---

[1] 杨雄文、肖尤丹：《知识产权法市场本位论——兼论知识产权制度价值的实现》，载《法学家》2011 年第 5 期。

一、知识产权的私权性

TRIPs 在序言中明确"知识产权属于私权",第一次强调知识财产私有的法律形式,说明了知识产权在私法领域中的地位,意味着知识产权与财产所有权具有同样的地位,并围绕权利人的权利范围和行为方式、与公共利益的协调等内容进行对知识产权的保护与规制,贯彻以权利为本位、兼顾公共利益的调整方式。

(一) 知识产权作为私权的时代背景

知识被赋予权利的特性并以产权的形式出现,源于其深刻的社会根源。知识产权制度的形成,经历了一个由封建特许权向资本主义财产权嬗变的历史过程。在中世纪欧洲的许多国家,封建特许权以君主敕令或国王令状的形式,授予印刷商以出版独占许可证或赋予经营者进行制造、销售某种产品的权利。这一种"钦定"的行政庇护,仅限于个别保护、局部保护,出发点与创新无关,主要是为了言论控制与利益分成,而不是法定的权利保护。后来,由于封建王朝的衰落与资本主义的萌芽与强大,天赋人权观念的进化,开始了植根于创造性的知识产品的现代知识产权制度的发展与完善。知识产权制度的确立,完成了非物质财产的权利形态从特许之权到法定之权的制度变革,变革的结果使得知识产权嬗变为一种新型的私人财产权。①

(二) 知识产权作为私权的价值来源

在近代思想家的著述中,从洛克、斯密到马克思都建立了自己的"劳动价值学说",为我们解释知识产权的合理性提供了必要的理论基础。洛克基于自然权利的理论,阐述了劳动是获得私人财产权的重要途径,劳动使人们获得私人财产权是具有合理性的。马克思的劳动价值论认为商品价值论包括物化劳动将生产资料转移到商品上的价值,也包括活劳动新创造的价值。②

(三) 知识产权作为私权的意义

一般意义上,公法与私法分类的基本意义在于便于法律的适用。区分二

---

① 吴汉东:《知识产权立法体例与民法典编纂》,载《中国法学》2003 年第 1 期,第 58 页。
② 马克思主义经典作家认为,活劳动与物化劳动是物质资料生产中所用劳动的一对范畴。前者是指在物质资料生产过程中劳动者支出的体力与脑力,是劳动者加进生产过程的新的流动状态的劳动。后者亦称死劳动、过去劳动或对象化劳动,是指保存在一个产品或有用物中凝固状态的劳动,是劳动的静止形式。

者的实益在于，易于确定法律关系的性质，应适用何种法律规定，应采用何种救济方法或制裁手段，以及案件应由何种性质的法院或审判庭受理，应适用何种诉讼程序。权利主体无论是属于自然人还是法人、本国人还是外国人，权利都是平等的，任何成员都不能因为主体的原因而采取任何歧视政策。

承认知识产权为私权，意味着知识产权与其他有体财产所有权一样都处于同样的私权地位，从而在理念和制度上可以为知识产权提供可靠的法律保障。但同时，知识财产私权化的拓展，会导致其与知识财富的公有领域此长彼消，从而造成知识产权权利人与社会公众之间的利益冲突。此外，知识财产私权化在国际法领域的加强，迫使经济、技术、文化处于落后地位的发展中国家，不得不接受以扩大私权保护范围、提高私权保护标准为发展方向的国际知识产权新体制，进而造成甚至扩大它们与发达国家之间的不平衡。这也可从西方发达国家主导与推动的《跨太平洋伙伴关系协定》（TPP）①《跨泛大西洋贸易投资合作伙伴关系》（TTIP）这种后 TRIPs 时代的涉知识产权区域协议来看，"它在相当程度上代表着新一代更高标准的国际经贸规则体系的发展"②。

二、知识产权私权的公权化问题

公、私法分立得模式，建立在对于市民社会与政治国家二元划分基础之上，国家是人民依据法律和政策活动的领域，关涉的是公共的普遍利益，个人在其中的角色是"公民"；而市民社会是人民依据平等契约进行活动的领域，追求的是个人私利，个人在其中的角色是"市民"。③ 一般意义上，公法与私法分类的基本意义在于便于法律的适用。区分二者的实益在于，易于确定法律关系的性质，应适用何种法律规定，应采用何种救济方法或制裁手段，以及案件应由何种性质的法院或审判庭受理，应适用何种诉讼程序。理论上，

---

①2017 年 1 月 23 日，美国正式退出 TPP。同年 11 月 11 日，由启动 TPP 谈判的 11 个亚太国家共同发布了一份联合声明，宣布"已经就新的协议达成了基础性的重要共识"，并将签署新的自由贸易协定——《全面与进步跨太平洋伙伴关系协定》（CPTPP）。2018 年 12 月 30 日，CPTPP 正式生效。

②贾浩：《美国与"跨太平洋伙伴关系协定"：解析、影响与前景》，载《美国研究》，2016 年第 5 期，第 68 页。

③邓正来：《市民社会与国家——学理上的分野与两种架构》，载邓正来、[美] 杰弗里·亚历山大：《国家与市民社会——一种理论研究路径》（增订版），上海：世纪出版社、上海：上海人民出版社，2006 年，第 97 页。

私法公法化的实质是国家干预①，以维护公共利益和弱者利益为核心②，其最终目的是实现实质正义。知识产权私权的公权化意味着在加强知识产权私权保护的同时应当重视社会公共利益，以防止私权保护不足或私权保护过度从而破坏知识产权人利益和社会公共利益的平衡。私法公法化的功能在于利益调控，行为激励和秩序维护。③

（一）知识产权公权化评述

有观点认为，知识产权作为一个独立开放的权利体系，具有公权利和私权利的双重属性（或公权化趋势），或者说知识产权法的公法化。私法公法化，就是将原本由私法调整的社会关系，受到来自公法的干预，从而使得该私法具有了不同程度的公法属性。其观点的主要支撑理据在于：部分知识产权的产生需要国家审查和授权，知识产权法含有行政乃至刑事性质的规定，国家强化对知识产权的限制，知识产权立法与司法追求知识产权创造者、传播者及社会公众之间利益的平衡机制。④

就上述"知识产权公权化趋势"观点而言，应当注意：①私权的享有和行使与行政权力的运作产生联系，在民事权利中并不少见，如不动产的登记制度。尽管知识产权更多地受到来自公法的保护、干预和限制，但这仍然是知识产权法自身要求和立法宗旨所必需的，并通过法律平衡和调整机制设计完成，这些情形没有也不应该改变知识产权的私权属性。⑤②尽管知识产权中包含有行政乃至刑事规定，但权利的产生、变更、管理与权利本身的性质，是两个不同的概念。各种侵害私有财产的行为达到一定的危害程度，就会导致刑法的介入，如盗窃罪、抢劫罪等。而且这些规范都是为确认和保护私权服务的，不能改变知识产权法是私法的性质。③私权公权化的问题，描述的是现代私权发展的一种趋向，即传统私法的权利本位、个人本位的理念有所动摇，也强调私权要考虑公众或第三人的利益，即社会本位。知识产权法要

---

①郑玉波：《民法总则》，北京：中国政法大学出版社，2003年，第8页。
②高伟：《私法公法化研究》，北京：社会科学文献出版社，2012年，第27-28页。
③冯晓青、刘淑华：《试论知识产权的私权属性及其公权化趋向》，载《中国法学》2004年第1期。
④相关论述可见孙海龙、董倚铭：《知识产权公权化理论的解读和反思》，载《法律科学》2007年第5期；冯晓青、刘淑华：《试论知识产权的私权属性及其公权化趋向》，载《中国法学》2004年第1期；李永明、吕益林：《论知识产权之公权性质——对"知识产权属于私权"的补充》，载《浙江大学学报》（人文社会科学版）2004年第4期；周俊强、胡坚：《知识产权的本质及属性探析》，载《知识产权》2005年第2期；于志强：《论知识产权的私权属性——关于知识产权的"公权化理论"的质疑》，载《法学论坛》2012年第2期，等。
⑤吴汉东：《关于知识产权私权属性的再认识》，载《社会科学》2005年第10期，第58-64页。

调整权利人和社会公众的关系,以保证权利的行使符合社会公共利益,保护公众获取和以非商业的方式使用人类知识的权利。这也只是法律对私权的限制,同样不能改变知识产权法的私法性质。④知识产权的政策取向、价值追求和实现这些目标的手段之间不能混淆。一言以蔽之,从知识产权的财产性、知识产权的私人性和权利行使的独立性来看,知识产权是私权,"知识产权公权化趋势"没有出现。

(二) 中国知识产权私权进程的阶段性

在中国,知识产权并不存在私权公权化趋势这样一个"走回头路"的问题,而是处于私权化尚未完成、特权思想仍然泛滥的"革命尚未成功"阶段。在西方知识产权的演变过程中,不管是著作权还是专利权都历经了从特权向私权的过渡。跨入20世纪后叶的中国,知识产权的兴起似乎仍旧摆脱不了这种宿命,只不过"特权"的内容、方式和目的以不同的方式在显现。①

在立法宗旨方面,我国知识产权法律制度始终存在强化管理的内容,例如《商标法》第一条开宗明义仍然是"为了加强商标管理"。甚至在特定环境、特殊社会形态中,公权的操作已成为中国知识产权工作腾飞助力。在立法主体方面,知识产权采取部门立法,由相对应的行政主管部门制定法律。这一模式的优势在于能高效灵活应对知识产权实践中发现的问题,同时也造成行政部门权力扩张,进而增大权力失控风险,部门利益得以法律化,"公权利益化"影响凸显。在此基础上,其他立法技术、立法效果等也充盈着一系列公权的内容,公共利益和个人利益之间的利益平衡不过是强化行政权力的理据。一旦发现知识产权存在某些问题,第一反应总是利用公共手段进行规范调整。

政府具有创制新型财产权的权力,知识产权是承接封建特权而来的结果。但是国家干预的核心并不在于国家为公民设定新的义务与责任,而在于通过法律为国家设定更多的义务,促使国家积极履行职责。② 在知识产权私权化任务尚未完成的当下,事关国家权力的在场③及其扩张、退场的态度上,应避免私权公权化的讨论落入引发与支撑公权力过度介入干预私权正常运行的不正常现象,尽可能赋予私权主体更多的自由及其选择权利,这才是现代化

---

①谢晓尧、陈贤凯:《知识的产权革命——知识产权立法的"中国奇迹"》,载《法学评论》2010年第3期。
②[英]A. J. M. 米尔恩:《人权哲学》,王先恒,等译,北京:东方出版社,1991年,第293页。
③"国家在场"一语源自米格代尔的"A State In Society Perspective"一文,是指国家对社会的一种治理模式或技术。该理论探讨"国家"与"社会"互动逻辑关系的重要理论模式其主要思路,指向国家力量及国家符号在社会中的存在及影响。

进程中的秩序和稳定的保证。而在建设现代化国家与激发民众创新活力的过程中，一项基础的内容就是重新塑造知识产权的身份认同，以这种身份认同来勾连国家、民众与世界。

（三）知识产权比例协调原则与公权力行使比例原则的区分

2016年全国法院知识产权审判工作座谈会提出比例协调司法政策，要求司法机关合理确定不同领域知识产权的保护范围和保护强度。[①] 随后，知识产权"比例协调"与公权力行使的"比例原则"的关系研究升温，并开始在知识产权司法实践与理论研究中出现一定程度上的混用。我们不可将比例协调政策视为比例原则在知识产权法中的体现。[②]

通说认为，比例原则发源于德国警察法，被誉为公法中的"帝王原则"。在具体内涵上，比例原则由适当性原则、必要性原则以及均衡性原则三个子原则组成。适当性原则指行使公权力采取的手段应有助于目的的实现；必要性原则要求行使公权力所运用的手段是必要的，且该手段所造成的损害是最小的；均衡性原则要求行使公权力所采取的措施与其所造成的损失之间必须合比例或相称。[③] 而比例协调政策讲究权利保护与对象价值之间的比例相称，是一种基于知识产权特征的个性表达。比例协调政策与比例原则的规范目的、规范功能与价值取向完全不同，具体的适用细节也存在差别，不能将前者视为后者在知识产权法中的运用。

在规范目的层面，比例协调政策与比例原则虽然都存在指导权力行使以及保护权利的要素，但是比例原则规范公权力行使的底层逻辑在于国家与公民关系中二者在力量上的差距。而比例协调政策中规范人民法院对知识产权受到侵害的权利人进行适当的救济，实现利益平衡。

在规范功能层面，比例协调政策要求合理确定不同领域知识产权的保护范围和保护强度，在司法中恰如其分地给予知识产权保护并确定赔偿。比例原则要求行使公权力的目的与行使公权力的手段对公民权利的损害合乎比例，其所关注的主要是国家权力行使的合理性。[④] 例如针对电动车设置限行政策，地方政府必须要注意在电动车管理过程中，采取符合比例原则的做法，不能

[①] 陶凯元：《充分发挥司法保护知识产权主导作用》，载 https://www.court.gov.cn/zixun-xiangqing-23241.html，2023年3月27日登录。

[②] 杨雄文、程晖：《知识产权比例协调原则与比例原则的区分》，载《华南理工大学学报（社会科学版）》2024年第1期。

[③] 刘权：《比例原则》，北京：清华大学出版社，2022年，第20-24页。

[④] 于柏华：《比例原则的法理属性及其私法适用》，载《中国法学》2022年第6期。

一味地简单限制和处罚。取缔电动车的做法造成很多市民生活大受影响。政府必须正确处理管理与满足民众需求的关系,做到疏堵结合,既要管理,也要为老百姓着想。

在价值基础层面,比例原则突出的是对公民消极自由的保障以及多元价值之间的利益衡量,比例协调政策的价值基础则是知识产权的分配正义以及知识产权的利益平衡。消极自由与分配正义作为对不同价值的表达,可谓是泾渭分明;利益衡量与利益平衡属于手段与目的之间的关系,也属于不同的价值表达。

在这些基础上,比例协调政策与比例原则的适用细节也存在差异。比例协调政策与比例原则所介入的公权力行使阶段并不相同,比例原则在形成具体生活事实的阶段即可发生作用,比例协调政策却仅在形成作为案件司法解决这一阶段发挥作用。另外,二者在适用时法官或行政主体的自由裁量权也存在区别。相对而言,后者的空间要大于前者,因为比例原则没有提供为权衡留下具体的标准或尺度,虽然讲究手段与目的需要合比例,却缺乏具体判断合比例的指引。① 而且,比例原则参酌的价值更加多种多样,且内含外延不清。至于比例协调原则处于一个知识产权权利边界一般有着较为明确指引的环境之中,约束甚多。

三、知识产权法与民法的关系:非特别法

民事法律制度是一个整体。无论是形式上,还是实质上,知识产权法和物权法属于同一性质,是处于同一位阶的法律,都是财产法的下位法律,是民事单行法,不是民法的特别法。知识产权法和民法是部分和整体的关系,不是一般法与特别法的关系。②

民事权利对象自然属性的不同,导致了民事权利的区别,使得物权、债权和知识产权各有其特殊性,各自构成不同的民事权利。这些权利之所以归于民事权利,是因为它们除特殊性外,又都具备了作为民事权利的一般属性。一般性决定了它们的民事权利共性;特殊性,也就是低一层次的特征,导致它们又自立门户,形成了不同类别的民事权利。从这个意义上讲,任何具体的民事权利之间都是存在差异性的。社会生活中并不单独存在着一般民事权利,人们只能从理论和观念上抽象出民事权利之一般,它隐含于特殊的、具体的民事权利之中。《民法典》作为知识产权法的制度母体和精神家园,和知识

---

① 刘权:《比例原则》,北京:清华大学出版社,2022年,第20—24页。
② 刘春田:《序》,载马云鹏《专利权利要求解释规则》,北京:法律出版社,2021年。

产权诸单行法律休戚与共，血脉相连。① 那种称物权、债权为一般的民事权利，称知识产权为特别（或"特殊"）的民事权利的说法，是不符合事实的。

四、知识产权私权性与发现权的归属

对于发现权的归属，目前大体有两种看法：一种观点是认为发现权属于知识产权法，比如 WIPO 与《民法通则》的规定。另一种观点是将发现权归属于科技法，是一种取得荣誉及获取奖励的权利。

目前各国法制实践与主流学术观点都没有将发现权归于知识产权。② 知识产品固然可以用知识产权来保护，但是知识产品并非采取整齐划一的私人产权形式，也有非市场机制的产权形式。而发现权是政府采用非市场机制来给予奖励的，不是利用私权来保护的。如果将其纳入知识产权体系，那么知识产权的独占性特征、财产意义将不复存在，知识制度构架及其学理基础也就面目全非了。③ 但也存在例外：

基因的结构和排序是一种自然客观事实，并非人为的发明创造，但大部分国家给予基因结构和排序的可专利性。其原因在于：①由于发现基因结构的科学工作是要付出相当的投入和努力的。就此点理由而言，值得商榷。毕竟知识产权保护考虑的是成果的创造性，而不是成果的研发过程及其投入和努力的大小。皓首穷经，终无一物也是不行的。②尽管基因结构和排序在事实上已经存在，但它只是以混合杂乱的形式散见于自然界中，难以或者不能获得所要求的某种纯度的自然物（或某种特殊状态的生命物），进而有关该提纯物及其具体应用对社会公众来说也是遥不可及，因此是一种体现创造性的物质发明。

基因专利的法律规定在不同国家并不相同。美国、欧洲的少数发达国家条件较宽松，而其他大部分国家在基因专利方面都比较慎重，或是授予专利的标准比较严，或是干脆不受理基因专利申请。中国对基因专利可以进行保护，是把基因视为非生命的特殊有机化学物质来看待的，并加以专利保护的。④

---

①刘春田：《知识产权法（第六版）》，中国人民大学出版社，2022 年，第 27 页。
②我国《民法通则》明确将发现权作为知识产权的一种类型，但之后的《民法总则》和《民法典》中均未将发现权纳入知识产权保护对象的范围。
③吴汉东：《关于知识产权私权属性的再认识》，载《社会科学》2005 年第 10 期，第 60 页。
④我国《专利审查指南》规定，人们从自然界找到以天然形态存在的基因或其 DNA 片段，仅仅是一种发现，属于"科学发现"，不能授予专利权。但是，如果是首次从自然界分离或提取出来的基因或 DNA 片段，其碱基的排列顺序是现有技术中不曾记载的，并能被确切地表征，且在产业上有利用价值，则该基因或 DNA 片段本身及其得到方法均属于可给予专利保护的客体。

第二节　知识产权的人权属性

私权与人权相通。就人权体系而言，私人财产权是人权的基础权利；就知识产权本身而言，它具有私权属性的同时又直接构成基本人权的内容。从《美洲人类权利和义务宣言》到《世界人权宣言》，主要国际人权公约都赋予了知识产权的人权意义。这种权利包括两个方面的内容，首先是创造者对自己知识产品所享有的权利，其次是社会公众分享知识产品所带来利益的权利。这两项权利紧密联系在一起，都是国际社会承认的基本人权。对于知识产权人权属性的理论概括，是依据是国际公约的有关规定和人权、宪政的基本观点。

一、知识产权蕴含人权寓意的思想渊源

近代启蒙思想家关于财产权与人权关系的阐述，是知识产权蕴含人权寓意的重要思想渊源。启蒙思想家将财产权置于天赋人权的理论框架内，并赋予其独立、核心的重要地位。①建立在抽象的人性论的基础上的人权，是人的本质的体现，因而人权应该被看作是一种超时代超社会的普遍权利，也是一种永恒的不可剥夺的权利。②人权强调的是个人权利，意在把个人的基本利益与国家权力对立起来，人权，就是个人针对国家权力的权利，或者说，天赋人权主要是用来对付国家的。③将财产权视为天赋人权的核心内容，强调维护个人利益，"只有利己主义的人才是现实的人"和"有感觉的、有个性的、直接存在的人"。① 一言以蔽之，天赋人权就是利己主义的权利，就是私有财产神圣不可侵犯的权利渊源。

这种天赋人权的理论，对于诠释知识产权的基本属性是有意义的，在对抗西方封建特许权，启蒙现代意义的知识产权私权性具有旗帜性意义。首先，作为人权的知识产权是天赋的，即与生俱来的，它不应由国家特许而产生。其次，作为人权的知识产权是普世的，即为一种普遍权利要求，它不可能只靠个别的或局部的行政保护。它是资本主义式的财产权而不是封建特许权。但是，以天赋人权来解说知识产权也有明显的缺陷：知识产权的人权意义，

---

①［德］弗里德里希·恩格斯、［德］卡尔·马克思：《马克思恩格斯全集》(第1卷)，中共中央马克思恩格斯列宁斯大林著作编译局，译，北京：人民出版社，2012年。

不仅在于知识产权的私人权利保护，而且应该考虑知识财产利益的合理分享。仅仅强调前者是不完整的，这是因为，知识产品的创生是以依靠前人积累的知识为劳动资料、以抽象的知识为劳动对象的创造活动；同时，对知识的权利赋予要考虑社会公众对于知识的学习、传承与再创新的重要性。知识财产只是在一定条件下、一定范围内才作为独占权利为个人所享有，受到法律限制的利益则是整个社会的共同财富。

二、国际公约与各国立法中的知识产权人权内涵

不同历史时期的不同法律文件，以不同的立法取向对知识产权的人权含义做出了说明。进入21世纪以后，以《联合国宪章》为开端，制订了一系列国际性、地区性的人权宪章，使人权成为国际法的调整对象之一。知识产权的相关问题自此具有了国际法上的人权意义。知识产权条款最终为国际人权公约所接受，主要考虑其有助于实现其他人权，即创造者权利的保护是社会公众实现文化自由以及获得科学进步利益的基本前提。

1948年通过的《世界人权宣言》[①]和1976年生效的《经济、社会及文化权利国际公约》[②]秉承联合国建立的人权原则和标准，参照《美洲人类权利和义务宣言》提出了知识产权意义上的三项人权：①参加社会文化生活的权利；②享受科学进步及其产生的利益的权利；③对自己的创造成果享有法律保护的权利。这三项人权条款是紧密联系、不可分割的。知识产权制度必须保证创造者的知识产权得到保护，同时还要保证这种权利应该促进而不是约束社会公众参与文化生活与分享科学进步的利益。换言之，创造者的权利与社会公众的权利相互依存，并非相互排斥，尊重创造者的权利，将保证社会公众获得更为丰富的创造成果。尽管国际人权公约对三者关系的描述是宣言性的、概括性的，并未对创造者的权利的范围和社会公众的利益分享做出具体规定，但就制度层面而言，这一问题在相关立法中即表现为知识产权的保护和限制。

在西方国家，宪法性文件所规定的公民基本权利和自由，即是以实定法的名义反映了自然权利，从而使得知识产权制度本身具有了人权意义。知识财产保护与知识利益分享的问题，往往依据国家政治、经济、文化等制度的具体情形，以宪法性文件加以规定，是为国内人权。

---

①2018年12月10日，纪念《世界人权宣言》发表70周年座谈会在北京举行。
②2001年2月28日，第九届全国人大常委会第二十次会议做出批准该公约的决定。

1789法国《人权宣言》宣称：自由交流思想和意见是最珍贵的人权之一，因此所有公民除在法律规定的情况下对滥用自由应负责任外，都可以自由地发表言论、写作和出版。美国宪法第一修正案规定：一方面国会不得制定有关法律剥夺人民的言论出版自由及其他自由权利；另一方面又授权国会制定版权法赋予作者一定时期享有其作品的独占使用权。

在人权社会的语境中，知识产权的概念与制度功能有着更为全面而崇高的解释。首先，知识产权被定位为一项普遍的人权。这说明，知识产权不是中世纪的特许之权，而是文明社会的普世之权。平等精神即是知识产权制度人身属性的直接反应。知识产权法中的平等，是一种从事创造性活动的自由选择，是一种取得创造者权利的机会均等，社会有责任向人们提供同等的机会。法律形式上的平等，即是机会的平等，至于人们从事何种创造性活动，取得何种结果，那是由人们的天、才能、机遇去决定的事情，应该允许存在差别。知识产权作为普遍人权的社会要求是：在一国范围内，任何人都可以凭借创造成果而取得权利，一切知识产权主体平等地受到保护；在涉外知识财产关系中，根据共同参加的国际公约或对等原则，对外国人实行"国民待遇"的平等保护；在知识产权国际保护机制中，注重对一切民族、种族的创造成果给予平等保护，促进各国科学、技术与文化的发展。

三、知识产权和人权的冲突、交叉和协调

知识产权的私权化可能导致知识创造者的个人利益与知识利用者的公共利益之间的冲突，造成私权和人权的冲突和协调问题。主要表现为以下几个方面：①知识产权与发展权的冲突。发展权面临知识产权保护的高标准和壁垒。对于发展中国家而言，经济发展所需要技术的成本越来越高，而且一些高科技的技术出口受到限制。②知识产权与健康权的冲突。健康权受到高价格、强制许可阻碍。③知识产权与隐私权的冲突。隐私权在数据库中的个人信息留存与使用受到严重威胁。④知识产权与表达自由权的冲突。表达自由权被削减，如技术措施阻碍合理使用。[①]

早在1968年，国际人权会议发表《德黑兰宣言》，对科学发现与技术发展可能危及个人权利和自由表示忧虑和关注。德黑兰会议建议联合国组织研究下列问题：①鉴于录音技术，对隐私的尊重。②鉴于生物、医学和生物化学的进步，对人格及身心健康的保护。③某些可能影响人们权利的电子产品

[①] 吴汉东：《知识产权制度基础理论研究》，北京：知识产权出版社，2009年，第113页。

的使用，及其在民主社会使用，应当设定的限制。④更一般的是在科学和技术发展与人类的智力、精神、文化和道德进步之间应建立的平衡。

自进入 TRIPs 时代，国际社会十分关注知识产权与基本人权的关系问题，并努力改革现有的国际知识产权保护制度，使之符合国际人权的标准。2000 年联合国人权促进保护小组委员会发表《知识产权与人权》，宣称：由于 TRIPs 的履行没有充分反映所有人权的基本性质和整体性，包括人人享有获得科技进步及其产生利益的权利、享受卫生保健的权利、享受食物的权利和自我决策的权利，所以《知识产权协定》中的知识产权制度作为一方与另一方的国际人权法之间存在着明显的冲突。在 WTO 的体制下，TRIPs 进行了一系列相应的调整，从《多哈宣言》到《关于 TRIPs 和公共健康的多哈宣言第六段的执行决议》，人权在知识产权保护中占据了更重要的地位。

私权和人权共融的法律之光，既是保障知识创造者利益、促进精神财富增长的智慧之光，也是维系社会公众利益、推动知识技术传播的理性之光。

第三节 知识产权的一体两权属性

民事权利是民事主体依法享有并受法律保护的利益范围或者实施某一行为（作为或不作为）以实现某种利益的可能性。根据民事权利是否以财产利益为内容，民事权利可分为财产权和人身权。中国内地在 20 世纪 80 年代对知识产权的一体两权进行了热烈探讨，认为知识产权是一种综合性权利，包括财产权与人身权两个内容。但在当前，一体两权的属性受到了纯粹财产权观点的挑战。

一、综合性权利说

一般观点认为，知识产权是一种具有双重性质的综合性权利，包括人身权与财产权。① 其中人身权主要是指著作权具有的人身。② 根据我国《著作权法》的规定，权利人享有四项人身权利：署名权、修改权、发表权、保护作品完整权。其他权利，例如复制权、展览权都属于财产权。

---

①王利明、郭明瑞、方流芳：《民法新论》，北京：中国政法大学出版社，2008 年，第 25 页。
②张玉敏认为商号权也具有人身权性质。吴汉东认为专利权、商号权、商誉权等绝大多数工业产权都具有财产权与人身权的内容。

知识产权正当性所基于的一个传统的法哲学思想是关于财产和财产权的人格理论。该理论是建立在为发展人格而有必要确立财产权的理念的基础之上。在该理论中，人格是作为自我表达而被赋予正当性的。基于这一立场，知识产权存在的合理性在于保护那些体现作者或艺术家"意志"（而意志通常被视为"人格"的内核）的作品不被侵占或篡改，或者在于造就有助于实现其创造性智力得以发挥的社会经济条件，从而有益于人类生活的繁荣。[①]

生活中具有人身权与财产权双重性的权利，除了知识产权之外，还有其他一些权利。例如股东权。股权可以进行转让，股东权不可以。有股东权就可以对公司进行管理，发表看法，选任董事等一些高级管理人员。而有股权只是得到公司的年终红利，并没有参与管理公司的权利。还有行政相对人，作为行政相对人权利的人身权、财产权在实现途径和保护方式上不同于作为一般民事权利的人身权、财产权。如对于作为行政相对人权利的人身权、财产权，行政主体具有法定的保护职责，行政相对人对行政主体有权提出要求保护的主张。而对于作为民事主体的人身权、财产权，一民事主体就不能向另一民事主体提出这样的法律主张。有鉴于此，对于主张知识产权具有财产权和人身权双重性特征的观点，值得进一步商榷。

二、纯粹财产权说

有观点认为"人格财产一体性"的权利不可能存在，知识产权属于纯粹的财产权。[②] 著作人格权渗入知识产权纯属偶然，这一偶然来自于19世纪的哲学观与美学观认为"作品是人格之外化"。[③] 对作品本质的此种诠释受到后现代的美学观的挑战，著作人格权制度面临着双重危机：作为文化信仰，丧失了社会认同的基础；作为法律工具，对利益的调整缺乏有效性。因此，要还原知识产权的财产权本性进行研究。

纯粹财产权说来源于后现代思潮，或者更具体地说是来源于"接受美学"。但一些"接受美学"支持者在力图改变忽视读者重要性做法的时候，却走向了另一个极端。一部作品的原始意思是作者给定的，读者的个人独造

---

① [美] 威廉·费歇尔：《知识产权的理论》，载《中国知识产权评论》第一卷，北京：商务印书馆，2002年，第5页。

② 李琛：《质疑知识产权之"人格财产一体性"》，载《中国社会科学》2004年第2期，第68页。

③ 系统科学的分叉理论认为，整个物质世界，包括人类社会的进化历程，变化是绝对的，怎么变是偶然的，充满了随机性，同时系统的演化并不完全服从决定论法则，而是具有决定论和随机性相统一的特点。决定论和非决定论是两个平等的伙伴，必然性和偶然性同样具有基本的性质，并行互补，缺一不可。

性的理解首先必须经过一个信息接收的阶段，之后才能通过自己的同构和影射作用，在其自身形成"阅后感"。一概认为作者不能对其作品（文本）注入意思，作品的意思都是读者给的，这不仅违背科学，而且抹杀了作者的创作动机的重要性。"诠释无法避免主观性，这是一回事；诠释应不应该避免主观性，则是另一回事。"① 其实在另一方面，艺术家注意的是艺术作品中的思想或者意义，它是否有所创造或者是否对作品文本的思想和意义做出修正，对于著作权法来说是无所谓的。著作权法关注的是前后作品在文本意义上的相似性，即形式意义上的相似性，更准确地说是符号组合方式的相似性。就著作权的保护来说，思想与表达二分法对应的是形式和形象两者与意味之间的二分法，而意味才可以称得上是后现代所指称的"意义"。在接受美学那里，"传统的联系作者生平、社会背景的'传记方法'被武断地抛弃了。"②

"作者—作品—读者"三方面正好组成一个完整的信息系统，而"接受美学"仅仅只是关注了作为其中的一个子系统，或者说一个环节。"如果对读者及其接受的作用过分夸大，甚至作形而上学的片面理解，实质上会导致抹杀作品的客观价值和意义，最终走向一种相对主义或'主体决定论'。"③ 正如维特根斯坦所言："如果你想怀疑一切，你就什么也不能怀疑。怀疑这种游戏本身就预先假定了确定性。"④

三、人格权在知识产权法中的命运

在质疑知识产权人格权存在的基础上，有观点进而提出对于知识产权中人格权的三种处置方法：一是人格权在知识产权法中终将式微，"创造成果可以永远外在于主体的法律特性"；⑤ 二是作者精神权利的性质属于财产权而非人身权。⑥ 三是将现行知识产权法中的人格权调整到民法典中的人格权部分进行规定（当然这种做法并不是实质意义上的财产权的定性，而不过是形式

---

①王宾：《后现代在当代中国的命运——主体性的困惑》，广州：广东人民出版社，1998年，第179-180页。

②周宪：《现代西方文学学研究的几种倾向》，载《文艺研究新方法论文集》，南昌：江西人民出版社，1987年，第443页。

③周宪：《现代西方文学学研究的几种倾向》，载《文艺研究新方法论文集》，南昌：江西人民出版社，1987年，第454页。

④维特根斯坦：《论确实性》，G. E. M. 安斯康、G. H. 冯·赖特编，张金言，译，桂林：广西师范大学出版社，2002年，第115页。

⑤李琛：《论知识产权法的体系化》，北京：北京大学出版社，2005年，第191页。

⑥杨延超：《作品精神权利论》，北京：法律出版社，2007年，第177页。

上的变动而已）。那么，知识产权中人格权的归宿在哪里？① 我们仍然需要体系化的思维，需要从整个符号组合的加工处理过程以及基于利益平衡选择实用的保护手段两个方面来考量。

人类社会的发展实际上就是经历着结构的有序和无序在发展演化过程中的不断相互转化的循环。知识产权法系统的发展也遵循着系统科学的历时性，而知识产权制度正当的历史鼓吹者，借助于人格理论为知识产权法律制度的创立和发展送了一程，这一历史上的作用当载入史册。② 另外，人格权的有无与人格权起到的作用是两回事。人格权不应对自由市场运作产生不合理的法律干预，但著作人格权是"对自由市场运作的不合理的法律干预"③ 的断言也存在偏颇。

对于著作权中的人格权属于财产权的看法④，是不妥的。首先，这将打乱民法对于人格权和财产权的分类体系的稳态结构，造成混乱。应当深思，侵犯人格权的赔偿除了赔礼道歉之外，仍常有金钱赔偿，是不是所有的人格权都可因此归类于财产权呢？其次，用职务作品、法人作品否定知识产权人格权有其合理的逻辑进路，但是人在法律上已经超越了生物人和伦理人的本质，而成为一种系统的、关系的意义之上的法律实在，比如法人概念，法人作为一种社会秩序的法律人格设计，当然具有不同于一般自然人的社会本质属性，法人作品和职务作品的人格权只剩下署名权，不足以成为否定知识产权人格权设计的理由。

现行著作权法中的人格权有着自身的历史积极性，而知识的可复制性，区别于传统的物质财富，这一特点要求保留适当的人格权，以满足知识产权的权利秩序价值要求。权利的秩序价值在系统科学看来，有一个重要的方面，就是通过个体权利来实现该个体其他权利的和谐秩序。⑤ 以著作权法的署名权来说，没有作者的署名，在实践中就意味着没有了主体，造成的后果不但

---

①值得注意的一个细节是，后来学者是否能将纯粹财产权说所排斥的人格权范畴扩张到人身权范畴，有待商榷。

②法律的学术研究并不是要对知识产权的人格制度表示一种不共戴天的革命态度，更重要的是要解说为什么这些制度会在中西方传统社会中得以产生并长期延续，并进而理解我们的今天的制度。如果传统的知识产权人格权规定真的是那样完全没有道理，我们就只能——如果激进一点——从一种非常简单化的"阶级斗争"观点出发，将这种制度归结为统治阶级的意志。

③Lionel Bently & Brad Sherman: Intellectual Property Law, Oxford: Oxford University Press, 2001: 235.

④也有观点将所有权与用益物权的权利关系适用到著作人身权的许可使用之上，构建知识产权人身权的许可使用。

⑤一般观点理解的权利的秩序价值，只包括两个方面：a. 通过个体权利（自由）与他人权利（自由）的平衡来实现市民之间的和谐秩序；b. 通过权利（自由）与权力的对抗，从而实现国家与市民之间的和谐秩序。（杨延超：《作品精神权利论》，北京：法律出版社，2007年，第78页。）

是集体管理组织的活动效率低下，极大阻碍了著作权相关产业的发展，而且在对作品的公共利用中，如文化研究和保存，阻碍公众对于作品的出处和原貌的知晓？另外，"精神权利"可以"平衡作者和企业的力量"[①]，救济作者所处于的弱势地位。

对于知识产权法而言，财产权与人格权的交叉，体现着有序和无序总是相伴而生的系统表现，表观的无序掩盖着丰富多彩的精细结构，因而是一种复杂的高级的有序。赋予了创造人的权利，意味着其他人增加了义务，但是"凡是能以最小的牺牲予人类要求以最大效果的东西，都具有一种伦理的价值。这种实用主义的进路假定所有的利益主张都应受到尊重，从而可以通过利益的相互妥协达到利益的最大化。这种妥协不仅在司法中得以体现，而且也是立法的重要原则。"[②]

第四节　知识产权的非垄断性

一些关于"垄断性"的表述反映了业界对知识产权的误解，如将垄断性视为知识产权与物权的区别，知识产权必然导致经济垄断并直接成为反垄断法规制的对象。该误解源于将"垄断性"解释为知识产权的专有性，混淆了知识产权垄断性与经济垄断、反垄断规制之间的关系。封建特许权造成的垄断在知识财产的私权化后已经嬗变，知识产权与经济垄断、反垄断并无直接与必然的联系，因此知识产权"垄断性"的表述将终究难逃被摒弃的命运。[③]

一、知识产权垄断性的历史轨迹

从历史的视角看，知识产权与封建时期的特许权不可等同，所称知识产权的垄断性与封建特许权的垄断性更不可等同。正是因为抛弃了封建特许权的垄断性，才换来了现代进步意义上知识产权的诞生。

封建时期的专利特许权一旦被授予，技术或产业引进者就将获得该产业市场的独占垄断地位，任何未获得特许权的主体都无法进入该产业市场中，

[①] Flint & Michael F: Intellectual Property-The New Law, a guide to the Copyright, Designs and Patents Act 1989, London: Butterworths, 1989: 62.

[②] 李晓辉：《信息权利研究》，北京：知识产权出版社，2006年，第107页。

[③] 杨雄文、何家灿：《知识产权垄断性质疑：历史与逻辑》，载《重庆理工大学学报（社会科学）》，2021年第8期。

这便是封建特许权所体现的垄断性——以现代人的视角来看，已经达到了限制、排除竞争的效果，应当受到现代反垄断法规制。而现代专利权取得的关键在于能否通过专利法制定的审核标准，即使该专利权能带来一类新的市场，其也无法阻止后续的专利权主体进入到该市场中，所以专利权人无法凭借专利权的取得而当然具备相关市场的垄断者地位，也无法用专利权排斥他人进入相关市场。现代专利权的垄断性与特许权的垄断性在性质及其影响上是完全不一样的。

二、知识产权垄断性的逻辑思考

关于知识产权和垄断的关系，学者主要是从两个层面来探讨，这两个层面的内容不同但关系却十分紧密。第一层面提出知识产权本身具有垄断性，且垄断性和专有性在字面含义上等同;[1] 第二层面提出知识产权的垄断性能够造成经济性垄断，这种垄断若足以限制、排除竞争则可能会受到反垄断法规制。[2]

所有财产权都具有专有性，那么所有的财产权都可以被称为具有垄断性，此时专称知识产权具有垄断性也就没有意义。知识产权的存在并不必然使权利主体获得市场支配地位。1995年的《知识产权的反托拉斯指南》中也提出：执法机构并不假定知识产权当然产生市场支配力。

对知识产权的拥有和正当行使是不受反垄断法规制的，只有当知识产权被滥用来排除、限制竞争时，才应当受到反垄断法的规制。我国的《反垄断法》规定："经营者依照有关知识产权的法律、行政法规规定行使知识产权的行为，不适用本法；但是经营者滥用知识产权，排除、限制竞争的行为，适用本法。"

三、知识产权"垄断性"表述终将式微

"垄断性"这一表述实际上容易造成混乱和误导。哈耶克说过："语言不仅传播智慧，而且传播难以消除的愚昧。……只要我们是用建立在错误理论

---

[1]郑成思：《私权、知识产权与物权的权利限制》，载《法学》2004年第9期；曹新明：《知识产权法学》，北京：中国人民大学出版社，2016年；冯晓青、周贺微：《公共领域视野下知识产权制度之正当性》，载《现代法学》2019年第3期。
[2]黄龙：《知识产权垄断及其法律规制》，载《科技进步与对策》2001年第1期。

上的语言说话，我们就会犯下错误并使其长久存在。"① 摒弃"垄断性"表述是明智之举。这不是简单无谓的咬文嚼字，而是不同表达会带来不同的思维方式与实践效果，可促使知识产权朝着人们期望的方向更好地发展。第一，为了保证知识产权能够长久地以私权形式发展，我们要谨慎避免知识产权的私权属性淡化。放弃"垄断性"表述能减少人们对知识产权属性的误解，减少类似"在知识产权市场中的知识产权人与其他民事主体具有天然不平等地位"的负面认识，进而为知识产权市场上的交易自由、交易秩序等提供良好的市场环境。第二，知识产权的价值取向要求我们不能将知识产权置于公平竞争的对立面。摒弃"垄断性"表述能防止知识产权被理解为造成经济性垄断、反垄断所规制垄断的根源，让业界认识到：知识产权并非抑制公平竞争的原因，相反，鼓励公平竞争、激励创新、促进社会进步才是知识产权所负有的天然使命。

第五节 知识产权的非交叉学科属性

知识产权的学科性质的现有分析缺少对研究对象本身的关注。知识产权作为新型财产，首先需要法律确认其权利边界，因此进入法学学科也就顺理成章。学科交叉以多学科知识解决知识产权问题，却不改变问题的法学性质，也未产生各学科的渗透融合。现有知识体系下，知识产权不满足建设交叉学科的要求。此外，以人才需求倒推学科性质混淆了学科与专业、专业教育与职业培训的关系，复合型人才应由高校与社会共同培养。②

一、知识产权的学科性质

从学科的角度出发，知识产权从一开始就属于且迄今都归属于法学学科。广泛的学科交叉现象不能说明知识产权是交叉学科，知识产权学科并不满足建设交叉学科的构成要件。

---

①［英］F. A. 哈耶克（F. A. Hayek）：《致命的自负 社会主义的谬误》，冯克利，等译，北京：中国社会科学出版社，2000 年。
②杨雄文、程晖：《知识产权的学科属性之问——知识产权交叉学科之否定的思辨》，载《中国高校科技》，2023 年第 8 期。

（一）法学学科的归属是知识产权的历史选择

知识产权作为新型财产的一种，在进入社会前必须明晰其边界问题。这意味着知识产权需要选择法学知识以及法律对其进行边界限定，明确其概念、特征、本质等内容以及延伸出来的权利归属利益分配等内容，从而保证顺利发挥其财产功能的同时不至于利益失衡。

从学科发展的实践来看，无论是在中国，还是在知识产权率先发展起来的西方，知识产权都被视为法学学科。其他学科的知识，如科学技术、经济、管理等可以为解决知识产权问题或理解知识产权对象提供帮助，但没有改变问题本身的法学属性，不改变其自身的工具与辅助的性质。

就像一块钢，可以对其进行物理、化学上的分析，也可以作为商品进行经济贸易的学科分析，可以作为建筑材料被建筑学科所关注，甚至可以因为存在创新而受到知识产权法的规制……但钢不是交叉学科。

（二）知识产权有学科交叉但非交叉学科

学科交叉与交叉学科是两个相互区别的概念。美国国家科学院在2005年公布的《促进交叉学科研究》指出，学科交叉是一种科学研究模式，指两个或多个学科团体相互合作，将概念、理论、观点、方法、信息、数据等有效结合起来，帮助深化认识，从而解决单一学科难以解决的重大现实难题。[①]而交叉学科，2021年国务院印发的《交叉学科设置与管理办法（试行）》中将其解释为多个学科相互渗透、融合形成的新学科，具有不同于现有一级学科范畴的概念、理论和方法体系。通过比较二者内涵可知，学科交叉仅是一种研究方法，是利用不同学科的知识以攻关单一学科中的重大难题的科研行为，交叉学科则是两个学科产生融合后，形成的具有独特性且区别于现有学科的知识体系。相比其他的法学学科，知识产权学科在研究中确实更多地运用学科交叉的方法。但这终归只是各个学科为攻克知识产权难题"各自为战"的成果，缺乏学科间的融合创新。

（三）知识产权学科不满足交叉学科设置条件

《交叉学科设置与管理办法（试行）》指出，交叉学科的设置首先需要"具有新的、明确的研究对象以及需要通过多学科理论和方法交叉融合解决的新科学问题和现象，具有形成相对独立的理论、知识和方法体系的发展

[①] 张雪、张志强：《学科交叉研究系统综述》，载《图书情报工作》，2020年第14期。

潜力。"

知识产权中普遍存在运用学科交叉进行研究的现象，但这终究是各学科以其独立的学科视角出发对问题进行的研究。在研究过程中既没有方法上的"交叉"，也没有在多学科的理论上产生融合。

同时，在"具有形成相对独立的理论、知识和方法体系的发展潜力"的要件方面，目前法学的知识仍然是法学的知识，其他学科的知识也仍然是其他学科的知识，只是机械地将这些知识冠上知识产权的前缀拼凑在一起，进行固有学科的应用研究，根本无法满足交叉学科构建的要求。

二、人才需求无法倒推学科性质

一种观点认为，市场期待知识产权专业培养出拥有多学科的知识和扎实的职业技能的"复合型人才"。并进一步将培养复合型人才的任务寄希望于知识产权交叉学科。这种观点一方面混淆了学科与专业、职业培训的关系，另一方面用部分市场需求倒推学科建设，将交叉学科与复合型人才培养画上等号，缺乏将知识产权论述为交叉学科的说服力。

（一）专业设置不影响学科性质

学科是知识体系的分类，而专业是根据社会对人才的需求而设置的教学门类，将交叉学科与人才培育挂上等号混淆了学科与专业的关系。学科是对知识的分类，专业设置却需要考虑社会的需求。将培养人才的任务寄希望于知识产权交叉学科混淆了学科与专业的内涵，是以市场需求反推科学体系，将两个关联不大的事物强加因果。

（二）专业教育不等于职业培训

专业教育是素质教育，以科学的课程设置为学生打下坚实的知识基础，而职业培训是技能训练，是以提高劳动能力为目的的训练及活动。在人才培养的过程中，专业教育与职业培训缺一不可。

目前知识产权实务界对于知识产权学科的批评主要来自于从事专利实务的人士，认为目前的知识产权学科法学要素过重，缺少理工科知识且对于高校毕业生需要从零训练专利撰写、检索等实务技能。这是混淆了职业培育与专业教育，混淆了知识产权专业与知识产权学科。学科仅是知识体系的划分，专业才以培养人才为己任。进一步说，知识产权专业以知识传授为主业，即使在课程设置中可以加入实务技能的培训课程，但在整体上仍应以知识体系为脉络，力求将知识内化为学生的储备。如果重职业技能的培训而轻理论基础的扎实，那专业教育下培养出来的学生又与工厂流水线生产的产品有何区别？在教育体制上区分职业教育与专业教育也失去了必要性。

况且，以对理工科知识存在较高要求的专利审查为例，其具体内容上也具有电学、机械、化学等不同的具体部门和方向，而电学、化学这类理工学科又各自归属于不同的学科体系。专利审查所要求的不同理工学科都按照知识体系的分野归属于不同的学科，至今无人提出要将其统一为交叉学科，又怎么能因为专利审查等一些知识产权实务需要此类知识，而试图将这些繁杂而不同的知识糅合成知识产权交叉学科。

此外，知识产权专业的就业之路也并不只有专利代理一条。知识产权包含著作、商标、专利等内容，需要知识产权人才的岗位除专利代理外，还有各级法院的法官，律师，与知识产权相关的政府工作人员乃至企业的知识产权法务等，而从事后者的职业并不需要专利撰写等专利实务领域的技能。若认为专业教育需要完全承担职业技能培训任务，那专利撰写，法律文书撰写，专利检索等各类培训课程将填满培养方案，而基本的知识课程失去立足之地。这势必导致高校毕业生无法满足其他对扎实知识产权法学功底具有要求的职业需求，进而引发新的就业问题。

第七章 知识产权制度的正义性

一种利益主张只有通过正当性衡量才能够取得权利指明，并获得法律制度的保障。缺乏正当性的权利只能走向权利的反面，没有用正当性支撑而形成的权利不是体现法治精神的良法。另一方面，权利正当性在根本上还是一个标准问题，它能够为既有权利和新有权利的构建提供逻辑和价值上的证成，它是权利发展的航灯，昭示着前进的方向。

仍有观点认为知识产权保护制度本身可能会妨碍市场竞争，甚至导致对社会生产力发展的阻碍。如 copyleft 一词的使用①，以及瓦特的新型引擎专利阻碍了蒸汽机应用的故事。②

美国学者威廉·费歇尔（William Fisher）概括当代西方知识产权理论中占据主导地位的有四种理论路径，即：功利论（utilitarianism）、劳动论（labor theory）、人格论（personality theory）和社会规划论（social planning theory）。③这些知识产权正当性证成路径大体可分为道义论和功利论，并具有各自不同的证成路径：道义论依赖理论的共识，而功利论依赖效果的明证。但无论哪一种都在逻辑上无法证立，又无法说明知识产权的具体规则。多元化知识产权正当性理论证成路径的突破性发展则具有理论与实践意义。④

第一节 财产权劳动学说

以洛克的劳动学说为核心的自然法原则已经成为确认知识产权的最重要的原则之一。

---

①昭示与 copyright 的不同立场。
②1769 年，瓦特的新型引擎获得了专利。待其专利过期后，英国蒸汽机的发明创造才在各个方面实现了井喷。参见 Michele Boldrin and David K. Levine：Against Intellectual Monopoly, Cambridge：Cambridge University Press 2010.
③Peter Drahos：A Philosophy of Intellectual Property, England：Dartmouth Publishing Company Limited, 1996.
④王薇：《知识产权正当性证成路径研究》，华南理工大学 2016 年硕士论文，第 1 页。

一、洛克劳动价值理论在知识产权正义性中的应用

洛克基于自然权利的理论，阐述了劳动是获得私人财产权的重要途径以及劳动使人们获得私人财产权的合理性。在洛克看来，天赋人权因而可以享用自然供应的以维持他们生存的一切物品，而土地和土地上的所有产出都是上帝给人们用来维持人类的生存和发展，既是自然自发地生产的，就都归人类所共有，被划入共有领域，没有人对于这种处于共有领域的事物享有排斥他人占有的权利。正是因为劳动使原来处于公有领域事务转化为私人享有。① 该自然法原则是建立在这样一个根本的理念之上：一个人通过自己的努力和创造的东西，属于他自己。洛克的"共有状态"指神的赐予，自然自发地生产的，是用来维持人们的生存和舒适生活的物质的原初状态。按照他的表述，"共有状态"强调所有人对自然存在物质的平等的关系状态，这种状态中不存在人为的参与行为，因为是神赐予所有人类的，所以任何人不经过劳动不能拥有对该物的特权。由此可见，洛克的财产权劳动理论解释了在有形的自然产生的物质上设立私有财产权的原理，论证劳动使人们获得私有财产的正当性，从建设性的角度提出了自由、平等的自然状态理论。亚当·斯密将财产定义为一种劳动的结果，"除了土地上天然生产的物品，一切产物都是生产性劳动的结果。"②

很多学者对于知识产权正义性的理解建立在对约翰·洛克的财产权劳动理论上，认为知识产品是人类劳动的产物，而劳动是人自身的外在延伸，同物权一样，人应当享有对其的知识产权。洛克的财产权劳动理论对私有财产理论影响深远，

二、对洛克劳动价值理论应用的质疑

但亚当·斯密、洛克及其承继者的论证逻辑面临着挑战，"财产权劳动学说自身的模糊与矛盾导致了无法为知识产权提供恰当的正当性证明。"③ 例如

---

① [英]洛克：《政府论》（下篇），叶启芳、瞿菊农，译，北京：商务印书馆，1964年，第78页
② [英]亚当·斯密：《国民财富的性质和原因的研究》（上册），郭大力，译，北京：商务印书馆，1972年，第305页。这一观点主张保护的是成果而不是劳动本身，直接支持了保护创新成果而不是创新过程的知识产权制度的功用。
③ 朱理：《财产权劳动学说与知识产权——劳动学说能够为知识产权提供正当性吗？》，载《科技与法律》，2006年第2期，第57-62页。

局限于传统的有体物所有权的视野，财产权劳动学说并没有回答知识为什么能成为财产的问题——知识本身并不具有被人排他性占有的先天条件，因此这种权利的产生不可能像传统物权那样自发地进行，而必然是外力影响的结果。

财产权劳动学说的问题之一就是其先决条件的无法满足。"洛克的个人主义财产权理论是近代科学革命及机械原子论文化思想模式的产物。"[1] 虽然在洛克的财产权获得模式中，已经存在着一个先决条件的限制——"至少应当在公有中为他人留下足够而良好的部分"，[2] 而且，"正是先决条件才使洛克理论具有强大的道德力量"[3]，但是，洛克的先决条件建立在一个基本错觉或者说历史局限之上，即人们的劳动是在生产（而不是找到）能源和物资。Vinginia Held 也指出，试图为财产得到的权利提供正当性更困难的是洛克的先决条件。在当代，人口过多、资源短缺，先决条件从来不会被满足。[4] 不过，知识产品使用和消费的非竞争性以及知识的溢出效应（正外部性）是知识产品区别于有体物适用劳动学说分析时的两个本质特征，知识不会因使用而减少，反而通过不断使用、加工、迭代、再造、传播而得以积累和更加丰富，因此，"虽然物质世界的共有物资源是稀缺的，但是知识世界的共有物资源却有可能是足够充裕的，这是由于信息和知识内部特征的非稀缺性使然。不容否认的是，无论知识共有物以何种共有模式被拨归私用并产生财产权，给其他人留下的知识共有物总是满足'足够多并且同样好的'先决条件。"[5]

财产权劳动学说的问题之二就是其关于共有与无主之间混淆。按照洛克的财产劳动理论的分析思路，知识产品处于"共有状态"之中。但我们所说知识属于全人类，是一种"公有状态"，而非洛克财产权劳动理论所述的"无主状态"。在全人类的层面上去理解，"共有状态"实际上是指东西本身的"无主状态"，任何人不经过个人的劳动就无权对该东西主张任何权利，但是经过对其的劳动就可以成为该物的主人。因此在被人自身的劳动"渲染"之前，世界的物质处于原始状态，是原封未动地在自然的管理之下的，有各种可能性被人所占有但是尚未属于任何人。受产生时代的限制，洛克的

---

[1] 王铁雄：《美国财产法理念的变迁——走向个人与社会的利益平衡》，华东政法学院 2006 年博士论文，第 27 页。
[2] [英] 洛克：《政府论》（下篇），叶启芳、瞿菊农，译，北京：商务印书馆，1964 年，第 20 页。
[3] Wendy J. Gordon：A property right in self-expression：equality and individualism in the natural law of intellectual property, Yale Law Journal vol. 102, 1993：1562.
[4] Vinginia Held：Rights and Goods：Justifying Social Action, New York：The Free Press, 1984：172.
[5] 肖艺能：《洛克时代的知识共有物与网络时代的知识共享》，载《科技与法律》，2016 年第 3 期，第 470 – 487 页。。

财产权劳动理论并没有涉及在无体且通过人类自智力活动产生的知识上设立私有财产权的正当性。

"共有状态"不等于"公有状态"。所有有价值的信息、知识的搜集、获得、传递以及加工创新都无法脱离社会群体的"劳动",基础性的信息往往是众多人共同劳动的结果。存在于公共领域的信息和知识属于人类共同智慧的结晶,任何人都可以无须劳动就可以占有这个知识产品并加以使用和获益。没有任何人可以对这样的知识成果主张独立的权利,但是它又是的的确确属于所有社会成员的,每个人都可以利用其满足自己的生活或者实践的需要。

财产权劳动学说的问题之三就是没有注意到知识产品总体上是一种"发明"而不是发现。不同于洛克的财产私有权理论,人们获得知识产权的创新活动并非建立在对自然自发生产的物质的基础之上,而是对全人类社会经过多年生产实践逐渐积累出来的知识进行再加工。对于知识产品的加工和创新,不是将"处于共有状态的东西"通过个人的劳动被其人格外化延伸所及至,而是个人通过创新活动在历史上的知识或者技术的敦厚的金字塔塔座上加上了一块砖。

财产权劳动学说还存在其他的一些问题。例如财产权劳动学说目前尚不能解释那些付出了同样劳动的人为什么不能都取得知识产权,例如在先申请制的正当性。还有对于商标许可使用过程中的商标增值部分,如果全部归属于商标权人的话,那么如何能剔除被许可人在增值劳动中的贡献?甚至还有一些质疑直指劳动价值理论的正确性,例如 美国大法官霍姆斯就认为,"劳力与金钱的投资本身不足以创造财产权;只有法律才能创造财产权,如果没有法律保护播种的人,那么从他人播种之处取得收获并没有任何不当之处。"① "如果向大海倒入一瓶番茄汁,那么我是否因此能对大海拥有了所有权?"

第二节 人格理论

解释财产权的另一个传统的法哲学思想是关于财产和财产权的人格理论。以人格为基础的权利理论形成了德国和法国的著作权法的基础。②

---

① [美] 斯图尔特·班纳:《财产故事》,陈贤凯、许可,译,北京:中国政法大学出版社,2018 年,第 136 页。
② Tom G Palmer:Justifying Intellectual Property:The Philosophy of Property and Ideal Objects. Harvard Journal of law and Public Affairs,1990:260.

一、人格理论的基本内容

该理论是建立在为发展人格而有必要确立财产权的理念的基础之上。在该理论中,人格是作为自我表达而被赋予正当性的。

人格理论发端于欧洲的思想家、哲学家,特别是德国的哲学家康德和黑格尔。当人格理论运用到作者权领域时,作品被视为作者创造性人格的表达,并且在这些作品中,继续体现了作者的人格。基于这一立场,知识产权存在的合理性在于保护那些体现作者或艺术家"意志"(而意志通常被视为"人格"的内核)的作品不被侵占或篡改,或者在于造就有助于实现其创造性智力得以发挥的社会经济条件,从而有益于人类生活的繁荣。① 在人格理论看来,人格在与世界的相互作用中发展了自己;而道德责任的发展依赖于有一定范围的我们能够实施控制的财产,② 故而侵犯了体现作者人格的作品权利的行为具有可诉性。在涉及作者权利转让方面,Gierke 通过区分权利本身与权利的行使,论证了在人格权不可转让的前提下,作者将自己的权利转让给第三方形式仍具有可能性和现实性。③

二、人格理论与财产内涵

除了前文介绍的"纯粹财产权说"之外,还有观点认为"人格理论在一定程度上说明了著作权的正当性,但却很难说明专利权和商标权的正当性;经验证据的缺乏和知识产权法律制度的运行现实说明了对于知识产权法律制度的功利主义解读是不可靠的;知识产权法律制度是在相应利益冲突的推动下逐渐形成,实际上牵涉到创造者、经营者和消费者等多方主体的利益主张。"④

但从人格理论的角度理解财产,财产可以被赋予新的内涵。人格理论在

---

① [美] 威廉·费歇尔:《知识产权的理论》,载《中国知识产权评论》第一卷,北京:商务印书馆,2002 年,第 5 页。
② 冯晓青:《知识产权的人格理论研究》,载《河南省政法管理干部学院学报》2003 年第 4 期,第 28 页。
③ Sarraute: Current Theory on the Moral Right of Author and Artiots Under French Law, American Journal of Comparative Law, 1968: 465 – 466.
④ 向波:《知识产权正当性之批判解读》,载中国知识产权法学研究会:《中国知识产权法学研究会 2015 年年会论文集》,2015 年,第 8 页。

论述知识产权正当性上仍是具有重要的理论价值的。① 在财产方面，人格理论强调了人格的发展需要一个最低限度的财产保障。如亚里士多德确认，没有财产和自由，自由性是不可能的，财产和自由是这一道德表达的必要条件。特别是将人格理论运用到知识产权领域时，人格理论似乎具有独特的魅力。因为智力产品，哪怕是技术的产品，一般地说是来自于脑力劳动的过程，而脑力劳动和个人的人格性是紧密联系的。另外，在黑格尔意义上，使用财产权以确保个人的认知对知识产权也似乎更合适，因为知识产品不仅是个人所获得的，它也是个人努力的一个产品。

第三节　激励论

有一种看法认为自然权论（包括财产劳动权学说与人格理论）对知识产权正当性的证成，关注的是原因或过程以及个体，而忽视结果以及知识产权对社会整体的影响。就此而言，激励论可有相对的优势。

激励论属于功利主义在知识产权正义性领域应用的一种表征。它建立在这样一种前提之上：如果个人的知识创造成果受到法律的专门保护，这将激发这些智力创造者们进行这样的创造，而社会也将从中受益。斯密坚信人类的活动的基本点就是物质的私益，社会不应该妨碍他们追求物质利益，谴责他们的自私自利。因为，人们满足自大的需要的欲望其实是一种能使他人得益的美德。只能通过个人的自私自利，才能化贫乏为富庶。这种信念也统治着资本主义经济学的传统流派。激励论的形成受现代哲学的影响很大，它特别强调一般意义上的社会利益。"从功利主义哲学出发，知识产权法的目的界定为'激励创新'。但激励功能仅为中间环节，最终目的是以此促进技术进步和创新，提升效率，增进社会福利。所以在功利主义视野下的知识产权法以实现社会福利最大化为法律价值。"② 不过，激励论从一开始，就没有完美地解决知识产权人和社会公众的利益边界划分问题。

---

①冯晓青：《知识产权的人格理论研究》，载《河南省政法管理干部学院学报》2003年第4期，第39页。

②胡波：《关于知识产权法律价值的再思考——以罗尔斯"正义论"为理论基础》，载《知识产权法研究》，2011年第1期，第219-240页。

一、激励论与社会契约观

将社会成员共同的劳动成果的一定权利限制给某一单个成员享有,把处于"公有"状态的权利转为一种私权,这与传统的物权的发展过程迥然不同,其产生和发展是一定历史发展阶段的产物,需要一个外在力或者被称为法上之力的推动和维持。激励论认为,付出劳动并非知识产权权利人对其权利对象主张专有权的根本依据,知识产权法的最终目的则是通过保障知识产权人利益的激励机制,促进知识和信息的广泛传播,促进科学、文化进步与经济发展。这体现了知识产权法对整体的社会利益的追求,促进经济发展和科学文化繁荣的社会公共利益目标两个方面。这可以称之为知识产权法的二元价值目标。这种二元价值目标的实现是以激励机制为基础、以利益平衡的调节机制为手段加以实现的。国家当权者出于功利性的利益考量而对知识产权的承认才是这种权利产生和发展的基础和推动力。换言之,知识产权的存在不具有天然、自发的合法性基础,而是国家作为外在力量直接干预知识产品的利益分配和调整的产物。在美国 Wheaton 案中,法官明确支持功利主义,认为制定法(包括版权法和专利法)是基于激励理论创设权利,而不是自然法权利的成文化。[1]

卢梭认为,劳动只能产生占有权[2],所有权只有通过社会契约才能产生。依据其理论,社会契约一旦形成,就"产生一个道德的与集体的共同体,以代替每个订约者的个人",既然公意具有决定社会状态下一切事物合法性的力量,当然也就决定了私有财产权的合法性,"在卢梭那里,通过社会契约,我们相互认可了财产权,由此也真正建立起了对财产的所有权"。

尽管知识产权不能被视为一种通常意义上的财产权而是从产生就带有特权的性质,是一种特殊的权利。但按照卢梭的理论,社会契约依然能够在一定程度上为这种特殊的权利提供合法性的依据。卢梭的理论清楚地表明,权

---

[1] Wheaton v. Peters, 33 U. S. 591 (1834).
[2] 在这一点上,卢梭与洛克存在着明显的不同。按照洛克的财产权劳动理论,其关于财产理论基于两个假定前提:一是土地和资源为一切人共有;二是每人对自己的人身享有一种所有权。洛克认为,土地和一切资源是不受人的行为影响所产生的,其存在是自然的发展成果而不以人的意志为转移的,是物质世界自然自发生产的,之所以为全人类所共有,是出于神的恩典。正基于此,要想使资源从共有状态转化为私有,就要通过人自身的劳动,将处于共有状态的某个东西混合在一起,人因此取得了对该东西的所有权;反过来说,在把自己的劳动附加在特定物之前,任何人没有权利主张对该物的所有权,该物也不属于任何人。劳动是人对该物获得所有权的唯一条件,不经过劳动,人就不可能取得对特定物的占有、使用、收益和处分的权利。

利并不是来源于某个私人的行为,如劳动、先占等,而是来源于社会公众对权利人身份的认可,公众认可的在一定历史阶段表现为国家当权者的认可,是社会契约的认可。卢梭的这种观点表明,国家的强制力使不稳定的事实占有状态变成为稳定的法律权利,同时也潜在地说明权利的历史变迁的可能性。根据前文对知识产权制度发展而言,知识产权的法律制度是在国家强制力的影响下建立和发展起来的,它的维持和保护有赖于国家意志对各种有关利益的功利性考量,以及国家对其中一种较强利益的侧重和追求。这种权利的存在和发展以国家强制力为支撑,它的发展形势和趋势必定带有浓重的国家利益色彩和功利性。

二、激励论的负面后果

知识产权法需要有合理而适当的激励机制和权利保障机制,协调围绕知识产品而产生的各方面利益冲突,一方面保障知识产权人能够通过控制和行使自己的权利而收回知识创造的成本并获得必要的利益,另一方面保障知识被及时地、广泛地传播和利用,促进经济的发展和科学、文化事业的繁荣。[①] 科学技术是人类摆脱愚昧、野蛮和贫穷落后,跨入文明社会、实现富裕梦想的重要手段,它使人类从自然的奴隶变成了自然的主人。但是,科学技术的应用也产生了许多负面后果:人口爆炸、资源匮乏、物种消失、各种"文明病"的蔓延、环境的全面恶化、核武器威胁等。财产权劳动理论将自然和人类分开,"把社会资源设想为取之不尽、用之不竭的状态,体现了个人主义精神,但是离现实社会过于遥远,无法回应现实经济生活中利益的复杂性。其理论假设还停留在人与自然共有物关系的层面上。"[②] 将自然和人类分开的这种思维模式应得到彻底的改观,一种从整体上来把握事物之间相互关系的思维模式应得到确立,人类同其他生物以及整个自然界将建立起一种崭新的伦理学观念:人类同整个自然界协调发展,终止目前这种对自然界的贪婪掠夺

[①] 知识产权在苏联并没有被认为是私人权利,而只是与整个社会以及生产资料公有制相联系中的"智力成果权",大体相当于现在发明人的一种荣誉权。苏联为此创立了发明人证书制度,延及商标权领域也就只承认其管理功能。这一举措的目的是达到政治上与特权划清界限,并将生产技术社会化,以此实现经济上鼓励发明创造的使用与传播,并激励发明人。显然,苏联的这套发明人证书制度,不能认为是私权经济下的法律保护或者创新激励,而是国家分配制度的组成部分,位居公法的范畴。

[②] 孙祥壮:《知识产权法治构造的理论逻辑》,南京师范大学 2007 年博士论文,第 93 页。

行径，最大限度肩负起保护自然的责任。①

知识产权法担负着实现在一般的社会公众利益基础之上的更广泛的社会公共利益方面的重任，具有重要的公共利益价值目标。正是人与自然的关系才派生出了对知识产权制度作为无污染、可持续发展的资源利用和配置手段的重视。将来更严重的是人工智能的发展，2014年12月霍金在接受英国广播公司的采访时说："制造能够思考的机器无疑是对人类自身存在的巨大威胁。当人工智能发展完全，就将是人类的末日。因此，将人与自然的关系置于比社会关系更为重要的位置，不仅对于我们理解知识产权法的形成及其特色有所帮助，而且对于我们洞悉知识产权法的精神和发展趋向大有裨益。

法律不是全能的，知识产权法律制度也不失为以激励创新的工具。促进科学技术进步不能只依靠单一的激励机制，多元化的知识创新激励体系才能符合新时代的需要。②

三、激励论与利益分配

激励论存在一个局限，就是仅仅只考虑到通过增加社会智力产品的总量而促进了社会进步。一个普遍的、比较直观的结论是，知识产权法是商品经济和科学技术发展到一定阶段后对知识资源进行市场配置的最佳制度。其实，"技术创新不是单纯的技术行为，而是经济行为。所以说，技术创新机制，实质上就是市场机制。市场决定各个要素的相对价格，从而决定技术创新成果的采用。而制度特别是法律制度可以通过改变市场上的要素价格来影响经济主体的选择，从而影响技术创新。"③ 因此，社会智力产品总量的增加与现代知识产权制度所要起到的改善知识共享和刺激知识产权共享的深层次的作用，尚有极大的差距。现有知识产权产业发展并非只有知识意志的高扬，相反常常是资本意志的体现。④ 正如培根的告诫："知识的力量不仅取决于其本身价

---

①法学界已经发现了"主客体二分法"在处理人与自然之间的关系时的问题。提出了"主客体一体化"，即在法律关系上，在人与自然之间，主体与客体之间的关系不是绝对而是相对的，即人可以成为主体，在一定情况下，自然也可以成为主体；自然是客体，但在特定情况下，人也可以成为客体。以克服"人类中心主义"和"生态中心主义"在人与自然关系上的片面性。（郑泰安：《人与自然和谐要求法学方法论革新》，载《毛泽东思想研究》2007年第6期，第123页。）本书认为，这种处理方法仍带有明显的机械整体观色彩——"主客体一体化"＝"人类中心主义"＋"生态中心主义"。而系统科学对于人与自然之间的和谐问题，只需应用主客体的关系即可得到妥善解决，并不需要采用把自然作为"主体"这种违背哲学关于主客体的基本规定性的方式。

②王太平：《知识产权制度的未来》，载《法学研究》，2011年第3期，第89页。

③高德步：《经济发展与制度变迁：历史的视角》，北京：经济科学出版社，2006年，第115页。

④杨雄文：《影视版权，"知本"与资本的一场争夺》，载《南风窗》2016年第3期。

值大小，更取决于它是否被传播以及传播的深度和广度。"①

而且，激励理论的局限反映在传统的知识产权利益平衡理论上，就是仅仅局限于在知识产权人和社会公众的利益之间进行平衡。其实，激励理论应当在更广泛的主体层面上予以考虑。例如知识创新的能力是不同的，不同的国家为了各自知识经济的强化经常发生冲突。

和传统商品不同的是，知识是通过对知识的使用即"知识的产出"而体现其价值，并通过知识被使用后所产生的效益来计算它的价值量的，与创造知识过程中附带投入的物质财富的消耗无关。该投入价值是固定的，而知识的效益是一个未知数。"知识产权作为财产，其价值并非知识的价值，而是利用知识所能带来的价值。"② 所以，这一主体扩张视角的提出，可为建立科学的知识管理构架，进行知识的创造、融合、转移、应用等提供了重要依据。

虽然知识产权主体从单一主体发展到多元主体，并不能说明应当完全抛弃创造伦理而转向分配伦理，但是完整的激励理论应当贯穿于创造、传播、管理、保护和利用的整个过程，通过协同和突变来促使知识创新效率的提高，这将对创造者、传播者、利用者和管理者的激励有机地联系起来，而不仅仅是在知识创造的这一个环节。

除了在鼓励创造的核心理念下加强对利益分配的关心，还要考虑的一个重要问题是如何实现创造人、传播人、使用人之间的利益分配比例。2006年在我国发生的百度网《互联网新闻开放协议》争论即是典型例子。搜索引擎没有提供新闻具体内容，这是分析网络与传统媒体之间分歧的关键点——通过提升用户收集信息的准确性和有序性，发掘出了网络环境下的新利润，这主要是搜索功能创造的利润；而传统新闻媒体的传统利润基本上不在其中，因为以前的搜索行为主要是由读者自行进行的，并且新闻仅仅是搜索内容的一部分而不是全部。当然也不能完全否认传统媒体在其中的支撑作用，毕竟其为提供新闻内容花费了大量人力、物力、财力，提供了大量的好的新闻作品。③ 个人主义的功利主义将导致知识产权权利人特别是大公司追求个人利益的最大化，忽视或完全遗忘了社会利益和公共利益的存在。

知识产权法的利益平衡与利益平衡的知识产权法存在着差别。前者意味着对在立法和司法实践中已经存在的知识产权相关法条或案件，做出利益平衡的总结或解释；而后者需要对利益平衡牵涉到的数据、系统以及特殊性等

---

① 冯建伟：《信息新论》，北京：新华出版社，2001年，第38页。
② 刘春田：《司法对〈反不正当竞争法〉的整合》，载《法律适用》2005年第4期，第10页。
③ 杨雄文：《对〈互联网新闻开放协议〉的著作权法思考》，载《出版发行研究》2006年第9期，第72页。

方面做出统计和分析,以此为基础在平衡利益后指导知识产权的立法与实践。而后者仍有待深入研究和阐述。在此背景下,对知识产权利益平衡进行考察的立场应更多的是:它们在经济(产业)意义上是否有效率;如果不是,可以如何改变它们,以实现更有效率。比如在现实环境中存在一种奇怪的现象,几乎所有的知识产权人、传播人乃至一般的社会公众,都认为自己的利益受到了损害,都谴责相对方甚至对知识产权制度的正义性提出质疑。对此,除了关心权利人与公众的利益平衡之外,还要考虑的一个重要问题是如何实现知识产权人、传播人、使用人之间的利益分配比例。这在网络环境下尤为重要。在某个意义上,利益双方都存在一定的误区,仅从自身角度认识问题,只关注于自身的利益,追求超额利润,对其他方面产生的结果缺乏责任感和公平心。这样的思维的结果必然是人人都不满意,影响了知识产权法律制度的效率。由是,我们应当从知识产权法的利益平衡走向利益平衡的知识产权法。

第四节 社会规划论

在法律经济学的影响下,以及对于之前激励论的片面性的不满,新古典经济学在新近一段时间介入了知识产权正义性理论,其成果被称为社会规划论。

一、社会规划论的基本内容

"新古典经济学论证是近年来出现的一种知识产权理论。其认为,从经济视角来看,财产权制度的基本目标是要确保资源能够在其最高价值的使用水平上进行分配。对知识产权而言,如果市场能通过知识产权将文化产品引导至最高价值层面进行使用,知识产权就实现了对文化产品的恰当保护。"[①]

社会规划论虽然与激励论同属于功利论,但相对于激励论的目标在于促进社会福祉的最大化,社会规划论的不同在于强调通过市场来优化配置知识产品,单纯激励创新对于制度正义性来说是不够的,因为法律制度的构建不能忽视效率的问题。

[①] Maureen Ryan: Cyberspace as Public Space: A Public Trust Paradigm for Copyright in a digital world. Oregon Law Review, 79 (2000).

二、社会规划论与知识产权公共政策说的异同

在知识产权本土化过程中，与西方国家的社会规划论类似，有学者提出了知识产权公共政策说。公共政策是政策科学领域里经常使用的术语，它是指"以政府为主的公共机构，在一定时期为实现特定的目标，通过政策成本与政策效果的比较，对社会的公私行为所做出的有选择性的约束和指引，它通常表现为一系列的法令、条例、规定、规划、计划、措施、项目等"。知识产权公共政策认为：知识产权法是一种社会政策工具，即政府以国家的名义，通过制度配置和政策安排对知识产权资源的创造、归属、利用以及管理等进行指导和规则。知识产权制度对政策目标的描述，政策性因素变迁成为知识产权制度变迁的重要根据。从国家层面而言，"知识产权制度是一个社会政策的工具"①。是否保护知识产权，对哪些知识赋予知识产权，如何保护知识产权，是一个国家根据现实发展状况和未来发展需要所作出的制度选择和安排。知识产权的公共政策性的客观基础在于知识的公共性，意味着知识产权可以被作为一种贯彻公共政策的手段。②"在国家'知识产权战略'的指引下，通过法律实施和政策推进，努力实行科技创新、产业发展和文化繁荣的政治目标，在国际社会走出了一条知识产权制度建设的'中国道路'。"③ 当前世界各国纷纷制定的知识产权战略显然就是在将知识产权作为一种促进其社会经济发展的公共政策工具来看待。

由此可见，知识产权公共政策说与社会规划论的重视资源配置的内容相通，不过知识产权公共政策说更为强调知识资源配置下政府的"上层建筑反作用于经济基础"的能动角色。

既然这样，该如何看待知识产权的公共政策属性与私权属性呢？我们认识事物的性质和功能，就要具体分析系统内部要素之间的关系形式。④ 对于

---

① 吴汉东：《关于知识产权本质的多维度解读》，载《中国法学》2006 年第 5 期，第 100 页。
② 王太平：《论知识产权的公共政策性》，载《湘潭大学学报（哲学社会科学版）》2009 年第 1 期，第 35 页。
③ 吴汉东：《中国知识产权制度的理论特色与实践导向》，载刘春田：《中国知识产权四十年》，北京：知识产权出版社，2019 年，第 10 页。
④ 正如一辆车，发动机这个轴心提供动力（向度），而方向盘、空调等其他轴心提供方向控制与舒适度的向度……所有这些个体的向度最终形成了一个中心向度，即汽车。同时也就意味着对于什么是汽车以及汽车是干什么用的、怎么用的等一系列问题取得共识，得到认同；而新能源交通工具因为符合上述共识，进而也获得汽车的"身份"，获得归属。

知识产权的性质问题，我们要把知识产权法的性质当作一个有机整体来研究，从知识产权法与其组成要素（权利主体、对象、权利义务等）、各要素（子系统）之间，知识产权法系统与环境（民法学、法学、政治经济等宏观环境）之间的复杂关系中，把握知识产权法的属性。具体而言；①在知识产权法的性质结构中，对于私权性与公共政策是两个基本要素的关系而言，私权性是处于支配的地位；②公共政策不是知识产权法独有的性质；③公共政策解决不了市场的全部问题。我国知识产权政策存在的最大问题在于，政府偏好蕴含了太多的非市场因素①；④已经立法，调整社会行为的就只能是法律，而不再是政策，不可再用政策来取代法律。"由于我国知识产权保护的特殊历史和特殊国情，当前我国知识产权保护还具有浓厚的口号治理、政策治理和理念治理色彩，亟须按照治理体系和治理能力现代化的要求，实现由口号治理到法律治理、政策治理到规则治理，以及理念治理到制度治理的根本性转变，使知识产权保护进一步实现法治化和现代化。"②

第五节　知识产权正义性评述

自然法中的财产权劳动学说、源于德国古典哲学的人格理论以及较晚的激励论、社会规划论等为知识产权制度提供正当性。每一条路径均有其历史渊源及当代的代表，也彰显出正义性论证演变本身的启迪性。

一、"何为正义"对"正义与否"的问题置换

除了各个理论学说在正义性支撑上存在缺憾之外，作为论证知识产权正义性论证的路径而言，功利论、劳动论、人格论和社会规划论的确存在很大的不同，也是引发争论激烈的原因之一。现今仍有很多对于知识产权制度正义性论证的批评，如黑格尔的财产权自由/意志理论无法证明知识产权制度的正义性；知识产权经济分析理论也无法证明整个知识产权制度在经济方面的正义性（虽然该经济分析理论可以证明，在某些特定的领域和特定的社会经济文化背景下，某类知识产权具有一定的经济合理性）。也有学者通过研究罗

---

①杨明：《将知识产权政策作为公共产品需谨慎》，载《群言》2019 年第 3 期。
②孔祥俊：《由政策治理到规则治理——当前我国知识产权保护的转型问题》，载《中国市场监管研究》2020 年第 4 期。

尔斯的《正义论》发现，知识产权制度不能完全满足罗尔斯的自由平等和差别原则，具体的知识产权制度难以符合代际正义的要求，TRIPs 等全球化保护主义违反了国际争议理论中的不干涉原则……对于这些对知识产权正义的论证的起点，其实可以这么看：与其说是对正义本质的划分或界定，倒不如说是一些对于正义本质的不同重点（侧面）的强调。① 这就指向了我们强调的标准问题，或者说结论得出所赖以的前提。这实际上是在深化我们对于当代西方知识产权理论的认识，提醒我们要理性且着力关注诸理论确立的某种前提和基础及其对推导与结论产生的不同程度的影响。

在何为正义的前提标准的探讨中，系统科学动态发展观也常常被提出。概括而言，关于"正当的"的普适性问题，它的每一个答案都只对特定的社会状态，指对特定的时代和特定的民族才能适用。如果人们要把语词形式同一性所代表的"正义"仍然保留普适的名义，那么就只能把它作为"内容不断变化的"或者说"文化的"意义上的概念。

二、知识产权正义性学说的方法论转型

"无论哪一门科学，每当它陷入僵局不能发展时，往往是方法论上的革新推动了研究工作的深入。"② 在知识产权正义性基础的探索中，向方法（论）寻求帮助已经成为重要的努力方向之一。

莫杰斯（Merges）主张知识产权规范基础应走向多元主义，将正当性理论进行分层，从而在事实上也将正当性问题分层：根本性的知识产权为何正当的问题，与操作层面的知识产权何以如此的问题，将两个层面的问题区分对待，并以不同理论进行回应，而非试图以特定理论事无巨细地回答从根本基础到具体制度的追问。创造性地运用结构"规范基础（normative foundations）—中层原则（midlevel principles）—具体问题（specific principle）"来描述和考察知识产权问题，打破了传统知识产权正当性理论的线性思维，以推动知识生产、传播和扩散。③

在方法转型中，将知识产权各正义性学说进行综合也是重要的套路之一。

---

①［美］斯蒂芬 R. 芒泽：《财产的法律和政治理论新作集》，北京：中国政法大学出版社，2003 年，第 168－199 页。

②江西省文联文艺理论研究室：《文艺研究方法论新探》，载《文艺研究新方法论文集》，江西人民出版社 1987 年，第 2 页。

③王薇：《知识产权正当性证成路径研究》，华南理工大学硕士论文 2016 年，第 2 页。

每一个研究都认可每一条路径及其当代发展的优势与不足之处都是并存的，并相互补充，由此主张它们应当加以综合，这样才会更具有说服力。劳动论能够克服功利论带来的对个体利益的倾轧、人格论有助于弥补劳动论的局限……，而社会规划论吸收了功利论、劳动论、人格论的合理内核，使知识产权的正当性有了更为合理的基础。情形往往是，某一个理论的缺陷正好是另一个理论的优势，被另一个理论所克服，而另一个理论的缺陷在其他理论那里则又迎刃而解。这样一种嵌合关系，要求我们从整体上把握知识产权诸理论，分析其关联性或共性，寻找诸理论的共同本质。只有如此，知识产权的合理性才能被恰如其分地证成。

第八章　知识产权的取得、消灭及权利冲突

知识产权取得关注的是知识产权的产生或发生的问题,[①] 知识产权的消灭,关涉到知识产权何时终止效力及其对失效以前的事件和行为有无溯及力。

第一节　知识产权的取得

知识产权取得是指权利人根据一定的法律事实获得特定知识产品的权利。权利取得与权利发生,是从不同角度对同一现象的描述。以权利作为描述的主题,则称权利的发生;以权利人为主题,则称权利的取得。[②] 因知识产权种类不同,知识产权取得的方式不同,保护期长短不一样。而且要注意,生效之日与保护期限起算之日并非完全一致。

一、原始取得和继受取得

依据权利取得的先后,可以把知识产权的取得分为原始取得和继受取得。

(一) 原始取得

原始取得,又称固有取得,是指不以他人既存权利为前提而直接取得权利,即根据法律的规定,因一定的法律事实,权利第一次产生或者不以原权利人的既有权利为根据,而直接取得权利。传统民法明确的原始取得包括:收益、劳动生产、孳息、添附、无主财产、先占、善意取得、没收、征收、税收、征用等。

知识产权的原始取得,主要通过两种方式:①依法申请获得,比如商

[①] 事实上,一项知识产权在获得知识产权之前是不能认为属于知识产权的,例如在提起专利申请之前的申请专利的权利,以及在申请专利之后但尚未确定是否授权的专利申请权。对于这一类权利存在取得与归属的问题,也存在转移与利用的法律关系。

[②] 张俊浩:《民法学原理》(第三版),北京:中国政法大学出版社2000年,第82页。

标之申请注册、专利之申请授权等;②依法自动获得,既不须履行申请程序,就可依法自动取得对创造成果或商业标识的知识产权,比如著作权之取得。

知识产权的原始取得可以分为两种情形:一种是不以其他知识产权的存在为前提的取得情形;一种是不受其他知识产权人意志的影响而取得的情形。① 前一种强调的是知识产品本身是从无到有的,而且是经知识产权人自身的创造行为而创生的,例如发明人自己申请的专利。后一种情形如同申请人收购他人的专利申请权而取得专利的那样,虽然技术方案是出卖人研发的,但最终的专利权仍是原始取得的。

一般而言,原始取得的知识产权,权利主体享有的权利是完整的,但也有例外。如根据《著作权法》关于一般职务作品的规定,职务作品的著作权虽由作者享有,但法人或者其他组织有权在其业务范围内优先使用。作品完成两年内,未经单位同意,作者不得许可第三人以与单位使用的相同方式使用该作品。

(二) 继受取得

又称传来取得、相对取得,是指基于一定法律事实,依赖于他人意思表示而通过继受他人的现存权利而取得权利。它属于权利的相对发生,继受取得权利者,称为继受人。如果从另一角度观察,权利的继受取得,也即是权利的转移。知识产权也可以通过继受取得方式取得。

知识产权的继受取得,主要通过以下几种方式:①转让,基于双方当事人之合意,一方当事人(转让人)将自己的知识产权转移给另一方当事人(受让人);②赠予,即权利人将其知识产权无偿地转移给他人;③继承,即继承人按照法定继承的规定或者遗嘱继承的指定,取得被继承人的知识产权遗产。当然,在理论上另外还包括遗赠、互易等继受取得的情形。

二、自动取得与申请取得

在原始取得的范围内,依据权利取得是否需要履行申请程序,可分为自动取得与申请取得。这种区分是在原始取得的范围内,依据知识产权的自身特色所取得的分类。

---

① 齐爱民:《知识产权法总论》,北京:北京大学出版社,2010年,第414页。

（一）自动取得

自动取得是指知识产权仅因一定法律事实的出现而自动取得和享有，不需要再履行其他任何手续，如审批、登记等。可以自动取得之知识产权，主要有著作权、商业秘密权等。

法律之所以承认这些权利自动取得的原因可能在于：①某些知识产权具有或多或少的人身性，因而不适宜采用申请取得的方式，比如著作权。[①] ②某些知识产权本身靠保密维系其生命力，比如商业秘密，自然不可能要求以申请、登记为其权利取得之程序。③某些知识产权的保护对象是在长期的使用中，才产生了价值，比如未注册商标等。

在《安娜法令》之前，即18世纪初以前，经过宗教改革和思想启蒙，"天赋人权"观念盛行，人们认为作品是创作人人格的延伸，当作品创作完成后，创作人立即对作品拥有了精神权利，作品即可受到保护，登记或者其他因素不是作品获得保护的先决条件。故而著作权实行自动取得制度。《伯尔尼公约》亦确认了此原则。在我国，中国公民、法人或者其他组织的作品，不论是否发表，均依法享有著作权。另外，著作权自动取得原则也带来一些实践上问题，比如：自动取得始于作品创作完成，那么该如何理解作品创作完成？如何判断作品创作完成的时间？如何举证，如作品部分完成该怎么处理？

值得指出的是，著作权自动取得，是指著作权的取得不履行任何手续，但并不意味着著作权不需要具备任何条件。各国均规定了一个先决条件，即作品的作者必须是该国著作权法的"合格人"。比如我国对于外国人的作品，强调要首先在中国发表；对于外国人在外国发表的作品，需要其所属国与我国签有双边协议或共同参加某一国际条约。另外，有的国家还附加一些其他的条件，称为有条件的自动保护原则。比如，1989年以前美国法律就要求本国作者在作品的复制件上加注著作权标记。1989年美国颁布了《伯尔尼公约实施法》，以调整国内法律与《伯尔尼公约》的冲突。其中规定，加注标记是选择性的，如果作者没有加注标记，也不必然丧失版权。

（二）申请取得

申请取得，是指须经申请人申请，由相应的行政机关依一定的程序予以登记、注册后，才能取得知识产权。申请取得的知识产权主要包括：专利权、

[①] 陶鑫良、袁真富：《知识产权法总论》，北京：知识产权出版社，2006年，第133页。

商标权、植物新品种权等。一般而言，外国人在中国办理知识产权申请，一般需委托中国代理机构，这是国家司法主权的体现。

知识产权的取得、变更以国家授权或确认为依据。知识产权需要政府行政主管机构依法授予或确认而产生，这是因为：第一，知识产品不具有外部有体性特征，通过知识产权取得的程序（申请、审查、登记等程序）有利于发挥公示作用，使知识产品的权利形态取得公信力。第二，知识产品并不当然就是知识产权的对象，确权程序的另一功能就是依法判断知识产品是否满足法律所要求的条件。第三，知识产权具有权利内容的多元性与多重性的特征，容易被他人"搭便车"利用，在知识产品不能像有体物品那样进行管理的情况下，需要借助于法律来划定权利人与义务人之间的权利界限，明确各自的义务。

目前仍有少数国家采用登记取得制度。著作权登记取得制度，又称注册取得，是指以登记注册作为取得著作权的条件，作品只有登记注册后方能产生著作权。但是，登记的时机和办法，实行登记制的国家又各有区别：一种是作品创作完成后只有经过登记注册才能享有著作权，如利比里亚、马里著作权法属此种情况；另一种是要求作品发表后必须登记才能享有著作权，阿根廷、哥伦比亚均属此种情况。

18世纪初《安娜法令》明确作品取得保护的条件是在书籍行业会的登记簿上进行登记。这种转变的理由是：人们为了公众的利益才鼓励作者发表自己的作品。只有在作品发表之后法律才给予保护，甚至是作品的发表也不能给作者带来这种保护，只有在作者表达了希望获得著作权保护的意愿之后才能提供保护。这项制度后来被许多英美法系国家和少数大陆法系国家效仿，并规定了登记制度、交存样本及在作品复制本上声明保留著作权等办法，如果没有完成特别的登记手续，作品将被视为公众可共享的共同精神财富。我国历史上的《大清著作权律》以及后来的《中华民国著作权法》和我国台湾地区的"著作权法"，都曾实行过登记制。

后来一些实行登记制的国家也有所改进，或者简化了手续或是放弃了登记制。有些国家虽然实行登记制，但并不以登记作为获得著作权的条件，而是分别作为确认著作权的条件，方便著作权确权诉讼的手段和国家有关部门有效收藏作品的措施。《伯尔尼公约》和《世界版权公约》的某些实行作品登记制的成员方，按有关要求登记的规定，其法律效力的范围只包括本国作者。对公约其他成员方作者的著作权保护，不得要求以登记为前提条件。法国的《表演权法》（1791年）和《作者权法》（1793年）明确规定作品自创作完成就获得著作权，不需要履行任何登记手续。使得自动取得制度又成为

著作权取得的基本方式,

自动取得制度是目前著作权取得的最基本的方式,但随着网络技术的快速发展与作者创作目的的分裂,著作权的取得条件又重新成为关注焦点。

网络时代里,作者创作目的可以分为两类:一类情况是希望有机会发表自己所了解的信息及自己的观点、见解和看法,是为了让他人讨论或分享自己的信息和观点而进行的创作。这种状态下的作者对其作品的关心主要集中在他人是否能有机会看到自己的信息、观点及自己获得向公众发言的机会,而非这种创作可以获得什么样的名声及利益。另一类情况,作者则是希望自己的作品在别人分享的同时获得社会肯定,实现著作权中的人身权和财产权。而网络技术的快速发展,展现了人人成为出版者的情境,各种作品的数量呈爆炸性增长。网络上作品的制作及其传输不可避免地要以大量的其他作品作素材,有时也许仅只是其中的一小部分。如果要求制作者或信息分类网站逐一取得素材著作权人的许可,对于以灵活、高效、信息密集而见长的网络传输而言,无疑是一个重要的障碍,会导致网络传输过高的成本。在这种情况下,于是有观点提出,在以自动取得制度为基础的前提下,采取措施适当加大注册取得制度的分量,消减著作权自动取得制度对网络信息自由共享的一大障碍。

三、知识产权的效力

知识产权的效力包括知识产权的内容效力、空间效力与时间效力。知识产权的内容效力,是指权利内容上的效力。知识产权的空间效力,即知识产权发生效力的地域范围,是指知识产权在哪些地域有效力,适用于哪些地区,也就是知识产权地域性的问题。知识产权的时间效力,是指知识产权有效期。

(一) 知识产权的内容效力

每种类型的知识产权都被赋予了丰富的权利内容。例如中国《著作权法》就规定了四项人身权与十余项财产权。其他知识产权法律也是如此。这些权利大体可以归类为使用权、转让权、许可权与禁止权四大项。而其中的使用权、转让权、许可权在内的独占效力,属于权利人有权主动行使的内容,而禁止权则是权利人制止他人为侵权行为的权利。

知识产权的独占效力与禁止效力虽然如一枚硬币的两面,但这两面之范围颇有不同。一般来说,知识产权的禁止效力比其独占效力的范围更宽广一些,两者在权利的行使范围上并不一致,我们把这现象称为知识产权效力的不对称性，也可以说是权利行使的不对称性。① 知识产权效力的不对称性的发生，主要是因为知识产权的权利内容具有多元性与多重性的特征，所以，知识产权禁止效力就必须比其独占效力的范围要更加宽大，这样才能实现对权利人的保护，满足公平竞争的需要。

在经济、政治和科技的推动下，知识产权的权利类型日益丰富，一方面增加权利种类，另一方面通过修订旧法，增加新的权项。同时，知识产权的权利内涵也日益拓展。比如商标权的保护范围扩及域名之上，作品的复制权也延及到作品数字化问题的调整。

本书认为，把知识产权的效力延伸至对商品流通环节乃至终端用户使用的立法取向值得商榷。按照一般法理，知识产权的效力应仅仅限于知识产品的复制（制造）行为本身。例如，利权人享有的是对专利技术方案的占有权、复制权、收益权、处分权，而不是对专利产品的制造权、使用权、许诺销售权、销售权和进口权。对于专利产品的制造、使用、许诺销售、销售和进口行为，只有制造行为属于专利权中复制权之行使，落入专利权效力范围之内，其余行为则属于物权权能之行使，落入物权效力范围之内。② 因为对专利产品的使用、销售、许诺销售和进口并不涉及专利技术方案的实施或者授权他人实施，并且因专利产品的使用、许诺销售而享有的收益也不同于因实施专利技术方案而享有的收益。通过对专利权的效力范围进行恰当的界定，使其既能保护专利权人的利益，又不会与物权效力范围相混淆，这是专利权体系化的重要一步。接下来针对市场上可能出现的侵权假冒产品的行为处理，可根据第三人的主观是否知情的不同而采取不同责任的规则设计，融合于专利共同侵权的内容。

为了打击侵权复制品的流通而赋予知识产权人对于合法生产的产品在流

---

① 陶鑫良、袁真富：《知识产权法总论》，北京：知识产权出版社，2006年，第208页。这种不对称性主要体现在商标权领域。在独占效力方面，注册商标的专用权以核准注册的商标和核定使用的商品为限，但在禁止效力方面则大得多。商标权保护范围的确定应当根据其禁止权的范围，而不是专用权的范围。以下情形都属于商标权人有权禁止的范围：a. 未经商标注册人的许可，在同一种商品或者类似商品上使用与其注册商标相同或者近似的商标的；b. 销售侵犯注册商标专用权的商品的；c. 伪造、擅自制造他人注册商标标识或者销售伪造、擅自制造的注册商标标识的；d. 未经商标注册人同意，更换其注册商标并将该更换商标的商品又投入市场的；e. 在同一种或者类似商品上，将与他人注册商标相同或者近似的标识作为商品名称或者商品装潢使用，误导公众的；f. 故意为侵犯他人注册商标专用权行为提供仓储、运输、邮寄、隐匿 等便利条件的；g. 将与他人注册商标相同或者相近似的文字作为企业的字号在相同或者类似商品上突出使用，容易使相关公众产生误认的；h. 复制、模仿、翻译他人注册的驰名商标或其主要部分在不相同或者不相类似商品上作为商标使用，误导公众，致使该驰名商标注册人的利益可能受到损害的；i. 将与他人注册商标相同或者相近似的文字注册为域名，并且通过该域名进行相关商品交易的电子商务，容易使相关公众产生误认的。

② 韦国庆、杨雄文：《专利权穷竭原则的解释与适用》，载《社会科学家》，2020年第9期。

通环节的控制权（销售、许诺销售、进口等）和终端用户使用权等做法，不但彰显与经济规律及其常识的冲突，而且需要另行制定权利穷竭的配套规定。同时也无法解释某些专利权不适用首次销售的情形。[①] 实际上，对于侵权复制品完全可以依据复制（制造）权的延伸效力来应对。在这个意义上，关于权利的国际穷竭还是国内穷竭的问题也失去了探讨的意义。

（二）知识产权的空间效力

知识产权的空间效力或者说地域性，与国家主权密切联系。知识产权只有在授予其权利的国家或者确认其权利的国家产生，并且只能在该国范围内发生法律效力，受法律保护。

尽管地域性不是知识产权的特征，但知识产权具有地域性这种权利属性确实是事实，而且也具有极为重要的意义。[②] 就申请取得而言，当然非常明显，例如就一项技术向某个主权国家的相关主管部门申请专利，经过一定的审查程序，一旦被授予专利权便在该国主权领域内得到保护，但在其他国家却未必会受保护，除非该国同其他国家一起加入了有关知识产权保护公约或者签订了双边条约，又或者根据互惠原则加以承认。就算同时得到不同国家的专利保护，但是不同国家的保护范围以及保护方式、限制内容等各方面也不相一致。

（三）知识产权的时间效力

时间效力也就是知识产权的保护期，即知识产权受法律保护的时间界限或者说是知识产权的有效期限。

1. 申请取得的知识产权的生效时间

申请取得的知识产权都必须经过行政部门的审查批准之后才能获得，但它们的生效时间存在差别，大体可以分为授权之日与申请之日两种情形。

自申请之日生效的知识产权目前仅有集成电路布图设计（拓扑图）。而自授权之日起生效相对较多。所谓授权之日，包括在授权阶段存在着几个明显的时间点，如：做出授权决定之日、颁发权利证书之日、登记之日、公告之日等。按照现行规定，申请取得的知识产权自授权之日起生效有如下几种

[①]北京知识产权法院民事判决书（2015）京知民初字第1194号认为：在我国现行法律框架下，方法专利的权利用尽仅适用于"依照专利方法直接获得的产品"的情形，即"制造方法专利"，单纯的"使用方法专利"不存在权利用尽的问题。

[②]在知识产权亦适用地域限制的基础上，可进一步关注知识产权地域性与权利穷竭，同现实生活中出现的平行进口问题相联系。

类型：①公告之日。专利权自公告之日起生效。②核准注册或登记之日。注册商标自核准注册之日生效。③做出授予品种权之日。植物新品种权（林业部分）自做出授予品种权之日起生效。④颁发权利证书之日。植物新品种权（农业部分）自颁发权利证书之日起生效。这些多种类型的产生原因主要与我国部门立法模式以及对于知识产权认知的历史局限有关。

从公示公信的角度来看，上述各种生效规则中，以登记之日或公告之日作为权利生效之日最具科学性和合理性。① 登记与公告意味着相关知识产权信息已经向社会公众公开，满足知识产权作为绝对权所要求的权利表征。而"做出授权决定""颁发权利证书"等行政行为的公示作用极其有限。至于布图设计专有权自申请日生效的规定，更是逻辑不通。

对于申请取得的知识产权，除了少数权利之外，一般都有保护期限的限制。所谓保护期限，是指知识产权受到法律保护的期间。生效之日与保护期限起算之日相一致的知识产权类型有商标权、植物新品种权等。而两者不一致的知识产权类型有集成电路布图设计权②、专利权③。立法将保护期限的起算日置于授权日之前，一方面是为了早日让专利技术和集成电路布图设计进入公有领域，④ 另一方面也是为了解决发明专利申请公布与授权之间这段时间中他人使用专利的临时保护问题。

2. 自动取得的知识产权的生效日期

对于自动取得的知识产权而言，其权利的取得无须申请，也无须行政主管部门的审查与批准，因此，其权利的生效日期为知识产品的完成或出现之时。具体而言：①中国公民、法人或其他组织的作品，无论是否发表、是否登记，其著作权均自创作完成之日产生；外国人、无国籍人的作品，首先在中国境内出版的，其著作权自在中国境内出版之日起受中国法律保护。②计算机软件著作权自软件开发完成之日起产生，其保护期从著作权产生之日起计算。③商业秘密权自商业秘密形成之日起生效。④有一定影响的商品名称、包装、装潢，自商品具有一定影响之时起生效。

3. 知识产权效力的公示

知识产权的取得是否需要公示可分为三种类型：①所有申请取得的知识

---

① 陶鑫良、袁真富：《知识产权法总论》，北京：知识产权出版社，2006年，第189页。
② 布图设计专有权的保护期为10年，自布图设计登记申请之日或者在世界任何地方首次投入商业利用之日起计算，以较前日期为准。但是，无论是否登记或者投入商业利用，布图设计自创作完成之日起15年后，不再受本条例保护。
③ 专利权的期限自申请之日起计算。
④ 陶鑫良、袁真富：《知识产权法总论》，北京：知识产权出版社，2006年，第191页。

产权都需要进行公示；②无须或者不能进行公示，例如一定影响的商品名称、包装、装潢，商业秘密等；③可以进行公示。例如著作权的公示可以为侵权诉讼提供证据，但不具备实体法意义上的效力。

第二节　知识产权的消灭

知识产权的消灭，即知识产权的效力灭失，是指知识产权因为一定法律事实的出现而结束其存在的状态，此时该知识产权对应客体也随之消灭，但知识产权对象并不会消灭，基于该对象的其他知识产权也不会消灭。这反映了知识产权的主体、客体（利益关系）和对象的关系。例如，外观设计专利保护期届满后，权利人、专利利益（客体）都不复存在，但原专利权对应的对象（作品）还在，基于该作品的著作权依然存在，受到著作权法的保护。因此不能简单地认为一项知识产权失效后，其对应的知识产品本身就可以被免费使用。[1]

对于申请取得的知识产权，其效力消灭的方式主要有登记和公告两种形式。对于自动取得的知识产权，其效力消灭，法律没有明确要求公示。

一、权利的绝对消灭与相对消灭

知识产权也像物权一样，也可分为绝对消灭和相对消灭，例如，技术秘密泄露、秘方失传等都可发生商业秘密的绝对消灭。知识产权的转让，便是知识产权效力的相对消灭，因为自始至终专利只是发生主体的变更而已，权利本身实际上并没消灭。

相对于物权法上所有权的绝对消灭，知识产权的绝对消灭表现得极其复杂，所有权的绝对消灭主要是物的消灭而不复存在，而知识产权的对象由于其无体性，可以通过无数的载体或者媒介加以记录、保存、复制和再现，所以很难通过知识产权的消灭来实现绝对消灭。但是知识产权却可能因为被宣告无效或者撤销，以及保护期限届满等原因而发生绝对消灭。一般情况下知识产权人抛弃知识产权的行为会导致它的绝对消灭，因为它已经进入公有领域。

---

[1] 相关案例可参见广州知识产权法院（2020）粤73民终5429号判决书。

二、知识产权消灭的原因

知识产权的效力消灭是相当复杂的,随着科学技术的发展和知识产权法律的变化,还会出现新的状况,但是就目前而言,主要有以下几种原因:

(一)保护期限届满

知识产权的效力原则上都是有期限的,例如发明专利的期限是 20 年,实用新型和外观设计的保护期限是 10 年,商标权的保护期限为 10 年,但可以无限期续展。[①] 期限届满,原则上除了人身权内容之外,人人都可以无偿使用。有体物的所有权一般不设定期限,只有发生所有权的主体变更或者发生物的绝对消灭时物之所有权才消灭。但是由于知识产权对象都是无体之物,难以像有体物那样发生损毁而消灭。但是放任知识产权的永久存续,对社会公共利益以及社会的长远发展会产生极其严重的后果,因此只能给以一定合适的保护期限。

但要注意的是,商业秘密权,有一定影响的商品名称、包装、装潢,以及著作权中的署名权、修改权、保护作品完整权,保护期限无限制。商标权及其续展,以及有一定影响的商品名称、包装、装潢的无有效期限的立法设计,这主要是因为两者都可以起到区别商品或服务的来源,故应保有其权利,而不应加以期限或次数的限制。著作权中的署名权、修改权、保护作品完整权,则具有人身属性,当然不应加以期限限制。虽然发表权带有某些人身色彩,但著作权法对于发表权的期限限制的出发点在于尽量为社会公众提供更多的作品。

(二)权利人的主动放弃

专利权、商标权可以主动放弃。但要遵守程序性要求,如书面声明、行政部门登记和公告。对于著作权中的财产权,以及其他一些自动取得的知识产权,虽然法律无明文规定,但私权自治,可以主动放弃。

主动放弃知识产权的行为,不得损害他人的利益。这主要是针对该知识产权关涉许可、出质等情形。《集成电路布图设计保护条例》对此有明确规定。

[①] 商标权期限,有的国家规定为 10 年,如日本、法国、瑞典、丹麦、比利时等国;有的国家规定为 20 年,如美国、西班牙、意大利等国;有的规定为 15 年,如伊拉克、叙利亚等国;有的规定为 5 年、10 年、15 年、20 年,由注册人自由选择。

（三）没有合法承继人

按照现行法律规定，没有合法承继人的知识产权一般转归国家所有，但布图设计专有权与商标权与此不同，直接进入公有领域。

（四）未履行法定手续

对于申请取得的知识产权，法律往往规定了取得，维护权利的程序、要求或者手续，比如缴纳专利年费，商标续展注册费，品种权人应按审批机关的要求提供检测所需的该授权品种的繁殖材料等，如果没有按照规定办理，超过一定期限，那么对应的知识产权的效力归于终止；

（五）被宣告无效或者被撤销

引起的原因包括：（1）权利的取得不符合法律的规定，例如专利权的无效宣告；（2）或是权利的行使违反了法律的规定，这主要体现在商业标识的管理上。如存在自行改变注册商标的，自行改变注册商标的注册人名义、地址或者其他注册事项的，自行转让注册商标的，连续三年停止使用的等情形而被国家工商行政管理部门撤销注册商标。

（六）其他情形

主要包括下面三种情况，①商业秘密被公开。②对于商标，还可能因为其显著性的退化而成为一种普遍的名称，从而导致商标权的消灭。比如阿司匹林、吉普车等。③某一新植物品种经过若干年后，发生了变异，不再符合被授予品种权的特征或者特性了，那么依照《植物新品种保护条例》的规定，应当在品种权保护期限届满前终止该品种权。

三、知识产权效力审查的法院职权

《中国知识产权司法保护纲要（2016—2020）》明确要解决知识产权司法保护和行政执法"双轨制"实际运行中所存在的问题，消减维权"时间长""侵权诉讼中确权程序复杂"的现状。这一现状发生在专利权与商标权等需要通过行政审批授权的知识产权种类中。下文主要以专利为例进行介绍，相关内容也可相通于其他非自动获权的知识产权。

我国将行政行为公定力理论作为支撑专利复审委独享专利效力审查权的

法理根基。① 行政拘束力的出现并不必然意味着公定力的存在，公私法分离处理的方式原本仅是出于法院专业化的考虑。2008 年国务院法制办曾提出过四个方案供讨论：①不由复审委裁决，而是由当事人直接向法院提请起诉。②复审委程序加法院审判，实行一审终审程序。③复审委裁决程序加民事诉讼两审程序。④恢复原来有关专利撤销程序的规定。对此，专利行政部门坚持专利权利行政确定的立场，对已经进入正式纠纷处理程序的专利无效宣告请求加快审查。法院系统则在程序与实体两个方面进行了有限突破，在一定程度上以自己的名义对专利效力进行了实质性的审查；并且坚持探索建立区域布局、横向关系、纵向关系、"三合一"机制均衡发展的跨区域管辖的知识产权审判的法院体系，进一步解决"裁判结果不协调甚至冲突的情况"。

境外主要国家与地区的专利效力审查与侵权案件由司法统一处理是大势所趋。美国和法国一直采取侵权和专利有效性在单一法院的同一诉讼进程中被共同决定的统一制。早期的德国、日本以及我国台湾地区采取的是侵权索赔和专利有效性在不同法院的不同诉讼程序中彼此独立决定的分立制②，不过均在十年前已先后转为统一制。在统一制之下，是否赋予法院专利无效判决的对世效力还是相对效力，对应着行政职能的不同安排。德国法院审查决定具有对世效力③，这与美国一样，而且不存在类似我国专利复审委的行政前置程序。而日本和我国台湾地区则规定专利效力民事审查决定仅具有相对效力④，当事人仍有权另向行政法院提专利权有效性之诉。另外，美德日欧盟以及我国台湾地区均设立有专门处理知识产权案件的法院（法庭），并注重与专利行政机构等部门的协同。其中，美国专利商标局大量引用联邦巡回上诉法院的判决，促成专利审查标准一致；我国台湾地区专设智慧财产法院，构建独特的"一院两审"制，并设置了刑事与行政案件的审级体系，以及法院与和特许厅的沟通协调措施。还值得注意，单设的美国双方复审程序（inter partes review）与我国台湾地区的简易程序，具有快捷、费低、效率高等优点。

综上，目前我国专利效力审查体系的改革与研究取得了明显效果，但也

---

①郭禾：《专利权无效宣告制度的改造与知识产权法院建设的协调——从专利法第四次修订谈起》，载《知识产权》，2016 年第 3 期。

②Gremers K, Gaessler F, Harhoff D, et al: Invalid but Infringed? An Analysis of the Bifurcated Patent Litigation System. Journal of Economic Behavior & Organization, 2016, 131 (3).

③Fabian Invalid but infringed? An Analysis of Germany's Bifurcated Patent Litigation System. Springer Fachmedien Wiesbaden, 2016, 14 (3).

④朱理：《专利民事侵权程序与行政无效程序二元分立体制的修正》，载《知识产权》，2014 年第 3 期。

存在以下主要不足在于：①对专利效力审查方面的法院职权设置存在争议。主要原因在对宣告专利权无效决定的本质及其效力有不同认识，导致目前的举措在现行法律约束下未能彻底解决问题，并引发新的问题。②制度构建的研究内容不够全面深入，权利要求书修改、抵触申请判断、专利案件仲裁、专利涉刑事案件、既判力、民事诉讼辩论主义等内容都与专利效力审查职权配置存在不同程度的关联却没有被重视，且存在割裂研究的现象，阻碍改革进度。

全面剖析专利效力审查的基本原理并为后续展开学术对话提供最低限度的基本共识，进而建构一个统一制绝对效力定位下的专利效力审查的法院体系，可较好解决上述问题。

四、知识产权消灭的追溯力

溯及力，也称溯及既往的效力，是指对之前的事件和行为是否适用。如果适用，就具有溯及力；如果不适用，就没有溯及力。一般而言，法律使用"终止"用语，通常不会发生溯及既往的效力；而使用"撤销"的用语，则意味着可能会发生溯及既往的效力。

（一）溯及既往的情形

知识产权只有在因权利取得不符合法律规定而消灭的情形下，才会发生"自始即不存在"的溯及既往的法律后果。[①] 因为这些知识产权本来就不应该授予，一经发现就应当予以纠正，自始消灭其权利效力。

对于"自始即不存在"的追溯是否会引发对该知识产权权利消灭的侵权处理、许可和转让合同发生影响呢？一般而言，对于以往侵权处理结果无影响，不重新处理，但恶意的应给予赔偿。而对于许可和转让的影响是停止履行、解除合同、不恢复原状，但恶意的给予赔偿，显失公平的应全部或部分返还价款。这两种处理方式，一方面要考虑既有的经济秩序的稳定性，保护交易的安全，另一方面也要符合民事行为中诚实信用与公平合理的原则。

（二）不溯及既往

不具有追溯力的知识产权效力的消灭，不是因为其取得不符合法律规定，而是因为法律政策、权利人意愿，以及行政管理等原因，使已经存在的知识

[①] 陶鑫良、袁真富：《知识产权法总论》，北京：知识产权出版社，2006年，第201页。

产权归于消灭。例如保护期满、主动放弃权利、权利无人承继、未履行法定手续等情形引起的知识产权终止。

既然知识产权终止的效力不溯及既往，那么该效力的终止也就当然不会对终止之前的侵权处理、许可和转让合同发生影响。

第三节 知识产权的权利冲突

知识产权权利冲突，是指两项知识产权相互抵触、相互矛盾的现象的指称。它并不是一类民事案由，在实践中原告也几乎没有以构成权利冲突为由提起诉讼的，而是以其相应的知识产权，主张被告的行为对其构成侵权或不正当竞争，权利冲突更多地源于被告的不侵权抗辩。[1] 但要注意的是，权利冲突的现象在专利、商标、植物新品种等申请取得过程中同样也大量发现，也大量发生在无效宣告等非诉讼程序之中。一旦构成权利冲突，就将引发知识产权消灭的问题。

一、知识产权权利冲突的概述

合法取得的权利之间也会发生冲突。由于知识产权具有权利内容的多元性与多重性的特征，同一知识产品上可以同时存在两项或者两项以上的权利，如果这些权利为不同的主体享有，就会产生权利冲突。

（一）知识产权权利冲突的概念

所谓知识产权的权利冲突，是指两个或者多个由不同主体合法取得的，基于同一知识产品而产生的知识产权之间的利益矛盾或者权利抵触。换而言之，只要有同一知识产品衍生出分属于不同主体的在先权利与在后权利，并且在取得上都有相应的法律依据，即可构成权利冲突，无须取得在后权利人取得权利的主观态度（即是否出于善意）。亦即应力图排除主观因素对权利冲突判定的影响，反思侵权性冲突的协调与救济，寻求更为合理的解决方式与原则。[2] 另外有观点认为知识产权的权利冲突还包括了知识产权与其他民事

---

[1] 北京市第一中级人民法院知识产权庭课题组：《知识产权权利冲突的司法解决》，载《人民司法》2009年第1期，第87页。

[2] 刘春田：《"在先权利"与工业产权——〈武松打虎〉案引发的法律思考》，载《中华商标》1997年第4期。

权利的冲突,包括但不限于知识产权和人格权的冲突、知识产权和物权的冲突,因其属于广义上的知识产权权利冲突,本文对此不予以详细探讨。

有学者认为,构成权利冲突的各个权利不仅在形式上合法,实质上也应合法。如果在后权利的取得是以侵犯他人在先权利为基础的,那么虽然在后权利的取得在形式上具有法律依据,但它是一种虚拟的假象权利,不应产生新的权利。因此在这种情况下,在后权利并不能与真正的在先权利发生冲突,而是权利人与侵权人的冲突。[①] 其实,研究权利冲突应该立足于冲突发生时的情形来分析,在后权利与在先权利的冲突是发生在在先权利的法律关系当中,只要未经有权司法机关或者行政机关的处理,就不能说这个存在争议的在后权利是假象权利,是不存在的。在研究权利冲突时的一个基本共识是:权利冲突是指合法性、正当性权利之间所发生的冲突。[②]

(二) 知识产权权利冲突的特点

知识产权权利冲突具有自身的一些特点,这些特点也是知识产权权利冲突构成的要件。

(1) 知识产权对象是同一知识产品。正是因为相互冲突的知识产权共同指向同一知识产品,才有可能引起利益的相互排斥或权利的相互抵触。因此,同一知识产品是发生知识产权权利冲突的前提和基础。由此从属专利与基础专利之间的冲突就不是权利冲突。因为这两个专利权并不是基于同一知识产品的产生的,从属专利相对基础专利具有创造性,增加了新的技术内容。由此可以说明,两者不是同一个技术方案。不属于同一知识产品的例子还有原作品与演绎作品的区别。

(2) 知识产权分别属于不同主体。知识产权权利冲突产生于两个或者多个权利主体对于同一知识产品的权利的相互冲突和排斥。如果相互冲突的知识产权归属于同一权利主体,各知识产权所带来的利益都归属于同一主体,那么就不会产生利益的相互冲突了。

---

① 高丽红、葛钊含:《知识产权权利冲突刍议》,载《河北师范大学学报(哲学社会科学版)》2002年第4期,第30-33页;魏小毛:《知识产权权利冲突是一场误会?》,载《中国知识产权报》2006年第12期。

② 刘作祥:《权利冲突的几个理论问题》,载《中国法学》2002年第2期。例如2002年山东东阿阿胶集团向国家质量技术监督检验检疫总局提交报告,就"东阿阿胶"被认定为地理标志提出异议,认为这一认定侵犯了其"东阿阿胶"注册商标权。反过来,如果地理标志被某些企业作为商品商标注册,排斥后来的地理标志申请并禁止该特定地域其他经营者使用该地理标志,也会发生权利冲突,如"金华火腿"一案就是典型的例子。这就是地理标志与商标权之间的权利冲突,而这一冲突发生的重要原因是两者分属不同的法律法规的规制与不同的行政部门认定。

（3）知识产权都是合法程序取得的，尽管这种合法性可能只是形式上的。"在知识产权权利冲突所涉及的法律领域，发生冲突的知识产权往往都是合法的知识产权，至少在消除行政授权之前处于合法状态。"①

（4）存在利益矛盾或权利抵触。例如前述的"武松打虎图"案，两个权利主体事实上是可以和平相处的，因为商标权与著作权的行使方式各不相同，互不妨碍，并不会影响到各自的权利行使，但是由于商标权人擅自将他人享有著作权的作品申请注册商标，没有尊重著作权人的意愿，也没有使著作权人从中获得利益。

（三）知识产权权利冲突的产生原因

知识产权利冲突之所以比较突出，其原因在于：①同一知识产品能够而且常常存在多种知识产权。例如作品、商标以及外观设计等，它们的构成都可以是文字、图形，甚至是三维标识等。②现行分散立法模式也为知识产权权利冲突打下了制度基础。这种分散的立法无疑可能将同一对象从不同的角度进行不同的规范，从而导致知识产权权利之间协调困难，最终出现权利冲突。② ③审查程序本身的原因。如实用新型专利申请和外观设计专利申请仅仅进行初步审查，所以很容易出现同一技术或者设计方案被多次授予专利权，并分属不同主体。③ ④由于历史原因造成。如2006年4月的天津狗不理集团有限公司与济南天丰园饭店"狗不理"包子案中，济南的天丰园饭店是长期经营"狗不理"包子的店铺，并在长期经营中逐渐成为一个当地著名的商标。但是作为原产地的天津，"狗不理"包子的特有名称权便与济南的"狗不理"包子的商标权发生冲突。⑤在实践中，一些经营者为了"搭便车"，不惜引人误认或误解而将同一或类似知识产权对象依照法定程序申请获得了与原权利人相同或者不同的知识产权，为自己本应构成侵权的行为披上了合法的外衣。

（四）知识产权权利冲突的分类

由于知识产权的种类丰富，其权利冲突的表现也因此复杂多样，不但可以发生在同一类别的知识产权之上，也可以发生在不同类别的知识产权之上。

---

①孔祥俊：《任何人不能通过形式合法而获利——知识产权审判中民事处理与行政程序之间的关系》，载《法律适用》2009年第5期。

②何敏：《知识产权法总论》，上海：上海人民出版社，2011年，第320页。

③初步审查并不意味着绝对不进行实质审查，因为初步审查中也进行明显的实质性缺陷审查。

（1）同一类别的知识产权权利冲突，是指就同一知识产品被多个主体享有同类知识产权的现象，如专利权与专利权、商标权与商标权、著作权与著作权之间的冲突等。要注意的是，对于同一知识产权类别下不同的子项权利，也属于同一类别的知识产权权利冲突，例如发明与实用新型之间，服务商标与产品商标之间（主要出现在一方是驰名商标的情形），证明商标与普通商标之间。

（2）不同类别的知识产权权利冲突，主要是由于作为一类知识产权的对象可用作另一类知识产权的对象，如果其中一类知识产权人未经另一类知识产权人的授权而使用其知识产权的保护对象作为另一类知识产权申请授权的知识产品，就会造成这样的冲突。通常，造成这种情形的主要原因是一些人的法律意识不强，认识不到自己的行为是侵权行为。当然，也不排除少数人有逐利意图而故意侵犯他人的知识产权。要注意的是，这一类型的权利冲突，并不强调两者的知识产品完全对应，例如，将他人的软件、集成电路布图设计等作为自己发明的一部分申请专利权，也会发生权利冲突。

二、解决知识产权权利冲突的原则

权利冲突的实质是利益冲突，解决权利冲突的过程就是一个对冲突者的利益进行衡量和取舍的过程，同时也是一个价值选择的过程。由于知识产权权利冲突的发生、判断与解决是一个复杂的过程，解决知识产权权利冲突问题需要遵循一定的纠纷解决原则。一般地，当遇到两个权利相互冲突的情况时，通常会考虑、比较这两个权利的性质，看某一权利是否有被优先考虑的性质。[①] 关于知识产权权利冲突的纠纷解决原则，学者们有着不同的看法。但一般而言，依照诚实信用原则、保护在先权利原则、利益兼顾原则等进行立法与司法，有着较大范围的共识。

值得注意的是，对于审理标识类知识产权权利冲突时，除了前述原则外，还要坚持避免混淆原则。

（一）诚实信用原则

诚实信用原则被称为民法中的"帝王条款"，是指民事主体从事民事活动时，应当诚实守信，正当行使民事权利，并履行民事义务，不实施欺诈和规避法律的行为，在不损害他人利益和社会利益的前提下追求自己的利益。

---

① 王克金：《权利冲突论——一个法律实证主义的分析》，载《法制与社会发展》2004年第2期。

运用诚实信用原则解决知识产权权利冲突的理由在于，知识产权权利冲突纠纷属于民事纠纷之一种，处理民事纠纷的一般司法原则当然适用于该类纠纷。

诚实信用原则要求权利人在取得权利和行使权利的过程中，均要遵循诚实信用原则，不得以不正当手段获取利益，也不得滥用权力。各知识产权部分法，均通过排除恶意取得的方式以达到维护公平竞争的目标，也排除以仿冒、引人误解的方式攀附他人的市场信誉或竞争优势取得经济利益的合法性，亦排除因恶意模仿假冒他人知识产权等方式取得权利的合法性。

知识产权权利冲突的双方依据不同的法律取得了两种不同的权利，并且都在权利取得后的相当长时间里诚实、善意地行使自己的权利，则可以允许这种权利冲突的状态存在。例如，在先使用的未注册商标与已注册商标冲突的情况下，对于恶意抢注的行为依民法侵权行为理论予以制止；而对于善意先注的行为则允许冲突的商标继续存在，只是须对商标的使用加以条件限制以示区分。

如果在先权利人在明知或应知其权利受到侵犯时不积极主张权利，反而在挂了相当长时间，待在后权利人建立起相当市场信誉或在后权利增值到相当程度后再主张权利的，则属于权利滥用，该种情况下也可以适用补偿法则。①

（二）保护在先权利的原则

这里所说的在先权利是相对于"在后权利"而言的，在同一知识产品之上先产生的权利较之于后产生的权利，即为在先权利。② 保护在先权利是处理知识产权权利冲突最基本的一项法律原则。③ 权利产生在前的就应受到保护，在后产生的则不能对抗在前产生的知识产权，体现的是谁先取得知识权利就先保护谁的"先来先得"精神。最高人民法院《审理专利纠纷案件适用法律问题的若干规定》明确：人民法院受理的侵犯专利权纠纷案件，涉及权利冲突的，应当保护在先依法享有权利的当事人的合法权益。《商标法》也规定申请注册的商标不得与他人在先取得的合法权利相冲突。

保护先权利原则的正当性在于：①维护公平竞争环境。如果后发的竞争

---

①杨才然：《与知识产权有关的权利冲突协调原则之理论基础》，载《电子知识产权》2005年第11期。

②在先权利是一个重要的概念，涵盖了多个法律领域，包括知识产权、合同法、财产法等。对应本章限于知识产权领域进行探讨的前提，非知识产权领域的在先权利，这里不做阐释。但可明确的是，非知识产权领域与知识产权领域中处理权利冲突基本是相同的。

③冯晓青、杨利华：《知识产权权利冲突及其解决原则》，载《法学论坛》2001年第3期。

者可以随意侵犯他人的先权利，有违公平竞争的原则。②鼓励创新和创造性。保护先权利原则为创新者提供了一个可靠的法律保障，使得他们可以放心地尽早投入更多资源进行创新活动。需要指出的是，在后权利在权利的产生上并不必然与在先权利相冲突。如某著作权人许可某厂商将其美术作品申请商标注册，著作权人对该作品的在先权利与厂商作为商标权人的在后权利就是和平共处的。至于非法存在于他人合法在先权利基础上的"在后权利"，如擅自将他人作品进行商标注册后产生的商标权，就是一种有瑕疵的民事权利。根据保护在先权利原则，该权利可以被撤销或部分撤销，而且该"在后权利"的行使必然会侵犯他人的在先权利，因而还应对其侵权行为承担民事责任。

在先权利确定的基础在于获得相关权利时间的先后。在实务中，由于不同的知识产权获取条件与途径等存在很大的差异，使得对于权利先后的判断较为复杂。例如申请程序可能导致先权利的判断存在不公正。具体而言，可能会出现已经提出了外观设计申请但尚未授权，而后来又有人以该外观设计相同的图案申请了商标并先获得授权的情况。对于诸如此类的问题，出于维护公平的考量应完善在先权利的认定标准。

（三）利益兼顾原则

在知识产权法领域，存在两个主要观点，它们分别是"绝对的在先权利保护原则"和"相对的在先权利保护原则"。这两个观点涉及如何解决不同权利主体之间的权益冲突。虽保护在先权利原则是基本原则，但有些例外情况，尤其是在后权利存在正当性或者在后权利已经获得应当加以保护的利益时，保护在先权利原则并不能完全公平合理地解决权利冲突在该种情况下，应当从公平合理出发，给予各方利益足够的兼顾，在考虑利益最大化的情况下，以更灵活的方式处理权利冲突。① 如对于善意取得权利的情形，一方面要保护在先获得权利的一方，在先权利人可在原有范围内继续使用；另一方面，在后权利方同样可以行使其权利，但双方的使用应当加标记予以区分不同来源，限制各自的使用范围及使用方式，防止造成混淆或冲突。

在充分保护合法的知识产权权利的前提下，也要避免在先权利的滥用，使得智能成果得到更广泛的传播。在侵权判定时，我们更易关注侵权行为的认定与制止，而忽视了对权利行使范围的限制。当在后权利的取得与使用并

---

①北京市第一中级人民法院知识产权庭课题组：《知识产权权利冲突的司法解决》，载《人民司法》2009年第1期，第87页。

无主观恶意,也不违反诚实信用原则时,但如果继续行使,也有可能导致消费者的混淆误认,损害消费者的利益。此时,应当对在后权利的行使范围附加相应的限制。

从法经济学的角度看,法及法所保护的权利都是具有效益的。就同一法律规则而言,法学家维护的是"公正",经济学家维护的是"效益"。当两项权利发生冲突时,单纯从公正性考虑往往会不利于有关知识产品的效益最大化;反之,简单地从经济效益角度考虑,又会导致社会的畸变,误入法律虚无主义的泥潭。因此,有关执法人员和冲突当事人双方,要考虑在维护法律公正性的前提下,使权利客体综合效益最大化。① 解决纠纷时要兼顾个人利益和公共利益、兼顾各权利人的利益,以使不同的知识产权各得其所、相互协调,使知识产品得到最佳利用。例如在后权利在在先权利的基础上已经增添了新创造的价值的情况下,如因权利冲突时就撤销在后权利会引起不经济的后果,并不是最佳选择。《武松打虎图》著作权与商标权冲突案中,山东景阳冈酒厂的注册商标权为在后权利,该权利是在侵犯著作权的基础上产生的有瑕疵的权利,最后于1997年被商标评审委员会撤销,而此前该注册商标已使用近8年,享有一定的知名度,该厂的损失实际上是非常惨重的。如果该商标被培植为驰名商标以后再发生这样的事件,受到损失将更大。对于《武松打虎图》这类商标权而言,这种新价值就体现为在原有作品的基础上,已经使得该作品凝聚了使用者的商誉,也使得相关公众将其与特定的商品或服务提供主体之间建立联系。② 解决冲突不在于消灭某个权利,重点在于规范权力的行使。对于该案而言,如果由被告向原告赔礼道歉、赔偿损失后,再由被告与原告达成许可协议,维持被告获得的已具有一定知名度的商标权,综合效果要好得多。

三、知识产权权利冲突与体系化

权利冲突的问题,未来可能会越来越重要,这是知识产权制度演进的必然结果。

按照谢尔曼和本特利的说法,当前知识产权以专利、著作权、商标为三足鼎立之状态,一定程度上是历史之偶然,并且也并未真正构成井水分明的

---

① 冯晓青、杨利华:《知识产权权利冲突及其解决原则》,载《法学论坛》2001年第3期。
② 北京市第一中级人民法院知识产权庭课题组:《知识产权权利冲突的司法解决》,载《人民司法》2009年第1期,第88页。

状态。① 现实中，越来越多的研究与司法案例显示出一种突破知识产权各单行法之间的藩篱，如利用商标保护本应按著作权逻辑来审理之案件，利用著作权来保护商业标志，或者利用著作权保护实用品的装饰，导致著作权与外观设计之间的界限模糊等。这类案件突破的结果尽管最终并不一定得到上级法院的支持，但在形式上与实质上显露出知识产权体系化的趋势，在理论上显露着极为迷人的旨趣。

另外，在同一类知识产权中，也出现了若干突破内部边界的藩篱。如商标共存的问题。② 在欧美国家的司法实践中不断出现对商标共存协议的效力进行认可的判例，甚至写进了商标法或者审查标准里面，认可了相同或近似商标可以在相同或类似商品上共存。

对于权利冲突在体系化意义上的关注，一是可以从理论上追溯目前知识产权"三法分立"格局的成因，指出其偶然性和"不完全闭合"（谢尔曼和本特利语），从而为权利冲突留下可能的制度空间。二是总结实践中千奇百怪之案例，可以发现案件当事人、法官及其他专业人士等正在充分利用这个制度空间，尝试对不同知识产权之间的边界发起挑战。

---

① ［奥］谢尔曼、［英］本特利：《现代知识产权法的演进：1760－1911 英国的历程》，金海军，译，北京：北京大学出版社，2006 年。
② 商标共存描述的是两家不同的公司在产品或服务上使用了类似或相同的商标而不必然干扰到对方商业活动的情形。See "IP and Business: Trademark Coexistence", available at https://www.wipo.int/wipo_magazine/en/2006/06/article_0007.html Last visit: March 1, 2023.

第九章 知识产权的权利限制

权利意味着自由，权利人既有行使的自由，也有不行使的自由。但任何权利皆应受到限制，没有不受限制的权利。对知识产权进行限制的做法也可回溯到功利主义，是为了实现知识产权法利益平衡的基本机制，从而平衡知识产权人和社会公众利益的关系。

第一节 知识产权权利限制概述

权利限制问题的提出，是知识产权制度本身发展与完善的必然结果与要求，是对现阶段知识产权保护状况与经济发展的具体反应。知识产权的限制与知识产权的权利限制两个概念是有差异的，前者的范畴大于后者。本章还是基于权利限制的概念进行讲述。

一、知识产权权利限制的概念

知识产权的权利限制，是指法律对权利主体行使其知识产权的行为进行约束。这也是知识产权限制制度的重要组成部分，且为人们所关注。在知识产权法律制度发展与完善的过程中，相继产生一系列权利限制制度，如合理使用、法定许可、强制许可、权利穷竭、反向工程、公共秩序保留、善意（无知）侵权等制度。

有观点从广义上将知识产权的限制定义为对知识产权的权利构成因素及其权利行使所给予的合理的和适当的约束。其中，知识产权的权利构成因素限制，是指法律对知识产权的权利构成因素给予了限制[①]，包括权能的限制、

[①] 有学者在这里选用"权利内容"的用语，本文认为不妥，因为在知识产权权利内容限制方面包括知识产权对象的限制，而一般理论认为权利内容与权利对象是分列的关系，而不是包容。相对而言，权利构成因素的用语更为准确。

时间的限制、主体的限制、对象的限制等方面。知识产权行使限制是指法律对知识产权人行使知识产权的行为进行限制①，主要包括非自愿许可、合理使用、在先使用、权利用尽、善意侵权等情形。而在更广义上，对于知识产权行使的限制除还包括其他法律对于知识产权行使的限制，既有来自公法上的约束，如竞争法（包括反不正当竞争法与反垄断法）的规制。② 也有来自私法上的约束，如物权法对于物上知识产权处理的干涉。③ 本章论及的知识产权限制是指对知识产权行使的限制，包括知识产权内部的限制与外部的竞争法限制，也就是说有了权利之后的限制，而不是获取权利过程中的限制。

二、知识产权权利限制的正当性

维持与保证知识产权人、使用者和社会公众利益的平衡，是知识产权权利限制的指导思想，也是其正当性所在。我国的知识产权法在一般条款中都做出了对应规定。例如，《著作权法》规定："著作权人行使著作权，不得违反宪法和法律，不得损害公共利益。"

这种限制是赋予知识产权必须付出的代价。当然，选择权利限制时应当考虑社会经济发展水平、科技发展水平和权利限制引发的成本。权利限制是国际公约与各国知识产权法的普遍做法。国际保护公约对此主要包括下述几个方面：第一，直接限制权利人的实体权利，确立义务人的实体权利；第二，授权各国政府根据国内的特殊情形规定知识产权权利的限制或例外；第三，授权各国政府无须基于特殊情况规定知识产权权利的（程度、期限、数量）有限的例外；第四，明确各国政府有全面权力管理权利滥用或限制竞争行为，任何知识产权保护规定都不阻止各成员政府对知识产权滥用或限制竞争行为进行预防或控制；第五，各成员可以决定未经权利授权的其他使用，即所谓强制性许可；第六，发展中国家享有的特殊权利。这些规定表明，对知识产权权利的限制，具有坚实的法律依据和政策基础。在知识产权权利人权利的限制的方法上，既可以是知识产权法本身的限制，例如合理使用制度，也可以是基于其他社会政策的限制，例如对生命健康的保护或对公共利益的促进。

知识产权权利限制问题的提出与解决，从制度发展的过程看，是知识产权立法不断完善的结果，反映了知识产权制度的发展规律，并非是知识产权

---

①齐爱民：《知识产权法总论》，北京：北京大学出版社，2010年，第427页。
②郑成思：《反不正当竞争法与知识产权》，载《法学》1997年第6期。
③物权与知识产权之间的制约是相互的。例如行为人由于过错导致承载他人创作成果的唯一载体灭失，则侵害了他人对该载体上所承载的作品所应享有的著作权。

保护的减弱或后退。知识产权制度的发展带有一定的规律性、阶段性、平衡性和技术性。原因是：第一，任何权利都不是绝对的、无限制的，权利人在行使权利的同时，必须承担一定的义务，知识产权也不应例外；第二，法律在规定公众尊重和保护知识产权的义务，同时也应赋予公众分享知识产品给社会带来的利益的权利；第三，发明创作人在创新过程中，不可避免地要吸收前人的智慧和历史文化遗产，因此应在一定程度上服务于社会，回报社会；第四，知识产品的价值只有通过社会传播与利用才能体现。只有对知识产权进行必要的限制，才能防止知识产权因滥用而阻碍作品的传播，影响文化事业的发展和科学技术的进步。

三、权利限制的前提条件

权利及其限制，是一个对立统一体，是事物的两个方面。在顾及第三人合法利益前提下：①知识产权限制不应与权利人的正常利用相冲突；②知识产权限制不应不公平地损害权利人的正当利益。从整个知识产权制度的发展看，代表权利人利益和公共利益的两种利益的平衡处于不断地调整中，从某种程度上说，保护与限制的不同倾向性始终处于不停摇摆的运动状态之中，保护与限制的平衡是一个动态平衡。在整个过程中的某一阶段，保护的倾向性可能比较明显；在另一阶段，限制的倾向性可能更突出些。而且知识产权与技术发展密切联系，技术的不断发展与革命，确立并限定新技术的知识产权，必然引起新的利益的界定与协调。例如计算机技术的发展，就引发了"临时复制"（temporary copy）[①] 是否属于侵犯著作权行为的争论。

第二节 知识产权内部的权利限制

任何知识产品都是在前人的智慧和文化遗产的基础上创造完成的，同时又是促进全社会科技进步、文化和经济的发展与繁荣所必需的。因此，知识产权人对其知识产品的控制权不应当是绝对的和无限制的。权利行使的限制是权利限制的重要方面。鉴于对知识产权行使的限制主要是通过知识产权法自身有关的规范来实现，根据知识产权法规定及其不同特征，存在不同的情形。

[①] 指一项作品从计算机外部首先进入该计算机随机储存器（random access memory，RAM），并停留于此，最终因为计算机关机、重启、后续信息挤兑等原因消失于随机储存器的过程。

一、基于促进知识产品推广利用的限制

知识产权法市场本位的直观表现是促进知识产品创造、知识产权市场交易和知识产品利用，提高国家核心竞争力。① 知识产品利用得越多，其价值越大，因此应当大力促进知识产权的推广利用。

专利实施强制许可制度、从属专利的强制许可、专利推广应用就是这一限制的典型表现。集成电路布图设计权的非自愿许可制度、植物新品种强制许可制度等，也有异曲同工之妙。

著作权法中亦有法定许可的多种情形的规定。强调直接依据著作权法的规定，行为人即可使用著作权人的作品，而不必征得著作权人的同意，但仍应向著作权人支付报酬并尊重其权利。《伯尔尼公约》和《世界版权公约》还规定了特别的强制许可制度，即发展中国家在遵守一定条件的前提下，为了教学、学术活动和研究，允许用本国通用语言出版外国印刷作品的译本，或者在系统教学活动中使用此种外国印刷品的复制本。

为了促使发明者将成果推向市场，消除市场主体对使用公共资金开发的研究成果无法商业化的担忧，1980年《Bayh-Dole法案》设置的专利领域的政府介入权，赋予联邦政府获得研究成果的某些权利以保护公共利益。这些权利包括联邦政府在某些特定情况下，可以要求专利权人向负责任的申请人授予非排他性、部分排他性或排他性许可，如果专利权人拒绝授予此权利许可证，政府有权自行授予许可证。②

二、基于合理使用的限制

（一）合理使用的概念及特点

合理使用，是指在法律允许的条件下，可以无须取得许可，也无须支付报酬去使用他人受知识产权保护的知识产品。

---

①杨雄文、肖尤丹：《知识产权法的市场本位——兼论知识产权制度的价值实现》，载《法学家》2011年第5期，第120页。

②这些特定情况主要包括：a. 由于专利权人未在预计合理的时间内采取有效步骤，实现发明创造在相关领域中的实际应用；b. 专利权人不能合理满足公众健康或安全需要；c. 专利权人不能合理满足联邦法规规定的公共使用要求；d. 专利权人尚未获得或放弃第204条所要求的协议（通常要求专利产品必须在美国实质性制造，除非国内制造在商业上不可行），或者该专利被许可人在美国出售该发明违反了第204条所要求的协议。参见35 U.S.C. §203（a）(2018)．

知识产权的合理使用主要有以下几个特点：

1. 合理使用须有直接的法律根据。只有在法律做出了明确规定的情形下，使用人才可在法律允许的范围内自由使用有关的知识产品。由于合理使用是对知识产权人的权利限制，为了避免权利人利益的重大损失而导致权利人利益和社会公共利益的失衡，应限制合理使用的适用范围。

2. 合理使用无须向知识产权人支付使用费。这也是合理使用与非自愿许可的最大区别。一般而言，使用他人的财产应当取得许可，并支付报酬。但是考虑到知识产权对象不仅关系到个人财产权利的满足，而且与社会科技事业之进步息息相关，因此在某些特定场合，应允许合理使用。

3. 合理使用不得损害权利人的合法利益。如果是商业性使用或为营利目的的使用，则损害了权利人的合法权益与创造积极性，最终将损及公共利益，这也违背了公平原则。所以，合理使用一般是出于学习与研究、教育、科学实验等目的。

（二）知识产权合理使用制度的法律价值

知识产权合理使用制度，是公平主义哲学观的体现。首先，一个好的发明创造或一部优秀作品，既是创造者的个人创造出来的知识成果，也是前贤今人文明成果的再现和升华，故创造者理应对社会有所回馈。其次，对知识产权的保护，需要社会投入一定成本，因此，知识产权的边界应受到一定的限制，以满足社会公众对于知识的正常需求。

知识产权合理使用制度，也是效率价值观的体现。所谓效率，是指"以最少的资源（包括自然资源和人的资源）消耗取得同样多的效果，或用同样的资源消耗取得较大的效果"。公平主义哲学下知识产权合理使用制度，有助于法律秩序的形成，而良好的秩序必然会促进社会整体效率的提高，以实现社会的发展与进步。同时也确保了知识产权人的合法权益得以顺利实现，对其创造性也是一种鼓励，有助于提高效率。

最后需要注意的是，片面追求效率和片面追求公平都是有害的，所以知识产权合理使用制度的一个核心问题是把握好使用的尺度。《伯尔尼公约》对合理使用规定了一定的原则，即合理使用"不应损害作品的正常使用，也不至无故侵害作者的合法利益"，并且在合理使用时应当指明作者姓名与作品名称。

（三）合理使用的表现范围

知识产权的合理使用是知识产权利益平衡的直接应用，在不同的知识产权中均有相应的法律规定。

1. 基于知识传播与创新的合理使用

世界各国知识产权法律制度之立法宗旨虽有所殊异,但都努力促进社会科学技术进步与文化、经济事业的繁荣,保障社会知识资源共享,其着眼点在于维护社会公益。①鼓励为科学研究、发展教育目的而利用知识产品,以推动社会科技进步和文化教育事业的发展。

各国专利法普遍都规定了"为科学研究和实验而使用他人专利的",不视为侵犯专利权。日本《专利法》第69条规定:"专利权的效力,不涉及目的在于试验或研究的专利发明的实施。"法国《专利法》第30条规定:"专利权人无权反对限于为实验专利发明而完成的行为"。英国《专利法》第60条第5款第2项规定:"不经专利权人同意、为非商业性的实验目的而使用他人专利"为合理使用。

《著作权法》规定的合理使用情形中,也有同样的考量,例如为个人学习、研究使用他人已经发表的作品。《计算机软件保护条例》也规定:为了学习和研究软件内含的设计思想和原理,通过安装、显示、传输或者存储软件等方式使用软件的,可以不经软件著作权人许可,不向其支付报酬。还有《集成电路布图设计保护条例》也明确,为个人目的或者单纯为评价、分析、研究、教学等目的而复制受保护的布图设计的,不属于侵权行为。

此外,任何人均可以利用授权品种进行育种及其他科研活动,也就是说,可以将授权品种的繁殖材料用于培育新的品种,也可以将繁殖材料用于其他科研活动。科研特权目的在于形成一个宽松的创新环境,保障农业科技人员开展正常的科学研究。

在这里,我们应当注意反向工程的问题。反向工程在司法解释中被定义为,通过技术手段对从公开渠道取得的产品进行拆卸、测绘、分析等而获得该产品的有关技术信息。如在评价、分析他人布图设计的结构、功能和制造工艺的基础上,独立创作出新的具有独创性的布图设计,可以不经布图设计权利人许可,不向其支付报酬。计算机程序的反向工程是指:通过反汇编或反翻译,来确定一个计算机程序的构想、原理或设计方面的信息的过程。欧洲共同体在1991年通过的《计算机程序法律保护的理事会指令》中明确允许在一定条件下进行反编译,成为世界上首例有条件承认软件反向工程合法地位的立法。但是,合法的反向工程本身也必须满足一定的条件。首先,构成反向工程的行为,其直接目的必须是对他人的布图设计进行分析、评价、用

---

① 高华、焦洪涛:《专利权合理使用制度研究》,载《科技与法律》2002年第2期。

于教学或在他人布图设计的基础上创作新的布图设计。其次，对在反向工程过程中复制的他人的布图设计不能进行商业利用。再次，利用反向工程所创作出的新的布图设计必须符合独创性的要求。

2. 基于非生产经营目的合理使用

非为生产经营的目的而进行的使用，使用人不会从使用权利人的专利中获得商业利益，不会损害专利权人的市场或经济利益，因此，从法律经济学观点来看，为了不增加社会成本，应当允许这种不支付报酬地使用他人专利行为。

如著作权中规定：为学校课堂教学或者科学研究，翻译或者少量复制已经发表的作品，供教学或者科研人员使用，属于合理使用，可以不经著作权人许可，不向其支付报酬，但应当指明作者姓名、作品名称，并且不得侵犯著作权人依法享有的其他权利，不得出版发行。

商标的合理使用也普遍存在于非商业领域之中。由于这种使用一般不涉及商业利益，更不易造成商品的混淆，所以产生侵权的机会并不大。例如：①正常评论、研究中使用该商标。这主要指在平面媒体或其他媒体中引用该商标进行报道或客观评论。这种使用并非频繁为之，也没有"搭便车"的嫌疑，当属合理使用。②在字典中使用。此种使用应当尽到必要的注意义务，说明来源，不应使公众误认为该商标是通用名称，从而淡化该商标。

3. 基于言论自由的合理使用

这点在滑稽模仿（又称戏仿）中有着典型表现。由于商标、作品等日渐成为当代社会中渗透力极强的重要因素，许多作家和演员常常引用某些商标、作品的符号来针砭时弊，进行艺术创作。比如贺岁片《大腕》就借助许多知名品牌对社会现象进行讽刺，还有《一个馒头引发的血案》对于电影《无极》的评论。这种艺术化的使用只要不对商家以及其他权利人的名誉造成损害就属于合理使用的范畴，是善意且合理使用。

4. 基于表达有限或通用的合理使用

《计算机软件保护条例》规定："软件开发者开发的软件，由于可供选用的表达方式有限而与已经存在的软件相似的，不构成对已经存在的软件的著作权的侵犯。"即明确表明在可供选用的表达方式有限的情形下，独立创作的软件即使与已经存在的软件相似，也不构成侵权。

我国的《商标法实施条例》规定：注册商标中含有本商品的通用名称、图形、型号，或者直接表示商品的质量、主要原料、功能、用途、重量、数量及其他特点，或者含有地名，注册商标专用权人无权禁止他人的正当使用。

5. 基于指示性的合理使用

所谓指示性的使用，是指为了使一般公众了解与知识产权权利人及其知识产权有关的真实信息,而在生产经营活动中使用他人知识产品的情形。例如,与对地名商标和描述性商标合理使用不同的是,在指示性使用的情形下,被控侵权人使用原告的商标是用来指代原告的商品或者服务,而非指代被控侵权人自己的商品或服务,尽管最终仍是为了描述被控侵权人自己的商品或服务。

被告使用他人知识产品是否属于必要的、合理,在判断是否属于指示性使用中尤为重要。被告的抗辩成就指示性合理使用必须符合三个条件:①被告若不使用该知识产品将无法表示其被告使用的用途或特征的;②被告的使用必须在合理的、必要的限度内;③被告的使用不得暗示其与原告存在赞助或者许可关系。

6. 基于特别待遇的合理使用

这里主要是指农民特权,农民有权自繁自用授权品种的繁殖材料,即农民有权把授权品种的收获材料作为自己土地上使用的繁殖材料。自繁自用应理解为农民自己繁殖授权品种的繁殖材料并且自己使用,不包括农民为销售目的而繁殖授权品种的繁殖材料。

农民特权问题是植物新品种国际保护中的一个分歧所在,反映了发达国家和发展中国家不同的利益追求。国际植物新品种保护组织(UPOV)公约文本(1978)规定,"除非出于公共利益考虑,育种者可不受限制自由行使所给予的独占权利",实际上默认农民特权是出于公共利益考虑的强制性例外,但UPOV1991文本却将农民特权由强制性例外变为非强制性例外。这样强化了对育种者权利的保护,弱化了对农民权益的保护,强调了对商业性的追求。我国是一个农业大国,维护农民的利益是一个关系国家稳定的重大问题,因此我国《植物新品种保护条例》明确规定了农民特权。

三、基于商业流通需要的限制

商业流通已成为国家、地区与城市综合竞争力的重要因素。国家综合竞争力主要是生产力、流通力和文化竞争力的乘数,一个国家只有生产力没有流通力或流通力不强,不仅影响商品价值的实现,也会失去国家竞争力的基础条件。

(一) 权利用尽

1. 权利用尽的概念与特征

权利用尽也称权利穷竭、首次销售,其基本的含义是指享有某种知识产权保护的产品，由知识产权人或其所许可的人首次销售或通过其他方式转移给他人以后，知识产权人即无权干涉该产品的再转让和使用。权利用尽原则最早是由德国法学家柯拉（Kohler）提出的，其合理性在于消除知识产权的专有性对于商品自由流通所产生的负面影响，以促进贸易的发展。我国的权利用尽原则尚只明确存于专利法领域，著作权法和商标法虽没有明确规定权利用尽，但其适用性已被普遍认可。[①] 权利用尽具有以下特征：

（1）穷竭权项的特定性。知识产权的"权利用尽"是指特定权项的穷竭而非所有权项的穷竭。首先，被穷竭的不是人身权，而是财产权。知识产权中的人身权是不可分离，不可转让的，因此即使知识产品所有权发生了转移，知识产权的人身权仍然一直受到保护。其次，被穷竭的不是财产权、专利权或商标权本身，而是其子项，即权利群中的某项具体的与产品的销售或使用有关的权利。也就是说，专有权的穷竭仅仅是权利人在如何销售自己的产品这一点上，丧失了权利。

（2）穷竭对象的特定性。权利的穷竭是针对每一件合法投入市场的具体产品而言的，而不是适用于同一类的所有产品或者同一系列的所有产品，它不会导致该项知识产权本身效力的终止；权利人对其尚未投放市场或被非法投入市场的产品仍然具有排他性的绝对权利，任何人未经许可仍然不得进行知识产品的复制。

（3）穷竭范围的特定性。知识产权的权利穷竭具有地域性的特点，一般说来，权利人在一国投放其知识产权产品并不会导致其产品在其他国家的权利穷竭。因此权利人仍然有权禁止他人未经许可进口其享有知识产权产品的行为。如奥地利版权法规定："如果作者只同意过在某一特定领域销售其作品，则他对于进一步销售的专有权仅在该领域内丧失。"

2. 权利用尽的规定与制度发展

在我国对于权利用尽做出明确规定的知识产权法主要有《专利法》与《集成电路布图设计保护条例》。我国没有对商标、作品、植物新品种等权利的穷竭问题进行明确规定，但实际上，权利用尽原则仍然适用于这些权利，这一原则是不言而喻的。比如说，在版权领域，权利穷竭指的是"发行权一次用尽"。就是说，对于经过著作权人许可而投放市场的作品复制品，著作权人无权再控制它们的进一步转销分销等活动。另外，商标权的穷竭则是指商标权人对其合法投放市场的商品的进一步处分失去了控制的权利。

[①] "权利用尽"原则在著作权法领域的权利限制体现为对发行权的限制，故著作权的权利用尽又称为"发行权一次用尽"。

而在其他国家和地区,权利用尽的明确规定则更为全面。比如,德国对于著作权的权利用尽就有明确规定:"一旦作品的原件或复制件,经有权本法律适用地域内销售该物品之人的同意,通过转让所有权的方式进入了流通领域,则该物品的进一步销售为法律所认可。"另外,我国台湾地区对于商标的权利用尽也有明确的规定:"附有商标之商品由商标专用权人或经其同意之人于市场上交易流通者,商标专用权人不得就该商品主张商标专用权。但为防止商品变质、受损或有其他正当事由者,不在此限。"

权利用尽制度上的变化主要表现在著作权领域。在电影作品、计算机软件之上所生的出租权制度冲击了原有的权利用尽制度,"以租代买"严重损害了著作权人和出版商的利益,因此立法者开始重新审视原有的著作权用尽制度,一些国家的法律便赋予了著作权人对作品的出租权,如我国《著作权法》规定的出租权。类似的还有公共借阅权,即公众到图书馆"以借代购",图书馆的兴起也使作者利益受到严重损害,因此一些发达国家确立了公共借阅权制度(PLR)。公共借阅权是给予作家获取因公共图书馆免费出借其作品而获得报酬的一种法律权利。[1] 公共借阅权制度,作为国家对著作权人的一种福利或补偿措施最早提出于1920年。[2] 丹麦于1946年首次正式将公共借阅制度加以实施。1992年11月19日,欧共体理事会《知识产权领域中的出租权、出借权及某些邻接权的指令》(简称EC92/100)的颁布,欧盟的各成员国陆续对本国的借阅权制度进行统一立法。

权利用尽不能侵害原权利人的合法利益。在不二家(杭州)食品有限公司与钱海良、浙江淘宝网络有限公司侵害商标权纠纷案中,法院认为,销售者对商品包装进行改变后再转售,转售的商品在质量、状态、特征等方面发生了明显变化,并导致消费者对于该商标所承载的商誉产生了贬低性认知,进而削弱商标权人对商标与商品的联系,则可以突破商标权利用尽原则,认定该行为构成商标侵权行为。[3]

物质载体的存在是著作权穷竭(用尽)制度得以创立的前提和基础,当作品(数字作品)的载体变成电子脉冲时,对作品的控制就无法通过对载体的控制来实现。这就使发行权和版权穷竭制度均失去了存在的前提和基础。[4] 在网络时代权利用尽制度何去何从,是很值得深思的。

---

[1] Jim Parker: Public Lending Right in the United Kingdom. Registrar of PLR, 2001 (2).
[2] 张磊:《我国公共借阅权之制度设计》,载《图书馆工作与研究》2010年7月,第17页。
[3] 杭州市余杭区人民法院(2015)杭余知初字第416号判决书。
[4] Follow-up to the Green Paper on Copyright and Related Rights in the Information Society, Communication from the Commission, COM (96) 568 adopted, Nov. 1996: 18–19.

3. 权利用尽与平行进口

平行进口合法与否，在理论上主要是体现为知识产权的"权利用尽"与"权利地域性"的冲突与协调。各国实践的巨大差别及国际组织试图统一规定努力的失败说明了简单地谈"权利穷竭"或"地域性"显然已无济于事，挖掘两原则背后隐藏的立法本意是非常必要的。

（1）平行进口的概念

所谓平行进口，是指未经国（境）内知识产权权利人的授权，将该权利人或其被许可人在国（境）外投放市场的产品向国（境）内进口，而该产品在国（境）内享有某种知识产权，如专利权、商标权、著作权及集成电路布图设计权等。由于该进口与进口国知识产权人的进口相对平行，故称之为平行进口。"平行进口"是国际贸易实务中的一种常见现象。因为其法律效力的不确定性，"平行进口"在美国常被称为"灰色市场进口"。

需要注意的是：平行进口的产品涉及进口国（以下所称的国家包括独立的关税区）的知识产权。但该产品在出口国有无知识产权，在所不问。平行进口是相对于进口国权利人的进口行为，而且对平行进口合法与否的态度也有进口国决定。

（2）发生平行进口的原因

平行进口发生于国际贸易中，其主要原因是同一知识产品在不同国家市场的价格差。造成这种价格差的原因有很多，产品需求弹性、产品的生产成本、知识产权人的定价策略[①]、国家的关税政策和关税水平等都会对产品的价格产生影响。平行进口商正是为了从这种价格差中赚取利润，才从知识产权人或其授权的人手中购买知识产品。

产品平行进口通常都会对知识产权人的国内市场造成一定的冲击。同时，进口人搭便车，利用进口国经销商的商业信誉、广告宣传和营销投入等。一方面，平行进口商的行为有利于打破垄断，平抑价格，促进自由贸易，增进消费者利益。但是在另一方面，平行进口的行为会损害知识产权人的利益，特别是进口国知识产权被授权人的利益，而且平行进口行为也不总是有利于进口国消费者，因为会带来削弱知识产权许可、转移的动力，不正当竞争，来源混淆和品质差异等弊端。

（3）平行进口合法与否判断的理论困境

在目前的理论与实践中，绝大部分是利用知识产权的权利用尽理论来讨

[①] 由于市场营销策略（如扩大市场份额和占有率）的需要，知识产权人出售给国外经销商或者国外被许可使用知识产权的企业所生产的商品的价格都比较低。

论平行进口的合法与否，并衍生出两个权利用尽的理论分支。第一种是权利国际用尽理论，知识产权人或其被许可人生产的知识产品，在第一次投放市场后，权利人即在世界范围内丧失了对该知识产权的控制权，无论何人在何地使用或转售该产品，都无须征得权利人的许可，也不侵犯其知识产权①。而另外一种观点则主张权利国内用尽理论，即权利在一国的用尽，并不导致其在国际市场上的用尽，在其他国家知识产权仍然处于"未曾使用"的状态。② 权利人仍可以根据其在进口国取得的权利来对抗平行进口的商品。

TRIPs 对平行进口问题持中立态度，将其作为例外留给成员方自由决定，充分说明平行进口问题的复杂性。而且，TRIPs 强调不允许成员方在解决知识产权争端时，援用协议的任何条款去支持或否定知识产权用尽问题，以免使本来差距就很大的各成员立法，在有关争端中产生更多的矛盾。③ 我国法律对于其他的知识产权的平行进口合法与否没有明确的规定，但《专利法》直接规定了进口权也在首次销售中用尽，也即意味着平行进口行为在我国专利法范围内成为合法行为。

尽管平行进口一直是知识产权法的热门问题，但从本质上来讲，平行进口问题是一个政策性问题。④《中华人民共和国反垄断法》（以下简称《反垄断法》）明确"经营者滥用知识产权，排除、限制竞争的行为，适用本法。"因此，生产商对平行进口的限制措施只要构成"排除、限制竞争的行为"，就可以适用《反垄断法》⑤

（二）临时过境

我国《专利法》规定：临时通过中国领陆、领水、领空的外国运输工具，依照其所属国同中国签订的协议或者共同参加的国际条约，或者依照互惠原则，为运输工具自身需要而在其装置和设备中使用有关专利的，不视为侵犯专利权。临时过境现仅在《专利法》中有规定，在其他知识产权法中暂无说法。

这一原则源自《巴黎公约》。《巴黎公约》第 5 条之三规定不应认为是侵犯专利权人的权利。很多国家专利法中都有此种规定。比如日本《专利法》

---

①②郑成思：《版权法》，北京：中国人民大学出版社，1997 年，第 286 页。
③李玉璧：《平行进口的法理分析与立法选择》，载《西北师大学报（社会科学版）》，第 124 页。
④刘春田：《知识产权法》（第四版），北京：高等教育出版社、北京大学出版社，2010 年，第 228 页。
⑤李锐：《欧盟竞争法对限制平行进口措施的规制及借鉴》，载《法律适用》2011 年第 5 期，第 117 页。

第 69 条第 2 款第 1 项规定："专利权的效力不涉及仅仅是通过日本国内的船舶或航空飞机或它们所使用的机械、器具、装置及其他物品"。瑞典专利法第 5 条规定："尽管授予了专利，因定期交通或其他情况暂时进入我国的外国船只、飞行器或其他外国交通工具，仍可为其本身的需要而使用该项专利"。如果各国对此没有规定，那么国际交往就会变得非常困难。而在事实上，任何参与国际生活的国家都会对这一原则予以认可。

临时过境的外国运输工具使用专利的合法行为，只限为了运输工具自身需要的使用行为，而且在使用有关专利时，必须使用在运输工具的装置和设备中，比如修补运输工具损坏的零部件的需要而使用有关专利的行为，提高运输工具性能的需要而使用有关专利的行为。所谓使用专利，是狭义上的使用，也就是利用专利用途的行为，不包括制造、销售、许诺销售或者进口等行为。

（三）无知侵权

无知侵权（innocent infringement），也称为不知情侵权、善意侵权等，是指当事人没有合理的理由知道其行为侵犯了他人的知识产权。《专利法》规定："为生产经营目的使用或者销售不知道是未经专利人许可而制造并出售的专利产品或者依照专利方法直接获得的产品，能证明其产品合法来源的，不承担赔偿责任。"相似的规定也出现在《计算机软件保护条例》中。

无知侵权是一种侵权行为，只是不承担赔偿责任，但是要承担停止侵权等民事责任。值得注意的是，在上述规定出台之前，《集成电路布图设计保护条例》规定："在获得含有受保护的布图设计的集成电路或者含有该集成电路的物品时，不知道也没有合理理由应当知道其中含有非法复制的布图设计，而将其投入商业利用的，不视为侵权。前款行为人得到其中含有非法复制的布图设计的明确通知后，可以继续将现有的存货或者此前的订货投入商业利用，但应当向布图设计权利人支付合理的报酬。"可见，《集成电路布图设计保护条例》将无知侵权不视为侵权行为，并且可以继续将现有的存货或者此前的订货投入商业利用，但应当向布图设计权利人支付合理的报酬。

从无知侵权的发展趋向来看，应该是趋向于无知侵权是一种侵权行为的态度，只是不承担赔偿责任。而《集成电路布图设计保护条例》的态度应该是较早的看法，可能在下一次修订时做出调整。

四、基于在先使用的限制

(一) 在先使用的概念与产生原因

在先使用,是指某人在他人就某一知识产品取得相应知识产权之前,已经先行使用该知识产品。在先使用权一般只在专利保护和商标保护中出现,对于著作权一般不存在在先使用权,因为著作权在作品的完成之时即获得著作权,而无须通过申请。

在先使用权的产生原因主要是因为知识产品的产生与权利的保护存在时间的不一致,一般是知识产品先产生,然后需要通过有关行政部门的审查才能获得相应的权利,而申请之前或许有其他人也创生了同样的知识产品,并且进行了产业应用或者做好了产业应用的准备,只不过申请在后甚至没有申请。另外,由于法制的发展,权利的保护往往要落后于知识产品的产生,在某种知识产品纳入法律保护之前,知识产品早已产生,法律一方面要保护立法之后的知识产品,同样也要保护之前的知识产品。这样,就有必要协调与平衡前后的利益。

注意区分在先使用权和在先权利。在先权利是某一类民事权利的集合,该类民事权利依据产生的时间标准进行具有法律意义的划分,是基于同一保护对象而在时间顺序上优先依照法定程序获得或自然产生的某种民事权利。在先权利一方面表现为法律明文规定的权利,另一方面也可能是在先利益。

(二) 在先使用权的表现

1. 专利

专利权的在先使用权,是指行为人在专利申请日前已经制造相同产品、使用相同方法或者已经作好制造、使用的必要准备,并且仅在原有范围内继续制造、使用的,其行为按照专利法规定不视为侵权。

要注意在先使用权与"新颖性"的冲突。先用权的产生源于处于一种秘密的状态的先发明人的发明创造,并没有经由"表达"让世人得知,因此,社会无法从发明人的发明创造中受益。这样一种处于秘密状态下的发明创造,不能产生排斥他人正常使用同样的发明创造的权利,只能认为是先发明人的一种利益。因此,先用权仅仅是在专利侵权诉讼中被告用来对抗专利权的一种抗辩权。因此,这实际上是排他性的专利权(对世权)与先用权(对人权)的对抗。

2. 商标

商标在先使用权是指在注册商标的申请日之前，就已经在该商标注册核定使用的商品或服务或者类似商品或服务上善意连续地使用与注册商标相同或者近似的商标的，该商标使用人有权继续在原商品或者服务上使用该商标。这种继续使用权是一种限制的权利，如不得扩大该服务商标的使用地域，不得增加该服务商标使用的服务项目，不得改变该服务商标的图形、文字、色彩、结构、书写方式等内容（但以同他人注册的服务商标相区别为目的而进行的改变除外），不得将服务商标转让或许可他人使用等。

而我国台湾地区商标法以先用人的使用系出于"善意"，且限于"原使用之商品"，商标专用权人还可以要求其"附加适当之区别标示"。加拿大商标法规定在先善意使用人可以请求法庭颁发命令，准许其以与注册商标区别开来的方式继续使用，但只有法庭命令发布之日起 3 个月内向注册官申请在与注册商标有关的注册簿中登记的情况下才有效。

我国没有普遍地承认商标的在先使用权，只是有限地承认了服务商标在特定情况下的在先使用权。《商标法实施条例》规定：连续使用至 1993 年 7 月 1 日的服务商标，与他人在相同或者类似的服务商已注册的服务商标相同或者近似的，可以继续使用；但是，1993 年 7 月 1 日后中断使用 3 年以上的，不得继续使用。这一规定下，使得继续使用权的规定突破了原有的商标"专用权"的概念，形成了同一服务项目同一商标不止一人同时使用的局面，使服务商标的排他性不如商品商标那么严格。

第三节　知识产权外部的竞争法限制

竞争法包括两大部分：一为反不正当竞争法，一为反垄断法。经过一百多年的发展，各国的竞争立法模式已基本定型，但是由于各国不同的社会制度、立法传统，竞争法在立法模式上可分为三种，即：分立式、统一式和混合式。我国早期《反不正当竞争法》是一部主要调整不正当竞争行为、兼及部分限制竞争行为的法律，可以称之为综合的或混合的立法模式。2008 年 8 月 1 日起施行《中华人民共和国反垄断法》（以下简称《反垄断法》与 2019 年修订《反不正当竞争法》，形成了分立式的竞争法立法。

我国《反不正当竞争法》与《反垄断法》在立法目的、立法理念，以及两部法律所调整的对象、法律责任等方面，既有共同之处，同时也存在诸多不同。在立法的出发点方面，我国反不正当竞争法反对的是经营者使用不公平和不正当的手段,因此它首先保护的是受不正当竞争行为损害的经营者的利益,维护公平的竞争秩序。而反垄断法则主要从竞争性市场结构出发,反对企业以独占等方式,排斥或限制竞争,妨碍其他企业进入市场,从而保障社会资源的优化配置。反不正当竞争法最直接的目的就是制止不正当竞争行为,并通过对不正当竞争行为的预防、制止和惩罚来实现鼓励和保护公平竞争、保护经营者和消费者的合法权益;而反垄断法的直接目的是预防和制止垄断行为,并通过对垄断行为的预防、控制和惩罚来实现保护市场公平竞争,提高经济运行效率,维护消费者利益,维护社会公共利益。反不正当竞争法更加关注竞争参与者之间竞争行为的正当性与合理性,更加注重对竞争参与者利益的保护。而反垄断法则更加关注竞争的有无以及竞争是否充分,更加强调提高经济运行效率和维护社会公共利益,其重点在于保障企业获得公正的竞争能力和竞争机会,保障企业平等地进入市场,打击和控制自然垄断及政府支持行政垄断,消除企业间的差别待遇,实现企业间的公正、自由、平等基础上的竞争。另外,《反不正当竞争法》和《反垄断法》在调整民事法律关系主体、行为性质等方面存在的异同。《反不正当竞争法》所调整的主体,主要是针对流通领域中的商品经营者,而《反垄断法》除调整流通领域外,同时也调整生产领域中存在的垄断行为(包括境内和对我国境内市场竞争产生排除、限制影响的境外垄断行为)。

一、知识产权的反不正当竞争法限制

我国《反不正当竞争法》的立法宗旨是保障社会主义市场经济健康发展,鼓励和保护公平竞争,制止不正当竞争行为,保护经营者和消费者的合法权益。竞争是指经营者之间的竞争,即两个或两个以上的经营者在市场上以较有利的价格、数量、质量或其他条件争取交易机会的行为。[①]

(一)反不正当竞争与知识产权的联系

将制止不正当竞争的内容纳入知识产权法的范畴,是国际公约与一些大陆法系国家的共同作法。早在1883年的《保护工业产权巴黎公约》(以下简称《巴黎公约》)第10条之2第1款便规定:"本联盟成员方必须对各该国国民保证予以取缔不正当竞争的有效保护"。1967年《成立世界知识产权组织

[①] 在立法上对反垄断基本未作规定,只是对一些限制竞争行为做出禁止性规定,这主要是因为当时对于反垄断的理论上还缺乏深入而系统的分析研究。

公约》直接将"制止不正当竞争的权利"作为知识产权的一项内容，与其他知识产权并列。要注意的是，尽管反不正当竞争与知识产权有着密切关系，但并非所有的不正当竞争行为都和知识产权有关，其中大量的行为（如虚假广告、低价倾销等）与知识产权毫无联系。笼统地说"反不正当竞争法属于知识产权法"，与事实不符。①

反不正当竞争法与知识产权法的立法目的又是有区别的，二者在保护方式与保护重点方面有所不同。知识产权法以确立主体所享有的权利的方式，保护权利人的知识产权在法定期限内不受侵害；反不正当竞争法则通过确认竞争行为的公平性、正当性以及对市场竞争秩序的影响，制止不正当竞争行为，维护经营者和消费者利益，确保公平竞争目的。

（二）知识产权领域中的不正当竞争行为

与知识产权有关的主要是两类：一是侵害知识财产的不正当竞争，二是滥用知识产权的不正当竞争。具体可分为4种类型：即假冒行为，引人误解的虚假宣传行为、商业诋毁行为以及侵犯商业秘密行为。

《反不正当竞争法》是知识产权制度的重要补充，它可为知识产权提供兜底性的保护与救济。最高法院司法判决对反不正当竞争法一般条款提出了三个适用条件：一是法律对该种竞争行为未做出特别规定；二是其他经营者的合法权益确实因该竞争行为而受到了实际损害；三是该种竞争行为因确属违反诚实信用原则和公认的商业道德而具有不正当性或者说苛责性。②

经济生活中竞争是必然的，而竞争就必然带来某些商家甚至某个产业的损害。不能说存在损害就一定是不正当竞争。《反不正当竞争法》不仅仅局限于某种法定权利的保护和某一个竞争参与者的利益，其根本目的是要建立和维护一种自愿、公平、诚实信用和遵守公认商业道德的竞争秩序。因此，对于其他部门法不予保护的对象，是否应启动《反不正当竞争法》予以保护，一方面应以反法自身的立法目的为出发点；另一方面须考虑《反不正当竞争法》与其他部门法的衔接问题，避免反法的兜底保护破坏了其他部门法的立法原意。在考察《反不正当竞争法》与知识产权法的保护衔接问题时，对于那些涉及公共利益或思想领域等而被知识产权法排除在保护之外的内容，反法不应再轻易给予兜底性保护，否则将使得知识产权法设立的权利范围栅栏形同虚设，导致不当扩大相关主体的权利范围，引发限制竞争的后果，《反

---

① 李琛：《论知识产权法的体系化》，北京：北京大学出版社2005年，第171页。
② 最高人民法院（2009）民申字第1065号民事裁定书。

不正当竞争法》也将由此沦为相关主体滥用知识产权的工具。

二、知识产权的反垄断法限制

反垄断法关注的焦点是垄断行为而非一个竞争者是否处于垄断地位。如果一个竞争者通过市场竞争逐渐壮大成为某个市场的垄断者,非但不会受到反垄断法的制裁,反而彰显了反垄断法的作用——通过维护竞争机制促使竞争者做大做强。

(一) 知识产权与垄断的关系

知识产权是一种私权,与一般的财产权相一致,虽然具有独占和排他的性质,但其权利本身并不产生反垄断法上的问题。它们之间并不存在必然的、内在的冲突关系。但是,通过强制性一揽子许可限制竞争、在许可合同中附加不合理条件、利用市场支配地位收取不合理许可费等都有可能违反《反垄断法》。[1]

行使知识产权的行为限制了相关市场竞争的,要受到反垄断法的规制,而不论其是否有滥用行为;相反,即使存在知识产权滥用行为[2],但并未对相关市场竞争造成负面影响的,不适用反垄断法,对其应以知识产权法、民法等民事法律加以规制。只有当竞争者实施了反垄断法所明确规定的垄断行为时,反垄断法才对其予以禁止和惩戒。

对涉及知识产权的反竞争行为的违法性判定来讲,只能以反垄断法的原则和标准进行分析。滥用知识产权是否限制了相关市场的竞争,其判断标准只能以反垄断法的规定为原则,而非其他与知识产权相关的法律、法规对知识产权的限制。

---

[1] 业界流行的"知识产权是一种合法的垄断权"的说法是存在问题的。知识产权本身不产生垄断,其原因有三:a. 除了标准必要专利的某个阶段性之外,某个专利技术在同时或者以后的某个时间必然会出现的其他替代技术;b. 所有的权利其实都是专有的,或者通俗意义的垄断性;c. 反垄断针对的权利行使,而不是权利本身。

[2] 有学者依据美国法院近百年来的判例,将专利权滥用行为的类型归纳如下:a. 搭售协议;b. 一揽子许可;c. 不经营竞争性商品的协议;d. 过期使用费;e. 基于总销售额的使用费;f. 拒绝许可;g. 固定价格;h. 地域限制——转售限制;i. 使用领域及顾客限制;j. 回授条款;k. "假专利"恶意诉讼;l. 不当发布侵权警告函。参见许春明、单晓光:《"专利权滥用抗辩"原则——由ITC飞利浦光盘案引出》,载《知识产权》2006年第3期,第33-38页。

（二）知识产权领域反垄断中相关市场的界定

界定知识产权领域反垄断中的相关市场，首先需要按照相关市场界定的一般原则进行，从两个基本的维度分别界定出相关商品市场和相关地域市场，但同时也需要考虑知识产权领域的某些特殊问题。①

1. 相关商品市场

相关商品市场，是指根据商品的特性、价格及其使用目的等因素可以相互替代的一组或者一类商品所构成的市场。② 然而，对于知识产权而言，除了需要界定出狭义上的相关产品市场，通常还需要结合其本身特点界定出相关技术市场，甚至相关创新市场。③

相关产品市场，是指利用知识产权制造或者提供的产品（有体商品）与可替代的产品所构成的市场。对于知识产权领域的相关产品市场的界定可以从需求替代性与供给替代性两个方面进行考察。确定产品之间的可替代性可以考虑以下因素：产品的物理性能和使用目的、价格、消费者偏好等。④

相关技术市场是指由行使知识产权所涉及的技术与可以相互替代的同类技术之间相互竞争所构成的市场。⑤ 界定相关技术市场可以考虑技术的属性、用途、许可费、兼容程度、所涉知识产权的期限、需求者转向其他具有替代关系技术的可能性及成本等因素。对于一项技术是否与知识产权所涉技术具有替代关系的判断，不仅需要考虑该技术目前的应用领域，而且还要考虑其潜在的应用领域。

相关创新市场是指经营者就未来新技术或者新商品的研究与开发进行竞争所形成的市场。相关创新市场的界定需考虑所涉及的知识产权研发所需的投入要素，包括相关资产、关键研发设施、研发成本等，以及具有研发能力和动机的实体数量、核心技术研发人员数量、购买者和市场参与者的评价等。

2. 相关地域市场

相关地域市场，是指相关经营者供给或者消费者购买相关商品的地域范围，并且这一地域内的竞争条件基本一致⑥，倘若超出此地域范围，则竞争

---

①王先林：《知识产权领域反垄断中相关市场界定的特殊问题》，载《价格理论与实践》2016 年第 2 期，第 49 - 53 页。
②张穹：《反垄断理论研究》，北京：中国法制出版社，2007 年，第 46 页。
③王先林：《知识产权领域反垄断中相关市场界定的特殊问题》，载《价格理论与实践》2016 年第 2 期，第 49 - 53 页。
④金福海：《反垄断法疑难问题研究》，北京：知识产权出版社，2010 年，第 59 - 62 页。
⑤冯江：《中国知识产权滥用之反垄断法反制实务》，北京：法律出版社，2018 年，第 24 页。
⑥张穹：《反垄断理论研究》，北京：中国法制出版社，2007 年，第 46 页。

条件将大不相同,从而形成明显的相邻地域市场间的边界划分。

影响相关地域市场的因素主要涉及运输成本和产品特性、消费者喜好、营销成本、市场进入的障碍等。[①] 除此之外,在界定知识产权相关地域市场时应当重视如下维度[②]:①知识产权相关地域市场常常为被认定为授予国家垄断的区域或者是知识产品厂商享有知识产权保护的区域;②知识产品的价值及消费者之搜寻成本、交通成本;③运输及相关成本,如保险和包装成本;④地区性差异,如贸易政策和关税税率等;⑤分析位于其他地域之下游知识产品供应商对涉案知识产品供应商之上游知识产品的定价行为所能达到的制约程度,以此作为衡量知识产品所涉及区域宽窄的标准;⑥其他诸如用户群体等因素。

在界定知识产权相关市场时,由于知识产品的无体性、虚拟性和边际模糊性,相关地域范围对其造成的限制并不明显。知识产权人的市场支配力在很大程度上并不会因为其所处于的具体地理位置不同而发生相应变化。[③]

由于在相关商品市场中,相关产品市场的界定主要围绕利用知识产权制造或者提供的产品与可替代的产品进行;相关技术市场的界定主要围绕特定技术与可替代的技术进行;相关创新市场的界定主要围绕相关产品、技术的研发活动与可替代的研发活动进行。通常情况下,以上三类相关市场都会涉及相关地域市场,并且各自的地域市场范围可能是不同的。这样,从市场维度上来看,相对于相关地域市场的维度来说,产品市场、技术市场和创新市场都可被视为广义上的相关商品市场的维度和范畴,以回答事实上是哪些商品在市场上相互进行竞争的问题。[④] 由此,传统反垄断案件所侧重考量的相关地域市场因素得以弱化,取而代之的是对相关产品市场、技术市场和创新市场的认定具有了决定性的意义。

(三) 知识产权领域反垄断中滥用市场支配地位的行为

1. 市场支配地位

知识产权是一种私权、财产权,与物权类似,具有独占性和排他性,但其权利本身并不产生反垄断法上的问题,无人问津的专利虽具有独占性和排

[①] 金福海:《反垄断法疑难问题研究》,北京:知识产权出版社,2010年,第63-64页。
[②] 龙柯宇:《滥用知识产权市场支配地位的反垄断规制研究》,武汉:华中科技大学出版社,2016年,第125-130页。
[③] 龙柯宇:《滥用知识产权市场支配地位的反垄断规制研究》,武汉:华中科技大学出版社,2016年,第112页。
[④] 王先林:《知识产权领域反垄断中相关市场界定的特殊问题》,载《价格理论与实践》2016年第2期,第49-53页。

他性，但不会形成市场垄断力。经营者具有市场支配地位是其滥用市场支配地位的前提。市场支配地位，是指经营者在特定的市场上所具有的对某种商品领域一定程度的支配、控制力量，即在相关市场上所拥有的决定商品的数量、价格、质量等各个方面的支配、控制能力。①

知识产权人往往具有市场支配地位的主要原因在于：①在相关市场上没有或缺少替代品；②市场进入障碍；③市场上竞争者没有或很少；④对价格的控制能力加强。②

知识产权人并不必然具有市场支配地位。认定拥有知识产权的经营者在相关市场上是否具有支配地位，应依据《反垄断法》相关规定认定或者推定市场支配地位的因素和情形进行分析。关于市场支配地位主要有四种认定标准：市场结构的认定标准、市场份额的认定标准、市场行为的认定标准、市场结果的认定标准。目前以市场份额的认定标准占据优势地位。所谓市场份额的认定标准，即将某一经营者在相关市场的占有率作为认定市场支配地位的标准。但是，市场份额不是确定市场支配地位的唯一因素．还必须考虑新的竞争者进入市场的障碍、对价格的控制能力、市场上竞争者的实力等。③

结合知识产权的特点，在认定经营者是否具有市场支配地位时还可具体考虑以下因素：①交易相对人转向具有替代关系的技术或者商品等的可能性及转换成本；②下游市场对利用知识产权所提供的商品的依赖程度；③交易相对人对经营者的制衡能力。④

2. 滥用市场支配地位排除、限制竞争的行为

法律并不禁止经营者具有市场支配地位，特别是不禁止经营者通过合理的竞争来获取市场支配地位，但是却严格禁止具有市场支配地位的经营者通过滥用市场支配地位来实施排除、限制竞争的行为。⑤ 保护知识产权可以对竞争起积极作用。但若借保护知识产权之名，无端扩大知识产权保护外延，以损害竞争，就是在知识产权的行使中滥用市场支配地位。⑥

区分知识产权保护与知识产权滥用时应考虑：第一，是否有利于技术的创新、转让和传播；第二，是否有利于推动整个社会的进步、财富的增长；

---

①张穹：《反垄断理论研究》，北京：中国法制出版社，2007年，第137页。
②李建伟：《创新与平衡》，北京：中国经济出版社，2008年，第91页。
③李建伟：《创新与平衡》，北京：中国经济出版社，2008年，第92页。
④国务院反垄断委员会《关于滥用知识产权的反垄断指南（公开征求意见稿）》第三章第十三条，载反垄断局官网，http：//fldj.mofcom.gov.cn/article/zcfb/201703/20170302539418.shtml 2017-3-24登录。
⑤张穹：《反垄断理论研究》，北京：中国法制出版社，2007年，第137页。
⑥李建伟：《创新与平衡》，北京：中国经济出版社，2008年，第93页。

第三，是否有利于知识产权人与社会公共利益的平衡。① 在实践中，属于滥用市场支配地位的典型情况包括：搭售、拒绝许可、价格歧视、掠夺性定价、过高定价等。

（1）知识产权行使中的搭售行为

从知识产权滥用角度看，搭售是指知识产权人在从事市场交易行为时，将两个或者两个以上的知识产品捆绑在一起予以销售，使得买受人为了得到所需要的知识产品（即"结卖品"）而不得不同时购买从性质上或者从交易习惯上与该知识产品无关的被捆绑在一起的其他产品（即"搭卖品"）。②

搭售是滥用市场支配地位的最常见行为模式之一，如 2005 年美国 Illinois 案中拥有打印机头的专利权企业要求买受人在购买打印机头时必须购买其生产的非专利产品——墨水，再如微软公司将 windows 操作系统与 IE 浏览器搭售从而逼死了网景公司的导航者浏览器，微软公司将自己的 JVM（JAVA 虚拟机）与 windows 操作系统搭售从而实现了排挤太阳（SUN）公司的目的。

（2）知识产权行使中的拒绝许可行为

拒绝许可是指知识产权人利用自己的专用权或垄断权，拒绝授予竞争对手合理的使用许可，从而排除有效竞争以达到巩固和加强自己垄断地位的行为。通常情况下，拒绝许可并不违反法律，但倘若权利人的拒绝许可行为存在歧视，则构成优势地位的滥用，会产生限制了下游市场自由竞争的效果。③

比较典型的拒绝许可案例有如 1996 年欧盟的麦吉尔案（Magill），该案中，对电视节目表拥有版权的 RTE 公司拒绝向麦吉尔授予著作权许可，被欧洲法院认定该行为构成支配地位的滥用。

（3）知识产权行使中的价格歧视行为

价格歧视，也称为歧视性定价。知识产权行使中的价格歧视是指知识产权人在提供或者接受知识产品或技术时，对不同的客户在同等的交易条件下实行与成本无关的价格上的差别待遇。④

歧视性定价是跨国公司实施滥用知识产权行为的一种常见形式，如微软的 windows98 操作系统在中国大陆的零售价远远高于在美国、日本以及中国

---

① 李建伟：《创新与平衡》，北京：中国经济出版社，2008 年，第 92 页。
② 龙柯宇：《滥用知识产权市场支配地位的反垄断规制研究》，武汉：华中科技大学出版社，2016 年，第 160 页。
③ 李建伟：《创新与平衡》，北京：中国经济出版社，2008 年，第 98 页。
④ 龙柯宇：《滥用知识产权市场支配地位的反垄断规制研究》，武汉：华中科技大学出版社，2016 年，第 177 页。

台湾和香港地区的定价，office2000 测试版在中国标价 200 元左右，而国外免费赠送。①

（4）知识产权行使中的掠夺性定价

掠夺性定价，又称劫掠性定价、掠夺价、低价倾销，是价格歧视的一种，有时亦称掠夺性定价歧视。作为一种典型的滥用市场地位行为，其行为特征是一个或多个优势企业为了排挤竞争对手，而在一定时期、一定市场以低于成本的价格销售产品。在达到排除竞争对手形成垄断的目的后，优势企业即大幅提高产品价格，以攫取高额垄断利润。②

实践中涉及知识产权的掠夺性定价的反垄断案件并不多见，因为知识产权生产商实施此类低价倾销行为，必将使自己长期处于亏损状态，即使将来可以打垮竞争对手进而抬高价格，也未必能够弥补之前的亏损额度，风险性极高。③

（5）知识产权行使中的垄断高价

垄断高价，也称过高定价，是指企业在正常竞争条件下所不可能获得的远远超出公平标准的价格，即以企业具有市场支配地位为前提的垄断性高价。④

索取垄断性高价实际上是利用市场支配地位对消费者和用户进行剥削的行为。一些具有市场支配地位的企业往往滥用其知识产权谋取垄断高价或者以此作为达到其变相拒绝许可目的的手段。如在美国微软垄断案中，杰克逊法官认为微软将 Windows98 升级版收取 49 美元就足以有利可图，却将售价提升至 89 美元，是微软滥用垄断实力的表现。

近年来，滥用知识产权市场支配地位的行为在传统的搭售、拒绝许可、以价格为手段的排挤行为等基础上，又有了新的表现形式，这些表现形式集中于对知识产权制度本身的滥用领域，例如专利权人通过微小的改进寻求延长其专利寿命、布设专利陷阱等。⑤

---

①王先林等：《知识产权滥用及其法律规制》，北京：中国法制出版社，2008 年，第 68－69 页。
②李建伟：《创新与平衡》，北京：中国经济出版社，2008 年，第 102 页。
③龙柯宇：《滥用知识产权市场支配地位的反垄断规制研究》，武汉：华中科技大学出版社，2016 年，第 186 页。
④王先林：《知识产权滥用及其法律规制》，北京：中国法制出版社，2008 年，，第 70－71 页。
⑤龙柯宇：《滥用知识产权市场支配地位的反垄断规制研究》，武汉：华中科技大学出版社，2016 年，第 196－198 页。

三、标准、专利与反垄断

标准是为某一产品或者流程提供或旨在提供一个共同构思的技术规范。标准的表现形式各种各样,有些标准极其复杂,技术性极强。例如,界定微软视窗操作系统兼容性的应用编程界面就是一个行业标准。了解并恰当地应用该标准,其产品将能够跟微软操作系统交互运行。但是标准并不一定都这样复杂。例如,许多国家的电源插座和插头都是根据特定的电压、电阻和插头形状等标准生产的,以方便日常使用。

(一)标准与专利的结合

专利与标准之间存在着关联。专利一旦被纳入技术标准,成为标准必要专利(standard essential patent,SEP)。实践中,专利技术被纳入技术标准的模式主要有以下三种[①]:第一种是标准所规约的内容是产品的指标要求或者功能要求,而专利则是实现标准的具体的完整的技术方案。[②] 第二种是技术标准的技术要素涉及产品的某些特征,而某项专利技术是实现这些特征的技术手段。第三种是技术标准的技术要素包含某项专利技术的全部技术特征,此时技术要素的内容与某项或某些专利的内容完全重叠。

标准的宗旨是规定行业的技术要求或安全要求,专利权的本质是保护权利人的技术方案,因此,标准必要专利兼具公共属性与私权属性,涉及自由竞争与专利权保护两个方面,其法律问题是反垄断法和专利法的交错。

(二)标准必要专利限制竞争的约束

虽然标准化在许多市场上具有巨大的经济价值,但是,标准的制定本身也对竞争带来了潜在的威胁。通常情况下,消费者在多家公司为提供不同种类的产品相互竞争时获益最大。然而,某一产品的标准化则多少缩小了消费者的选择范围。在一个竞争充分的市场中,不必要的标准会通过竞争被排挤出市场。但标准制定者可能会阻止这种竞争,从而起到了排除某些产品的卡

---

①杨帆:《技术标准中的专利问题研究》,中国政法大学2006年博士论文,第32页。
②例如2003年欧盟出台的为《打火机——防止儿童开启要求及测试方法》法规规定:出口价格在2欧元以下的打火机必须安装防止儿童开启的"安全锁",否则不准进入欧洲市场。"安装防止儿童开启的'安全锁'"是技术标准中技术要素的内容,但是实现该技术要求就必须要使用关于"安全锁"装置的专利技术。

特尔效果。如果滥用这种垄断地位就会违反《反垄断法》的禁止性规定。

专利的标准化虽然可以促进创新，增进效率，减少消费者的适应成本，消除国际贸易障碍，但专利借助技术标准的强制适用性，将极大增强了专利权人控制相关市场的能力专利。这种垄断性与标准的封锁性结合，导致参与竞争的经营者必须要获得标准必要专利权人的许可，否则就无法进入相关市场。这极大增强了标准必要专利权人在专利许可使用谈判中的地位，导致其向标准使用者即专利被许可使用人索要不公平、不合理和歧视性的专利许可使用费。

由此，必须在标准制定所具有的促进竞争的优点及其易于合谋和滥用市场支配地位的风险之间进行权衡。当前案件审理中主要根据 FRAND（fair, reasonable and non-discriminatory）① 规则来进行处理。

不过这种应用于通信行业的规则能否推广到其他标准必要专利领域，仍存在较大的分歧。《最高人民法院关于审理侵犯专利权纠纷案件应用法律若干问题的解释（二）》第二十四条第二款做出停止侵权的判令应当满足以下三个条件：①涉案专利所涉标准系推荐性标准；②专利权人在标准制定过程中做出"公平、合理、无歧视"的承诺；③被诉侵权人无明显过错。在齐鲁制药有限公司与北京四环制药有限公司的马来酸桂哌齐特注射液药品标准必要专利案纠纷案中，三级法院均拒绝适用 FRAND 规则的裁定。

另外，FRAND 规则与民法的诚实信用、公平合理等原则之间其实还是相通的，或者说 FRAND 规则只是民法基本原则在标准必要专利领域中的正常适用，并没有超出民法基本原则之外的特别之处。

---

① 也有使用"RAND（合理和不带歧视性，reasonable and nondiscriminatory）"的提法。

第十章 知识产权的运用

作为私权，知识产权人及依法有权处分的主体可采取各种方式运用知识产权，谋求或取得相应的竞争优势或收益。行使知识产权的方式，包括知识产权人本人利用和他人利用。本人利用主要是知识产权人直接实施，而他人利用的方式主要是采取转让、许可的方式，这是人们实现知识产权价值的主要形式，但知识产权担保也是极为重要的形式。

第一节 知识产权的许可

所谓知识产权的许可，是指知识产权人授权他人以一定的方式、在一定的时期和一定的地域范围内商业性使用其知识产品。原则上，只有财产权利才可以许可使用，人身权利是不是存在许可使用的。知识产权许可只是使用权的转移，权属仍然保留在原权利人手里，但依然可能因为在许可使用中知识产权升值而引发新增价值分配的问题，以及产生新的知识产权而引发利益冲突的问题。[1] 知识产权转让固然可以比知识产许可获得的一次性的经济利益要高，但同时也要面临失去对该项知识产权的控制，树立竞争对手或者失去竞争优势的风险。

一、知识产权许可的要求

（一）**实体要求**

进行许可的权利应当是有效的权利。如《合同法》规定："专利实施许可合同只在该专利权的存续期内有效。专利权有效期限届满或者专利权被宣告无效的，专利权人不得就该专利与他人订立专利实施许可合同。"

---

[1] 参见《知识产权》2012年第12期刊发的专题评述"评广药与加多宝知识产权纠纷"系列文章。

适于许可是知识产权许可的实体要求的另一要求。在一些情形下，某些知识产权的许可有着一些限制。如集体商标不得许可非集体成员使用。

（二）程序要求

一些知识产权法以及合同法明确要求知识产权许可采取书面合同形式。对于要求采用书面形式，但因种种原因而未采用书面形式的许可合同，仍然可以根据《合同法》的相关规定处理。

我国法律对于经申请取得的知识产权的许可，一般要求到相应的行政主管机关进行合同备案。而合同备案并不是知识产权的许可的生效要件或前提，主要是起到一种公示甚至公信作用，为其他知识产权潜在利用人选择合作对象以及消费者选购商品提供方便。同时，便于行政主管机构对全国知识产权使用许可情况的掌握与管理，而且通过备案审查，从中发现问题，及时纠正，更好地维护当事人双方的合法权益等。

我国知识产权法对于知识产权许可合同的备案要求，分为应当备案情形和可以备案情形：①应当备案的知识产权，包括专利权、商标权等；②可以备案的知识产权有著作权、计算机软件等。

二、知识产权许可的类型

根据不同的标准，可以将知识产权许可分为不同的类型。

（一）独占实施许可、排他实施许可和普通实施许可

按照知识产权许可中授予的权利范围为标准，可将许可分为如下种类：

1. 独占实施许可

独占实施许可（exclusive license），也可称为"完全独占许可"，是指知识产权人在约定的期间、地域以约定的方式，将该知识产品仅许可一个被许可人使用，其他任何人包括知识产权人均不得使用该注册商标。。

2. 排他实施许可

排他实施许可（sole license），是指知识产权人在约定的期间、地域和以约定的方式，将该知识产品仅许可一个被许可人使用，知识产权人依约定可以使用该知识产品但不得另行许可他人使用其知识产品。

独占实施许可与排他实施许可的差别就在于知识产权人自己能不能实施其知识产权，排他许可的特点在于排除第三方，而不排除许可方，这是仅次于独占许可证合同授权范围的一种许可方式。

3. 普通实施许可

普通实施许可（simple license，non-sexclusive license），是指知识产权人在约定的期地域、期间和以约定的方式，许可他人使用其知识产权，并可自行使用和另行许可他人使用该知识产品。如果在许可中没有特别指明是何种性质的许可，一般视为普通实施许可。但要注意的是，《著作权法实施条例》规定：没有约定或约定不明，视为独占许可合同。

上述独占实施许可、排他实施许可和普通实施许可三种类型，其合同当事人对于诉讼中的权利享有是不一样的。具体见下表：

	是否属于利害关系人（只有利害关系人才享有诉权）	是否享有独立诉权，是否可以自行提出诉前禁令、证据保全等申请
独占实施许可	是	是
排他实施许可	是	许可人不起诉或不申请的情况下
普通实施许可	需经许可人明确授权	需要许可人的明确授权

（二）单向许可和交叉实施许可

单向许可，即当事人之间达成的由一方当事人向另一方提供知识产权的许可，而另一方当事人向许可方支付使用费。交叉实施许可是指合同当事人双方，均以其所拥有的知识产权，按照合同约定的条件相互向对方提供许可。

交叉许可常见于原发明的专利权人与派生发明的专利权人之间，派生发明的专利权人需要得到原发明专利权人的许可，原发明专利权人要更新其专利产品时也必须采用派生发明专利权人的派生专利技术，也要得到派生发明专利权人的许可。交叉许可有自愿的，也有法律强制的，例如《专利法》中规定的交叉强制许可。

此外，在合作开发、合作制造中，特别是高新技术领域，都有可能导致交叉许可。这类合同可能通过结合使用具有互补性的技术、降低交易成本、清除各种障碍以及避免成本昂贵的侵权诉讼等措施来促进竞争的发展。但也有可能成为限制竞争的行为。

（三）自愿许可与非自愿许可

知识产权的主动转移与被动转移在知识产权许可中就表现为自愿许可与非自愿许可。知识产权的自愿许可与非自愿许可是根据许可人的意愿为标准进行区分的，也就是说是否基于知识产权人的自由意愿而由他人使用或实施该项知识产权。

1. 知识产权的自愿许可

知识产权的自愿许可制度与一般民事行为的行使并无大异，集中体现在契约的自由。但一些特殊情况下，许可他人使用受到一定的限制。

开源许可是知识产权资源许可的一种情形。开源软件是开发者将源代码公开的一种软件，但使用者必须在开源许可协议的规范下才能对源代码自由使用、修改以及共享。由此，开源许可协议实际上就是为用户设定的使用源代码的"条件"，即对用户规定的权利与义务。

源代码是一个计算机程序软件的核心所在，在以前，软件开发者们费尽心思地保护他们所编写的源代码，故借助知识产权的形式，源代码得到了封闭式的保护。比如通过商业秘密法，源代码作为商业秘密自然不允许被公开；通过版权法，源代码作为独创性作品被禁止复制、演绎、分发；通过专利法，尽管需要在专利说明书中对程序的构思、结构与算法做充分描述，但对程序的源代码并不需要描述，故源代码同样处于不公开状态。封闭源代码，虽然能减少软件生产商的竞争，但从知识进步的角度看，其代价过大。首先，源代码若封闭起来，许多项目之间没能对其进行共享，许多工作必须从头开始，这会造成社会人力与财力的浪费，其次，按源代码运行的软件可能有很多漏洞，使得软件有安全隐患，仅通过内部检查和测试实际上是一项巨大的工程，通过开源就能集众人之力共同对软件性能及安全性进行改进。[①] 为了使源代码能突破原有限制而进行转移，人们借助原有的知识产权法并运用合同自由的理念，创造出一套相应的知识产权规则来满足其需求[②]，即开源许可协议。使用者通过开源许可协议的途径来获得源代码，实质就是软件著作权人向不特定的愿意接受协议的使用者让渡部分著作权，让渡的著作权根据许可协议既可以是人身权也可以是财产权，又或者是人身权和财产权的结合，这也是开源许可协议相较著作权的特殊性所在[③]。使用者得到源代码后遵循开源许可协议来对源代码进行使用、修改、处分等。

2. 知识产权的非自愿许可

知识产权的非自愿许可，是指根据法律的规定，不论知识产权人是否愿

[①] 张韬略：《开源软件的知识产权问题研究——制度诱因、规则架构及理论反思》，载《网络法律评论》，2004年第2期。

[②] 张韬略：《开源软件的知识产权问题研究——制度诱因、规则架构及理论反思》，载《网络法律评论》，2004年第2期。

[③] 肖建华、柴芳墨：《论开源软件的著作权风险及相应对策》，载《河北法学》，2017年第6期。

意，使用人可以不经其同意而利用其权利对象，但应向知识产权人支付适当使用费的制度。以知识产权非自愿许可是否经过行政批准为标准，可以分为两类：一类是需要经过行政批准，包括强制许可、指定许可、布图设计非自愿许可等。另一类是不需要经过行政许可，这一类主要是指著作权的法定许可[1]。非自愿许可制度并不是一个单一内容的制度，实际上包含了几种不同的情形，具体主要指法定许可制度、强制许可制度、发明专利的推广应用等。[2] 至于著作权法中的"合理使用制度"与专利法中的"不视为侵犯专利权的行为"是否属于非自愿许可的范围，传统的见解是持否定态度的。

法定许可与强制许可虽同属非自愿许可，但二者仍然存在差别。在强制许可中，使用者只有在无法实现许可或知识产权人拒绝许可时，才能依照法定程序申请许可。[3] 法定许可则是使用者在法律规定的特殊情势下，直接通过支付法定费率的方式使用知识产品，知识产权人仅享有法定报酬请求权。许多国家将强制许可与法定许可视为一种制度的两种类型，即"司法性强制许可"与"法令性强制许可"。[4] 称强制许可为司法性强制许可的原因，是因为使用者仍须先与知识产权人协商，只有在商议无果时才能请求主管机关的介入；称法定许可为法令性强制许可的原因，是因为其成立要件与费率由法令直接规定，而无须其他司法程序。

知识产权私权性决定了非自愿许可的例外性。考虑到知识产权主体的利益与公共利益、其他民事主体利益的平衡问题，为保护公共利益、防止知识产权的权利滥用和促进知识产权的有效利用，我国的有关知识产权法律中规定了知识产权的非自愿许可。也就是说，知识产权的许可是以自愿许可为原则，以非自愿许可为补充和例外的。

并不是所有的知识产权均受非自愿许可制度的调整。不发生非自愿许可的知识产权类型及缘由主要包括：①商业秘密权。商业秘密的秘密性决定了它不可能在权利人非自愿的情况下被"合法地暴露"，而非自愿许可大多需要以被许可方了解该技术为前提，两者的矛盾是其不发生非自愿许可的最重

---

[1]强制许可是著作权管理部门向特定的申请人发出的，而法定许可则是明确规定在法律中的。法定许可适用于全社会，任何人都可以使用它，而强制许可的适用范围和成立的条件随着国家的不同而不同。

[2]中国立法中，非自愿许可在不同的知识产权法律规定中存在不同界定。如《集成电路布图设计保护条例》规定"在国家出现紧急状态或者非常情况时，或者为了公共利益的目的，或者经人民法院、不正当竞争行为监督检查部门依法认定布图设计权利人有不正当竞争行为而需要给予补救时，国务院知识产权行政部门可以给予使用其布图设计的非自愿许可"。此时的非自愿许可等同于专利法上的强制许可。

[3]迄今为止，我国从未实际实施专利强制许可。

[4]熊琦：《著作权法定许可的正当性解构与制度替代》，载《知识产权》2011年第6期，第38页。

要原因。②商标权。商标权重视的是商业领域的来源识别性。首先，它没有其他技术性知识产权或著作权所拥有的创造性，所以其对公共利益的影响相对较小，而且不发生技术合作和"继续开发"等问题。其次，商标权的价值有一定特殊性的，就算予以非自愿许可也只会带来市场的混乱而得不到多大益处。

（三）独立许可与从属许可

独立许可与从属许可是以两个许可之间的相互关系为划分标准，前者的权利来源是知识产权的权能本身，而后者的权利来源则是契约。来源不同也决定了它们的权利基础和所受的限制有所不同，而且从属许可必须建立在独立许可的基础上，可以说是一种为适应实践发展的"衍生许可"。独立许可属于"上位许可"，这也决定了它在社会实践中的基础性地位，而从属许可则是作为一种灵活的补充规定，所以适用情况较少。

1. 独立许可（基本许可）

独立许可是指不依赖其他知识产权许可，而可以独自存在的知识产权许可。这种许可最为普遍，而且适用的范围最广。同时，这种权利所受的约束相对较小，其权利义务的设定较为自由，而且有多种选择。由于独立许可是在与从属许可中体现其特征的，而其实际上并无独立的特征，它的类型几乎包括了除从属许可以外的其他种类的许可，与本章其他内容有所重叠，故在此不再详述。

2. 从属许可（再许可、分许可）

首先，从属许可是指被许可人将其从许可人那里得到的知识产权，再发放给第三人的许可。这种许可实际上包含着两个契约，一个是赋予从属许可权的许可契约，另一个则是从属许可契约。也就是说其权利义务关系更为复杂，限制因素更多。

其次，从属许可的权利需要原知识产权利人的明确授权。由于从属许可并不是原始知识产权权利人所做出的，其收益一般也不归原始权利人所有，但它的实施对原始权利人却有一定影响，所以原始专利权人应享有授权从属许可的权利，从而在源头上控制这种影响。

最后，从属许可都是普通许可，除非当事人另有约定。从属许可从根本上仍然是原始权利人的一种授权方式，一种权利的行使方式。也就是说它一般要与原始权利人的意志有着一定联系，这也决定了从属许可一般为普通许可。

(四) 个别许可和集中许可

个别许可与集体许可的不同在于知识产权权利人行使权利的方式。个别许可是权利人直接行使许可权。而集中许可则是由集中管理知识产权的机构向使用人集中发放许可，这有利于降低知识产权在市场运作的过程中产生的交易成本，提高知识产权运用的效益。实践中比较常见的集体许可存在于专利联盟甚至一些小规模的知识产权"联合体"中。

知识产权"联合体"并无固定模式，以专利联盟为例，专利联盟的具体许可方式非常多，可以是交叉许可；或由所有专利权人另组一独立个体，再将所有专利权移转或许可给该个体；或是专利权人签署契约将所有专利移转给一个独立体，再由其执行许可。专利联盟的出现，标识着专利竞争领域的一个重要转变，即从单个专利为特征的战术竞争转向以专利组合为特征的战略竞争。从竞争的性质来看，专利联盟既可以是进攻性的，也可以是防御性的。专利联盟作为一种企业组织形式，通过一定的专利组合或者搭配，可以在很短时期内改变产业的竞争态势，为企业带来多重价值。如今专利联盟的作用已经延伸到统一维权、减少内耗、统一对外许可、构建技术标准等，而且其发展有着巨大的潜力和现实意义。同时，随着专利联盟的发展，其垄断和不正当竞争意味越来越强，所以如何在发挥起作用的同时规制其行为，使其在一个正确的轨道运行是当今的一个重要课题。

三、知识产权许可终止后增值利益的处理

许可是一种常见的知识产权利用方式。在许可合同终止后，知识产权人有权收回其知识产权。但以商标为代表的知识产权，许可使用期间会产生增值利益。在增值利益主要由被许可人贡献所得的情形下，被许可人是否可以在许可合同终止后主张分配？目前大体分为支持与反对两种观点。

支持者认为，知识产权许可合同终止后被许可人继续占有增值利益，符合劳动财产理论、反公地悲剧理论以及利益平衡原则的要求。在处理方式上，可以采取权利变更、许可使用、合理费用补偿，以及合理使用等四种路径。

而反对者则认为，由被许可人占有增值利益的做法忽视了许可人的风险承担与商业判断能力，而且人为增加知识产权运行的复杂性，例如商品来源混淆。

第二节 知识产权转让

知识产权转让，是指知识产权之部分或全部内容发生转移。根据知识产权的种类，知识产权转让可分为专利权转让、商标权转让、著作权转让以及其他知识产权转让。根据转让是否有偿的标准，可将知识产权转让分为有偿转让与无偿转让。无偿的知识产权转让实际上就是赠予。另外，发生知识产权权属变动的情形还有继承、企业的变更、强制执行以及共同财产分割等。

一、知识产权转让的范围

一般而言，知识产权的转让是权项完整的财产权的转让，也就是说，无论转让其中的哪些权利，原则上都必须将该项知识产权的全部内容发生转移，特别是在专利权的转让上尤其如此。不完整的转让实际上不是严格意义上的知识产权转让，而是知识产权的许可使用。WIPO 在制定"示范法"时，把专利权"只能全部转让而不能部分转让"作为对各成员方专利立法的一项普遍指导原则，即专利权只能作为一个整体转让。这是因为理论上一个专利只涉及一项发明，如果允许一个专利可以进行部分转移，那么将导致混乱的状态，难以真正实现对专利技术的实施，而且如果同一个专利的界限不明确，那么就会更容易发生实施困难的情况。

如地理标志的转让要求其受让人必须在该地域内生产或经营，并且其产品要具有该地域地理环境而生的特定品质等。而对于证明商标和集体商标，则一般不能转移。

随着信托制度的发展及其向知识产权领域的延伸，知识产权的财产权本身也发生部分转让的情形。委托人在设立信托时必须将财产权转移给受托人，这是信托制度与其他财产制度的根本区别。在我国，著作权集体管理是其中发展最快的一种，现在已经被广泛认可和运用，也有专门的立法。[①] 比如音乐作品的著作权人可以将其著作财产权中的机械复制权、表演权、和广播权，以信托的方式转让给中国音乐著作权协会管理，此时作为信托人的音乐作品

[①] 著作权集体管理组织与著作权人之间在法律上是信托关系。著作权人自愿将自己作品的某项著作权交由该组织行使，该组织可以以自己的名义行使著作权，并向作品表演者、音像制品的商业使用者收取费用，分配给著作权人。集体管理组织一般是民间性私人团体和官方或半官方的机构。最早成立的是中国音乐著作权协会，接下来成立的有音集协、文著协、中国摄影著作权协会、中国电影著作权协会等。

著作权人，在形式上已不是音乐作品机械复制权、表演权和广播权的权利主体了。

另外，有些国家规定著作权转让可以是有期限的。对此，传统民法理论认为转让就是把所有权给了受让人，是永久性的；如果知识产权在一定期限内又回归转让人，那么实质上这不应该算转让，而是许可使用。

旧日本商标法曾规定，只有与营业（企业）一起转让，商标权才能转让。此种立法的理由是，由于商标代表企业的信誉，若商标单独转让，与企业分离，则可能造成对商品出处的混淆，损害消费者的利益。而现在商标权的自由转让原则得到世界的公认，TRIPs 的第 21 条明确规定，"注册商标所有人有权连同或不连同商标所属的经营一道，转让其商标"。

知识产权转移的内容一般仅涉及财产权利，不涉及人身权利。因为人身权利的人身属性，故而一般不能发生转移。当然现实中也存在一些特殊情况，比如久负盛名的国际法著作《奥本海国际法》，无法由原作者本人修改完成但社会利益又有实际需要时，修改权也可由他人行使。[1]

二、知识产权转让的形式要求

知识产权属于绝对权，其效力及于一切人，其转让涉及权利变动，对于当事人以及第三方都有重大的利害关系。同时，由于知识产权对象的非物质性，知识产权的权利变动不能像物权那样可从外表上表现出变动状况。并且，知识产权的转让也关涉到国家的判断，因此，法律对知识产权的转让不但设有若干程序性要求，而且也明示或隐含了许多的实体要求。

知识产权的转让合同是要式合同，即法律规定必须采取书面形式。合同形式对于保证合同内容的公示性和保持正常的合同秩序，起着决定性的作用。[2] 因此，采用书面形式有利于定分止争。对于没有采用书面形式合同成立判断，可以根据《合同法》的规定："法律、行政法规规定或者当事人约定采用书面形式订立合同，当事人未采用书面形式但一方已经履行主要义务，对方接受的，该合同成立。"

其实，对于申请取得的知识产权一般都会要求在转让的时候向相关行政主管部门办理登记或者审核手续，并予以公告，否则权利转让不能生效。[3]

---

[1] 刘春田：《知识产权法》（第四版），北京：高等教育出版社、北京大学出版社，2010年，第78页。
[2] 李双元、温世扬：《比较民法学》，武汉：武汉大学出版社，1998年，第681页。
[3] 一般而言，转让合同本身不会因没有登记而没有生效。但如果法律明确合同登记是某种知识产权转让合同的生效要件，那么如果不登记，则转让合同就不会发生效力。

因此这些情形下，没有书面合同是办不了上述手续的。

三、知识产权转让对在先许可的影响

鉴于知识产权在相当程度上的共同性，不仅对于专利权的转让、专利申请权的转让和商标权的转让，而且对于除此以外的所有其他知识产权的转让，原则上都应当如此处理转让合同与在先的许可合同之间的关系，即：知识产权转让合同不影响让与人在转让合同成立前与他人订立的知识产权许可合同的效力，有关当事人之间的权利义务依照双方的约定或者合同法的规定来确定。

知识产权人转让其权利后，就丧失了权利人资格，由受让人取而代之。除当事人另有约定外，受让人取得知识产权后，有权要求转让人（原知识产权人）不得利用或停止利用其知识产权。

四、知识产权转让的行政批准

（一）向外国人、外国企业或者外国其他组织转让知识产权的批准

向外国人、外国企业或者外国其他组织转让知识产权实行批准许可制度，是出于国家安全和公共利益的考虑，防止关系重大的知识产权落入外国人之手。一般而言，中国单位或个人向外国人转让专利权、集成电路布图设计权、植物新品种权等技术类知识产权，都需要经国家有关主管部门批准，这在对应的法律法规中均有明确规定。

例如现行《专利法》规定：中国单位或者个人向外国人、外国企业或者外国其他组织转让专利申请权或者专利权的，应当依照有关法律、行政法规的规定办理手续。[①] 其中所称"有关法律、行政法规"，主要指《中华人民共和国对外贸易法》（以下简称《对外贸易法》）和《中华人民共和国技术进出口管理条例》（以下简称《技术进出口管理条例》）。根据《对外贸易法》和《技术进出口管理条例》的规定，中国专利申请人或者专利权人向外国人转

[①] 2008年修改前的《专利法》规定中国单位或者个人向外国人转让专利申请权或者专利权的，必须经过国务院有关主管部门批准，这与《技术进出口管理条例》的规定不一致。因此，在2008年修订中进行订正。

让专利申请权或者专利权的，属于技术出口行为，应当遵守相关的规定。为了维护国家安全和公共利益，《技术进出口管理条例》规定，对于属于禁止出口的技术，不得出口；对于属于限制出口的技术，实行许可证管理，未经许可，不得出口；而对于属于自由出口的技术，实行合同登记管理，只需要将技术转让合同在国务院有关主管部门登记即可。比如向外国人、外国企业或者外国其他组织转让外观设计专利申请权或者专利权的，因为不涉及技术，就不需要办理出口的有关手续。

（二）国有单位转让知识产权的批准

我国长期存在按所有制对单位进行划分，并予以区别对待。传统一般认为，国有单位对单位财产只享有有限的处分权，因此我国一些知识产权立法拘于此思想，不承认国有单位对其开发、占用的知识产权拥有完全自主的处分权，于是规定，国有单位转让知识产权时，应当经过有关部门的批准。比如：《植物新品种保护条例》第九条规定，国有单位在国内转让申请权或者品种权的，应当按照国家有关规定报经有关行政主管部门批准。

与此类似的是，在过去，全民所有制单位转让其持有的专利申请权或专利权的，必须经该单位的上级主管机关批准，否则无效。2000年修改专利法时，已将这个规定删除。

（三）商标权转让的核准

在我国，商标权的转让，都须经过相应的行政主管机关核准，受让人才能享有权利。此立法理由主要在于保护消费者的利益。由于商标与企业的信誉相连，当商标转让他人而与原所有人发生分离时，容易引起消费者的误认。

五、知识产权对外转让安全审查

知识产权是国家战略性科技资源，知识产权关系国家安全，加强知识产权对外转让安全审查对维护科技安全和国家安全十分重要。《知识产权对外转让有关工作办法（试行）》（国办发〔2018〕19号）标志着知识产权对外转让安全审查机制的正式建立。[①] 知识产权安全审查显然是国家安全审查的新

[①] 有关知识产权对外转让安全审查的内容，主要参考了肖尤丹、王珊珊：《试论我国知识产权对外转让安全审查机制》，载《知识产权》2023年第1期。

机制，也是未来利用知识产权制度、信息手段维护国家科技安全、产业安全、经济安全的新手段。

被纳入审查的知识产权对外转让行为主要是中国单位或者个人将其境内知识产权转让给外国企业、个人或者其他组织的情形，具体包括三种："权利人的变更""知识产权实际控制人的变更"和"知识产权的独占实施许可"。而涉及的知识产权类型主要包括："专利权""集成电路布图设计专有权""计算机软件著作权""植物新品种权"等知识产权及其申请权。另外，上述办法将特定知识产权对外转让"对我国国家安全的影响"和"对我国重要领域核心关键技术创新发展能力的影响"两种情形作为知识产权安全审查的审查内容。并根据活动场景，在审查机制上将知识产权安全审查分为两类："技术出口中涉及的知识产权对外转让审查"与"外国投资者并购境内企业安全审查中涉及的知识产权对外转让审查"。同时，明确将"知识产权对外转让涉及国防安全的"排除适用。

相较于我国原有知识产权法律制度中的国家安全机制（比如国防专利、保密专利、向外国申请专利保密审查、国有企业事业单位发明专利指定实施、专利权的公共利益强制许可），知识产权安全审查机制在工作理念、保护对象和保护手段上都有了重大进展：在工作理念上，实现了从"知识产权保护与国家安全分离管理"向"知识产权与国家安全保护一体统筹"的发展；在保护对象上，实现了从"国防安全单一对象"向"科技安全、产业安全和总体国家安全"的全面拓展；在保护手段上，实现了从"保守国家秘密单一机制"向"保密管理、对外贸易管理、外商投资管理、敏感技术扩散管理和知识产权秩序管理融合共构"的重大转变。

值得注意的是，以利用财政资金设立的科技计划项目知识产权又有着特殊的涉外转让管理。《中华人民共和国科学技术进步法》明确财政科技计划知识产权归属及管理制度，赋予了项目管理机构对项目知识产权对外转让的审批管理权利。对财政资助项目知识产权行使做出符合国家利益和社会利益需求的约束或限制，是当前世界各国的普遍做法。比如，美国专利法框架下拜杜法规则中的美国实施优先、政府介入权以及大学取得权利未经批准不得转让规则等。[1]

---

[1] 肖尤丹：《放权的逻辑：有效构建科研与市场共生的制度性关联》，载科学网，https://news.sciencenet.cn/htmlnews/2017/12/398065.shtm，2024年1月20日登录。

六、转让模式

（一）知识产权的股权化

我国的《公司法》《合伙企业法》《外商投资企业法》和《中外合资经营企业法》等法律法规都对知识产权出资进行了规定。

投资人应向所投资的企业办理知识产权的转移手续。投资人选择知识产权转让方式向公司出资，完全符合公司享有由股东投资形成的法人财产权的基本原理，企业就成为该知识产权的权利人。

为维持接受知识产权投资的公司的偿债能力，《公司法》对知识产权出资比例做了限制性规定。知识产权出资应当依法进行评估作价、履行验资的程序，以确认出资的价值。

知识产权出资人的出资责任包括三个方面的内容：①对企业的足额出资责任；②知识产权出资人对企业债权人的责任；③知识产权出资人依照合同法的规定对其他企业出资人承担违约责任。

（二）知识产权信托

根据《中华人民共和国信托法》（以下简称《信托法》）规定，信托是指委托人基于对受托人的信任，将其财产权委托给受托人，由受托人按委托人的意愿以自己的名义，为受益人的利益或者特定目的，进行管理或者处分的行为。所谓知识产权信托，是指知识产权权利人，为了使自己所属的知识产权产业化、商品化以实现其增值的目的，将其拥有的知识产权转移给受托人，由信托投资公司代为经营管理、运用或处分该知识产权的一种法律关系。这是一种以知识产权财产为核心，以信用为基础，以知识产权权利主体与利益主体相分离分为主要特征的现代财产管理制度。

1. 知识产权信托概述

知识产权人通过信托方式委托具有专业理财能力的信托机构经营管理其知识产权，不仅可以享受其创造成果带来的丰厚利益并无须负担管理之责，而且有效地拓宽了知识产权流转的途径，能更好地实现知识产权的保值、增值。这其中最为典型的是著作权集体管理。

知识产权的使用价值和交换价值的分离使得对知识产权的现实支配权演变成收取代价或者获取融资的价值权。实质上，通过知识产权的使用价值和交换价值的剥离，知识产权人利用其交换价值，实现其多重利用知识产权的信托设计使得知识产权人对资产的实际支配管理近趋于零,同时将价值部分进行有效配置,将之归属于受益人。在知识产权信托中,知识产权的权属发生分离,受托人被授予了控制资源的机会,他对信托的知识产权享有控制权(管理权和处分权),受益人对其则享有受益权。概而言之,信托提供的长期财产管理能有效适应知识产权价值实现过程的长期性,信托提供的受益人保障功能使知识产权转化过程的市场风险最小化,信托作为一种金融机制还能有效的解决知识产权转化过程中资金不足的难题。

2. 知识产权市场化的信托形式

一般来讲,可以交易的产权都可以作为信托财产。但知识产权有其特殊性,并不是所有的知识产权都适合信托。商业秘密的交易转让范围一般较窄,保密成本较高,不是很适宜信托所需的大范围交易形式。

在知识产权与信托制度的结合中,一般是以知识产权作为信托财产来形成信托关系,但也存在一些扩张,如发生在知识产权获取之前的融资,即由信托机构设计以潜在的知识产权为投资对象的资金信托计划并向投资者发售,信托机构利用收到的信托资金对该潜在的知识产权的开发进行投资或贷款,该知识产权开发完成后,该知识产权应作为担保财产对该信托贷款行为进行担保。该知识产权权利人应以该知识产权的市场交易收益偿还信托贷款本息或支付投资收益。

第三节 知识产权的担保

知识产权具有价值、使用价值和可转让性,可用来作为担保品。由于各国法律传统的不同,财产担保制度各异。

一、知识产权质押

质押,是指债务人或第三人将出质的财产或权利交债权人占有作为债权的担保,在债务人不履行债务时,债权人有权以该财产或权利折价或拍卖、变卖所得价款受偿。质押的本质特征在于转移占有,这是区分质押与抵押的根本标准。质押分为动产质押和权利质押两个质押种类。知识产权质押是权利质押的一种形式,是指债务人或者第三人将其知识产权中可以转让的、有权处置的财产权部分作为债权的担保。当债务人不履行债务时,债权人有权依法以该财产权部分折价或者拍卖，变卖知识产权的价款优先受偿。

知识产权质押是担保物权的一种，《物权法》均把它规定在权利质权中，在立法体系上是将与动产质权并列规定在质权一章。但在某些方面，知识产权质押又不同于一般的质权，而具有抵押权的一些特征。具体表现在以下两个方面：

第一，知识产权质押后出质人仍享有继续使用的权利，不会因设质而丧失使用权。知识产权之所以能作为质权标的就在于其转让的经济价值。而知识产权价值的实现依赖于其大规模和产业化的实施，一旦搁置，就可能因为技术的进步而使其大大贬值，所以知识产权质押后，一般允许出质人继续使用该质物，这是其与动产质权相比更为优越之处。而此特征与抵押权中抵押物仍归抵押人使用收益相同。

第二，由于知识产品的非物质性，其出质就无须也无法以标的物的转移占有为成立条件。是否转移占有是区分抵押权与质权的标准之一，而专利权质权的设定却以登记作为公示方式，不以交付专利权作为质押权的成立要件。主要的原因在于，知识产品无法像传统有体财产一样转移占有，因此占有的权利推定效力在知识产权中难以发挥作用。鉴于公示方法在划分物权类型中的重要作用，很多学者认为知识产权质押更多具有抵押的特点。[①]

和知识产权相关，而且根据《专利法》的规定同样具有财产性和可转让性的权利，诸如专利申请权、临时保护期内的权利和专利实施权等，是否能够质押融资，法律并未能明确。在1996年的《专利权质押合同登记管理暂行办法》中甚至直接否定了专利申请权出质的合法性。理由正如2001年国家知识产权局出台的办事指南《如何办理专利权质押合同登记》中所言："专利申请权虽然是获得专利权的前提，依法可以转让，但其明显的法律上的不确定性，使之不能作为一种具有法律效力的财产权，因而不能将专利申请权作为质物进行质押。"

二、让与担保

让与担保作为一种非典型担保，是指债务人或第三人为担保债务人之债

[①] 王利明：《担保物权制度的发展与我国物权法草案》，载《山西大学学报（哲学社会科学版）》2006年第4期，认为权利质权吸收了抵押权和质押权两种方式的优点。吴晨曦、王莹在《权利质权？抑或权利抵押权？——论知识产权设定担保的体例选择》载《广西政法管理干部学院学报》2005年第4期，认为知识产权质押实质上是一种抵押权。

务,将标的物之权利转移于担保权人,在债务得到清偿后,标的物应返还于债务人或第三人,债务不履行时,担保权人可以就该标的物受偿。让与担保的标的物以所有权为常见,但从理论上讲,知识产权只要具有可让与性,都可以成为让与担保之标的,从而达到融资担保的目的。

德国、日本、法国等国家均承认知识产权让与担保的效力。据悉,以知识产权为担保标的时,让与担保的使用远比设定质权为多。

三、浮动抵押

浮动抵押或称浮动担保,是指企业以其现在的和将来的全部或部分财产包括不动产、动产、财产性权利和知识产权为标的设定抵押的一种新型担保制度。因从设定抵押权至执行抵押权的整个期间,抵押物一直处于"浮动不定"的状态,所以称为浮动抵押。浮动抵押系英国衡平法院在司法实践发展起来的制度,为英国衡平法的创造。在美国,作为美式浮动抵押担保物的可以是完全无形动产,包括应收账款、知识产权和商誉等一般无形财产、收入。[1] 浮动抵押标的物范围不仅限于现有的全部或部分财产,而且及于将来的全部或部分财产。这就与知识产权质押相区分。知识产权中的财产权作为权利质押的标的也应当是设立质押时现有的和特定的,对于将来可能取得的知识产权是不能成为权利质押的标的。

四、财团抵押

财团抵押是将债务人或第三人的各个不动产、动产及其他财产权利集合成一个财团设定抵押,来担保债权人的优先受偿。财团抵押起源于德国的铁路财团抵押制度。所谓财团是指"由众多具体财产构成的财产的集合体,这个集合体有其独立的、特殊的价值,往往高于其全部财产各单独价值的总和。"[2] 具体包括土地、建筑物、机器设备以及各种权利,如知识产权、债权、采矿权等结合的集合体。由此可见,财团抵押是一种将有形资产与无形资产结合起来进行担保的制度,可以用于实现知识产权的资本化目的。

---

[1] 吴光兴:《美国统一商法典概要》,广州:华南理工大学出版社,1997年,第53页。
[2] 钱明星:《物权法原理》,北京:北京大学出版社,1994年,第356页。

五、按揭

在现代英美法系,"按揭(mortgage)"是一种通过债务人将特定财产权利转移给债权人,用以担保债权在约定的清偿期得到清偿的担保形式。在按揭中,一旦按揭人按期履行债务,按揭权人就应将担保物的财产权利返还给按揭设定人。早期的按揭标的为不动产,后来动产也被纳入按揭标的的范围。动产包括有形动产和诉体物(things in action)。诉体物是指没有一定形态,不能为人们占有,但可以通过诉讼请求给付的财产。按照英国法的规定,保险单、股权、版权、专利权、信托基金利益等诉体物都可以作为按揭标的。

第十一章 知识产权的保护

知识产权权利的设定,是为了知识产权人利益的实现。当其知识产权权益受到阻碍、侵害时,可以通过法律的救济来使权益得以恢复,使损害得到赔偿。这便是知识产权的保护。在广义上,知识产权的保护包括知识产权取得、利用与侵权制止等方面。本章主要阐述狭义的知识产权保护,即针对知识产权的侵害行为所做的保护。而所谓知识产权国际保护,也是国家遵照其参加的国际知识产权条约对其设定的国际义务,通过国内知识产权制度所实现的。

第一节 知识产权保护概述

知识产权保护直接关联创新主体和市场主体以及社会公众,对知识产权高效益运用、优化创新创业环境和营商环境、实现高质量发展等都至关重要。在一般意义上,知识产权的保护是针对知识产权的侵害行为而言的,可以分为私力救济与公力救济两个方面。知识产权仲裁与调解遵循仲裁与调解的一般规定,另外知识产权公证与鉴定等也是知识产权保护中重要的配套内容。

一、知识产权的保护方法

在资源总量一定的情况下,对知识产权保护投入大量公共资源就意味着其他需要投入的减少。这也就意味着私力救济的必然性与必要性。

(一)知识产权的私力救济

私力救济又称自力救济,是指当事人在认定自身权益遭受侵害时,在没有第三者以中立者名义介入纠纷解决,且不通过国家机关和法定程序之情形下,依靠自身或私人力量,实现权利,解决纠纷。知识产权私力救济主要包括保密协议①、防泄漏措施②、技术措施等。

对知识产权进行私力救济是权利人理性的选择。知识产品不同于传统的物,具有无体性、易复制性等特点,这使得侵犯知识产权的成本变得很低,进行违法行为的当事人因而变得为数众多。由于公力救济具有不告不理以及程序复杂的特点,知识产权权利人实施自助式的私力救济成为其无奈而又理性、必需的选择。允许知识产权权利人的私力救济可以促进国家、社会资源的合理利用,有利于整个社会运转成本的降低。要注意的是,私力救济是有限制的,行使私力救济的手段要合法、适当。③

作为私力救济方式的一种,技术措施是指用于防止、限制未经权利人许可浏览、欣赏作品、表演、录音录像制品的或者通过信息网络向公众提供作品、表演、录音录像制品的有效技术、装置或者部件。技术措施可分为控制接触、使用、传播、识别与制裁等几个方面的措施。一般而言,技术措施根据其功能不同,主要分为控制接触作品的技术措施与控制使用作品的技术措施两大类。控制接触作品的技术措施是指在正常的运动状态,就可以阻止用户接触某个网站或者网站中的某个作品,除非得到正常的口令进入码、解密码或者插入像信用卡似的验证装置。控制使用作品的技术措施,是指版权人采取的控制他人未经授权使用其作品的技术措施。从所起的作用来看,控制使用作品的技术措施又可以分为两种:控制单纯使用作品行为的技术措施与保证支付报酬的技术措施。④

学者对"接触控制措施"的保护存在争论,因为"接触控制措施"是指防止他人未经许可阅读、欣赏文学艺术作品或运行计算机软件等"接触"作品内容的技术措施。而在未经许可接触作品的行为中,阅读、欣赏盗版文学艺术作品在任何国家都不是版权侵权行为,而运行盗版软件也只在特定情况下构成版权侵权行为。⑤

从技术措施诞生之时起,各种规避技术措施的工具和行为就相伴而生。

---

① 可参考劳动关系、合作研发关系、许可使用关系中的保密约定。
② 可参考商业秘密保护中关于保密措施的要求。
③ 1997 年江民软件在其杀毒软件中植入的"逻辑锁",当识别出盗版后就会立即启动,锁死盗版者的电脑硬盘,迫使电脑停止工作,硬盘数据暂无法使用。如果盗版者不去他们公司"解锁"的话,那其硬盘只能被"低级格式化"掉,才能够继续使用。公安部认为江民公司的这一行为违反了《中华人民共和国计算机信息系统安全保护条例》规定,予以处罚。这一事件与微软"黑屏"事件的不同之处在于:a. windows 属于电脑操作系统,底层软件;而杀毒软件属于在操作系统之上开发出来的高层软件。b. windows 制止盗版软件运行,即意味着在其之上的高层软件将随之瘫痪;而杀毒软件制止盗版的行为,只能局限在停止自身运行的范围之内。
④ 李杨:《网络知识产权法》,北京:知识产权出版社,2006 年,第 18 - 20 页。
⑤ 王迁:《版权法保护技术措施的正当性》,载《法学研究》2011 年第 4 期,第 87 页。

例如，网络中充斥着各种用于破解软件，这使得版权人采用的技术措施形同虚设。在此背景下，技术措施的保护经历了一个从私力救济到公力救济的过程。①

（二）知识产权的公力救济

在中国，任何公民、法人和其他组织，在知识产权创造、运用、保护、管理、服务过程中，均可就其权利享受切实有效的公力保护。知识产权的公力保护，主要有民事保护，行政保护，刑事保护三种形式。其中，民事保护与刑事保护又被统称为司法救济。司法权与行政权相分离作为一种三权分立的形式之一②，两者之间的界限并非泾渭分明。我国有大量存在司法性质的行政权，充当民事纠纷的裁判者的角色，形成了司法审判和行政执法两条途径、协调运作的知识产权保护机制。

1. 司法保护

知识产权的司法保护是指对知识产权通过司法途径进行保护，即由知识产权人（含利害关系人）或国家公诉机关向法院对侵权人提起民事、刑事的诉讼，以追究侵权人的民事、刑事责任。对于知识产权的民事救济，权利人可以提起确认之诉、给付之诉与变更之诉，以维系其受到侵害的权利。

2. 行政保护

知识产品的"公共物品"性质决定了知识产权与公共利益有着密切的联系。知识产权不仅关系到权利个人的利益，还涉及公共利益、社会经济秩序的稳定以及人类社会的进步。政府具有维护公共利益的职责，要做到维护权利人合法利益与社会公共利益之间的平衡，这就赋予了政府公权力介入知识产权保护的合法性。

二、知识产权仲裁

仲裁是由中立的第三者居中解决社会争议的一种方式，是民间性的非公力的争议解决模式。从我国立法来看，知识产权权利纠纷可能表现为侵权纠

---

① 杨惠玲、冯涛：《论技术措施权利的法律保护及其例外》，载《知识产权》2011年第9期，第70页。
② 从历史角度来看，亚里士多德最早提出的三权分立是"整体三要素"的分立，即议事权、行政权与审判权的分立（黄颂杰：《权力制衡 幸福至善——亚里士多德政治哲学要义》，载《学术月刊》2007年第12期，第37－44页）；17世纪洛克主张的是立法权、行政权和对外权的分立（李进一：《洛克的法律思想》，载《中国人民大学学报》1998年第4期，第90－95页）；直到孟德斯鸠才剔除最早的立法权、行政权与司法权的分立（［法］孟德斯鸠：《论法的精神》，张雁深，译，北京：商务印书馆，2006年，第103页）。

纷，也可能表现为合同纠纷，均通过仲裁解决。通过仲裁方式解决知识产权争议具有一定的优越性，不但能促进多元纠纷解决机制整体架构上的更加平衡与完善，而且作为知识产权纠纷解决替代方式的仲裁仍然是避免讼累的有效途径之一。《著作权法》明确规定"著作权纠纷可以调解，也可以根据当事人达成的书面仲裁协议或者著作权合同中的仲裁条款，向仲裁机构申请仲裁。

仲裁作为解决商事争议的方式之一，受到越来越多跨国公司和企业的关注。总体而言，在解决跨国知识产权争议上，仲裁能够克服司法保护中诉讼管辖权、法律适用以及判决不具有域外效力等弊端，而且仲裁能够满足部分知识产权争议解决专业性等需求。国内外有很多仲裁机构承接知识产权的纠纷解决。

另外，在知识产权国内终裁解决的保密性和紧迫性等问题上，仲裁并不一定比诉讼更具有优势。如仲裁机构无权采取财产保全、证据保全、临时禁令等措施，只能将申请人的此类申请转递有权处理的法院来处理；而且仲裁优越性能否发挥在很大程度上还取决于当事人是否能够恰当地利用和设计这一机制。[1]

三、知识产权纠纷调解

调解素有"东方经验"之美誉。我国历史上有明确而具体记载的调解制度始于西周。所谓调解，是指在第三方的主持下，通过说服、疏导、教育等方法，促使纠纷当事人之间达成基于自主意志的协议，以消除争议的一种法律制度和纠纷解决方式。[2] 调解工作需要坚持自愿平等，便民利民的原则。充分尊重当事人意愿，综合运用法律、法规、政策以及公序良俗等进行调解，切实维护当事人的合法权益。知识产权纠纷人民调解组织是依法设立的专门调解知识产权领域矛盾纠纷的群众性组织，接受所在地司法行政机关的指导和基层人民法院的业务指导，以及人民调解员协会的行业指导。[3] 知识产权管理部门依法具有行政调解职能。

知识产权纠纷调解顺应、满足了知识产权多层次争议解决的需求，相关工作的开展非常灵活，一方面可采取联合调解、协助调解、委托移交调解等

---

[1] 倪静：《仲裁解决知识产权争议之利弊探析》，载《知识产权》2012 年第 3 期，第 34 页。
[2] 廖永安：《调解学教程》，北京：中国人民大学出版社，2019 年，第 30 页。
[3] 国家知识产权局知识产权保护司：《知识产权纠纷调解工作手册》，2022 年 7 月 26 日发布。

方式。另一方面可以建立知识产权纠纷人民调解、行政调解、行业性专业性调解、司法调解、仲裁调解及其与公证存证等事务之间的衔接联动工作机制。在知识产权调解过程中，应加强知识产权纠纷调解组织与行政执法部门、司法机关、仲裁机构等衔接联动，建立健全知识产权纠纷投诉与调解对接、诉调对接、仲调对接等工作机制。

司法确认制度可以大大增加调解协议的强制执行力。调解协议的法律效力，经人民法院确认后，裁定调解协议有效，一方当事人拒绝履行或者未全部履行的，对方当事人可以向人民法院申请执行。

第二节 侵犯知识产权的民事保护

知识产权侵权主要是通过民事权利保护制度来得到纠正的。侵权行为是指行为人由于过错侵害他人的财产、人身，依法应当承担民事责任的行为，以及法律特别规定应对受害人承担民事责任的其他致害行为。[①] 侵犯知识产权的行为表现为擅自使用他人的知识产品，或者说保护对象，但这种擅自利用的结果，归根到底是妨碍或损害了权利人对其知识产品所享有的知识产权。侵害知识产品只是表面的现象，侵害知识产权才是问题的实质。

作为保护知识产权的核心制度，知识产权侵权行为归责原则的合理安排，既要能充分调动广大创造者的创造积极性，也能在维护公共利益的基础上，促进知识产权市场秩序的形成，最大限度满足与保障知识产权人与社会公众之间的利益平衡。

一、知识产权请求权与知识产权损害赔偿请求权

根据《民法典》的规定，承担侵权责任的方式主要有停止侵害、排除妨碍、消除危险、返还财产、恢复原状、赔偿损失、赔礼道歉、消除影响等，而囿于知识产品的非物质性，因此与一般侵犯财产权的案件不同，返还财产、恢复原状等传统民事救济措施实际上并不能适用于知识产权侵权案件。具体而言，基于有关知识产权法律具体规定而产生的请求权主要有停止侵害请求权、消除危险请求权、消除影响请求权和损害赔偿请求权，其中前三者属于知识产权请求权，是基于知识产权这一绝对权而衍生的请求权，而损害赔偿

---

① 佟柔：《中国民法》，北京：法律出版社，1990 年，第 557 页。

请求权则属于债权请求权之一种。① 权利人可以同时主张数个请求权,比如在主张停止侵害的同时,亦可要求赔偿损失。

归责是指加害行为人的行为或物件致他人损害的事实发生以后,应依何种根据使之负责,即决定某人对某种法律现实在法律价值判断上是否应承担法律责任。它并不意味着责任的成立,即只是为责任的成立寻找根据,要成立责任还须看加害行为人的行为是否符合侵权行为的构成要件。归责原则强调的是行为人是否应承担责任的判断依据,"是确认不同种类侵权行为所应承担的民事责任的标准和原则,它决定着一定侵权行为的责任构成要件、举证责任的负担、免责条件、损害赔偿的原则和方法等"。② "责任是归责的结果,但归责并不意味着必然导致责任的产生。责任的成立与否,取决于行为人的行为及其后果是否符合责任的构成要件,而归责只是为责任是否成立寻求根据,而并不以责任的最终成立为最终目的。"③

(一)知识产权请求权

知识产权侵权行为除了应承担常见的损害赔偿责任之外,停止侵权、排除妨碍等请求权作为民事赔偿责任以外的法律救济措施也同样重要。因为知识产权侵权作为法律进行否定性评价的违法行为,只有赋予知识产权人以这类排除类请求权才能使其知识产权得到充分的保护。④

知识产权属于绝对权,为维护其圆满状态,受到侵害时即发生请求权,可请求他人为一定行为。类似于物权请求权,知识产权请求权也是以维护知识产权的圆满性为目的,不需要考虑加害人的主观状态。这种评价的标准即是行为的违法性,与行为人是否有过错无关。

由于知识产权对象的非物质性,这就会导致有些社会公众无意地闯入知识产权人的权利禁区,这也属于侵犯知识产权的行为,出现这种情况,知识产权人可以根据法律的规定,请求停止侵害、排除妨碍等排除性责任。这就不难理解,为何知识产权的法律救济措施中规定了禁令和损害赔偿。"知识产权保护须区分知识产权上的请求权和损害赔偿请求权:不作为请求权,即权利人对侵害其权利者,得请求排除之;有侵害之虞者,得请求防止之。此种

---

① 徐卓斌:《知识产权请求权与损害赔偿请求权的区分》,载《人民法院报》,2013年02月20日,第7版。
② 吴汉东:《无形财产权制度研究》,北京:法律出版社,2005年,第143页。
③ 王利明:《侵权行为法归责原则研究》,北京:中国政法大学出版社,1997年,第18页。
④ 冯晓青、胡梦云:《知识产权侵权归责原则研究——兼与无过错责任论者商榷》,载《河北法学》2006年第11期,第58页。

请求权以加害行为具有违法性为条件，不以故意或过失为必要。"①

（二）知识产权损害赔偿请求权

损害赔偿请求权是指因权利人受到侵害而享有的要求加害人承担损害赔偿责任的权利。如因侵权行为造成他人的损害，受害人享有损害赔偿请求权。是基于侵权之债产生的一种债权请求权，其请求内容是支付一定数额的金钱对权利人予以救济。

从侵权行为法理论看，侵权行为成立本身并不必然意味着构成损害赔偿责任，侵权行为负赔偿责任的前提是符合责任构成要件，而侵权行为归责原则即是要解决这一问题的。知识产权属于私权，是民法的组成部分，以过错责任为归责原则。所谓过错责任，也被称为"过错原则"或"过失责任原则"，是指除非法律另有规定，任何人在且仅在过错（故意或过失）侵害他人权益时，才应承担侵权损害赔偿责任。②

《民法典法》）采取二元归责原则体系：一般侵权行为适用过错责任原则，特殊侵权采用无过错责任原则。《民法典》没有对知识产权的侵权归责原则做出特殊规定，同时侵犯知识产权的行为也没有被法律明确为特殊侵权行为，并且在各知识产权单行法中也都规定了实施侵权行为要求行为人具有"明知"或"未经许可"，因此可以看出，过错原则是我国的知识产权法律规定。与此同时，采取过错原则也是符合我国所应承担的知识产权国际义务。TRIPs 第 45 条第 1 款规定："司法当局应有权责令侵权者向权利人支付适当的损害赔偿费，以补偿由于侵害知识产权而给权利人造成的损害，其条件是侵权者知道或者应当知道他从事了侵权活动"。

过错原则已是世界各国在侵权领域所采取的基本归责原则，其中必有原因。在知识产权侵权归责中采用过错责任原则还是无过错责任原则，并非一个基于事实的判断，而是一个基于价值的判断，即为了更为合理、更有利于在理论上建立严谨科学的知识产权责任体系。每个人都必须对自己的行为负责，每一个人都负有不得侵害他人人身、财产和其他合法权益的义务，否则应承担责任，这是出于维护社会秩序的要求。同时，过错原则又具有一定的惩戒色彩，让第三人尽到最大限度的注意义务，对于知识产权人的利益保护是很有利的。同时，我们不能忽略的是，源于知识产品对于社会的进步和科学知识的进步的重要性，以及知识产品的无体性，我们在对知识产权人利益

---

① 王泽鉴：《侵权行为法》，北京：中国政法大学出版社，2001 年，第 172 页。
② 张广泉：《知识产权侵权民事救济》，北京：法律出版社 2003 年，第 79 页。

保护的同时，有必要考虑社会公众的利益，需要给社会公众一定的自由。过错原则的重要功能就是赋予行为人的行为自由，仅仅对自己的过错行为才承担法律责任，如果已尽到最大的注意义务，即使出现了损害也不需要承担责任。如果采取无过错责任原则，这就会导致社会公众采取行为十分谨慎，行为自由受到限制，这不利于市场经济的发展和社会的进步。

关于知识产权侵权责任适用过错推定原则的问题，首先它是过错原则的一个特殊形式，它只是实行举证责任倒置的表现。如果行为人无法证明自己没有过错就需要承担法律责任，其实质还是要追究行为人的主观过错，这只不过是一个立法技术问题。如《商标法》规定：销售不知道是侵犯注册商标专用权的商品，能证明该商品是自己合法取得的并说明提供者的，不承担赔偿责任。

（三）知识产权请求权与损害赔偿请求权的区别及其价值①

司法实践中，法官做出裁判时需引用明确的法律规范作为依据，而具体的法律条文并不对请求权做出区分。将知识产权请求权和损害赔偿请求权加以区分，具有方法论上的意义，有助于更准确地理解与知识产权侵权相关的法律条文和其蕴含的制度价值，也有利于维护侵权责任法体系的统一性和完整性，符合我国民法具有大陆法系传统以及知识产权法属民法体系下部门法的现实。实际上，知识产权侵权归责的无过错责任原则主张所存在的主要问题之一，是忽视了对知识产权侵权形成的债权责任确定与作为支配权和对世权的知识产权请求权的区分，并且对知识产权侵权认定与侵权责任关系有所误解。②

1. 区别

知识产权请求权与损害赔偿请求权的区别在于：①产生基础不同：基于知识产权这一基础性的绝对权产生的，其请求内容是除去权利上的不利负担；损害赔偿请求权是基于侵权之债而产生的一种债权请求权，其请求内容是支付一定数额的金钱对权利人予以救济。②制度功能不同：知识产权请求权的目的在于恢复知识产权的权利圆满状态；损害赔偿请求权要求行为人支付赔

---

①本部分主要参考了徐卓斌：《知识产权请求权与损害赔偿请求权的区分》，载《人民法院报》，2013年2月20日，第7版。

②无过错责任必须以法律明文规定为前提，其基本使命是处理现代社会大生产中一些特定的致人损害的赔偿责任，如环境污染、高度危险作业致人损害等。无过错责任原则反映了现代社会的正义观，是特定社会主体承担的一种社会责任。该原则不具有对不法行为进行制裁和预防的功用，因为无过错责任原则的前置条件并非行为违法，而是行为造成了事实上的损害。（冯晓青、胡梦云：《知识产权侵权归责原则研究——兼与无过错责任论者商榷》，载《河北法学》2006年第11期，第58页。）

偿金,最终目的在于填平权利人的实际损失。③构成要件不同:知识产权请求权的行使或实现无须考虑行为人的主观过错,甚至有的情形中也无须考虑损害事实;损害赔偿请求权基于侵权之债,须具备侵权构成四要件:侵害行为(或称之为违法行为、加害行为)、损害事实、因果关系和主观过错。④归责原则不同:知识产权请求权的行使并不要求符合侵权构成要件,无须主观过错要件,因而也就不存在归责原则的问题,更谈不上适用无过错责任原则;①损害赔偿请求权的实现前提是符合侵权构成要件,必须行为人有主观过错,因此实行过错责任原则,行为人无故意或过失即无须承担赔偿责任。

2. 价值

将知识产权请求权和损害赔偿请求权作如上区分后,具有一定的实际价值:

(1) 有利于理解知识产权侵权归责原则。一项知识产权侵权行为发生后,实际上会产生两种不同的请求权,即知识产权请求权和损害赔偿请求权。原告起诉请求法院判令被告停止侵害,即为行使知识产权请求权;请求判令被告赔偿经济损失若干,即为行使损害赔偿请求权。请求判令被告停止侵权的,法院审查证据后,只要认定行为人确实实施了侵害行为,无须考虑被告主观过错要件即可支持原告诉请,判令被告停止有关行为;请求判令被告赔偿经济损失的,法院须严格遵照侵权责任法和相关知识产权法律的规定,分析侵权构成要件是否具备,除非有特别规定,主观过错要件仍不可免除。

(2) 有利于区分停止侵害与永久禁令。我国侵权法上的停止侵害,系针对行为人当前的行为而言,法院在判决主文中判令被告停止侵害行为,并不具有面向将来的法律效果,如果本案审结后被告又另行从事侵害行为,则权利人需另行提起诉讼。而英美法上的永久禁令却并非如此,比如在美国法上,永久禁令的作用是最终解决在争端事项上原被告双方之间的关系,使原告无须因被告以后侵犯其权利而要提起新的诉讼,可见美国法上的永久禁令具有面向将来的法律效果。

(3) 有利于理解知识产权诉讼时效。诉讼时效是专门针对请求权而言的,债权请求权,如违约损害赔偿请求权、不当得利返还请求权、侵权损害赔偿请求权等,适用诉讼时效;基于绝对权而产生的请求权,如物权请求权、知识产权请求权,不应适用诉讼时效;基于人身权而产生的请求权,除其中具有财产权性质的以外,也不适用诉讼时效。如果将知识产权侵权诉讼中常

---

① 绝对权请求权之所以不要求过错,仅仅是为了维护绝对权应有之法律地位而产生的请求权。参见程啸:《侵权责任法》(第二版),北京:法律出版社,2020 年,第 87 页。

见的请求权加以分类,自然可以得出只有损害赔偿请求权适用诉讼时效的结论,而停止侵害、消除危险、消除影响等请求权属于基于知识产权这一绝对权而产生的请求权,不应适用诉讼时效。

(四) 知识产权害赔偿计算的英国经验

英国法官认为,在知识产权领域,很多问题不能走极端,不要像美国一样过火,美国的规则对美国的损害很大。如何确定知识产权侵权的损害赔偿数额,英国也有自身的做法与特点。

1. 损害赔偿计算的整体把握

在英国,损害赔偿金是指由于被告的侵权行为给原告造成的损失。无论被告是否有主观侵权恶意,都没有惩罚性赔偿,这也是与美国不同的地方。

英国在确定赔偿金时赔偿计算也是很难运作的,法官必须知道被告销售了多少,销售给谁,附随销售是多少,专利权人有多少利润。不过因为财务制度、公司制度的规范性及其落实都相对较好,难度相对要小一些。

在英国,专利权人可以选择损害赔偿金或者被告所获利润。与我国一样,英国不允许专利权人既获取损害赔偿金,又获取被告所获利润。在英国司法实践中,专利权人很少要求利润,因为损害赔偿金更多一些:①很多企业的早期业务是赔钱的,如果要求利润,原告虽然胜诉了,但获得的赔偿数额并不多。②很难确定被告所获利润到底多少是因为使用专利而获得的,被告会将获利归功于自己的推广、宣传工作。③专利权人直接许可给子公司时,可能不产生利润。

2. 强化损害赔偿计算的具体对策

(1) 证据开示制度。关于发现程序,即证据开示程序,这个程序对于计算损害赔偿金很重要。英国的程序中证据发现程序比较详细,其对于知识产权的本身含义的理解,对于知识产权有效性的理解,尤其是对于侵权损害赔偿的证据收集较为深入,因此可以较好地获取证据。

(2) 临时支付制度。知识产权人在估算被告所获利润之前可以要求立即支付一定数额,被称为临时支付。英国在20世纪90年代前引入该概念,并适用在所有民事领域中,均发挥不俗效果。如果最后计算出来临时支付高于被告所获利益,专利权人需要返还这一部分差额,这样可以增加和解的可能性。

(3) 免责理由。英国法院有一个重要规则,被告不能以本来可以绕过侵权专利,从事其他经营来获得同样的利润为免责理由。

(4) 赔偿数额与专利应用。有少数专利权人既自己制造产品,又许可他人生产，这时可以参考市场上这些进行销售的类似的产品。有的专利权人从来不做许可，特别是大的跨国公司。对于许可中，专利权人及被许可人在制造成本、利润分摊的计算技术上并不精确，这时法院需要考虑其他因素。

在专利权人不自己制造产品的情况下，到底怎么确定损害赔偿数额，这就涉及专利流氓。美国有很多这样的公司，他们主张的赔偿也得到了陪审团的支持。但在英国，他们能够获得赔偿金的最好机会就是禁令。当然，法院批准发布禁令仍要考虑很多因素。如针对一个电话方面的专利发布禁令，可能造成公众就用不了电话。

(5) 其他。

在一些专利侵权中，专利权人必须降价才能保持在市场的份额，这时专利权人可以就此损失主张赔偿。

假设被告是在专利失效之前开始侵权，而在判决结果出来之前，专利已经失效了，法庭判决被告的赔偿叫作桥头堡赔偿。

税也是在损害赔偿时要考虑支付赔偿时的因素，法庭要考虑付税的因素。如果赔偿的是利润，这些利润付税；损害赔偿金也应当付税。

各个知识产权领域的赔偿，规则总体上一样。但英国对于著作权有个例外规则，法庭可以判令额外赔偿，即若侵权是恶意，则普通赔偿金是不够的。如果是商标侵权，基本规则也是补偿，尽管有时候要证明是很困难的。对于有观点认为商标的赔偿应当是基于许可使用，但司法实践中使用起来是很困难的。

二、间接侵权

按照加害行为与损害后果的关系进行区分，侵权行为可以分为间接侵权与直接侵权。知识产权直接侵权是指未经权利人许可，也缺乏法定免责事由，而实施受知识产权控制的行为。

（一）间接侵权的概念

间接侵权与直接侵权相对称，是指侵权行为本身没有直接造成他人合法权益的损害，而是以引诱、帮助他人实施侵权行为方式侵害他人合法的人身、财产及其他合法权益，依法应当承担民事责任的行为。如美国专利法第271(c)条规定，任何人出售已经取得专利权的装置的部件、制成品、零件的组合或者合成物，出售用于实施已经取得专利权的方法中的材料或者设备（属于该方法发明的主要组成部分）的，而且明知所出售的物品是为侵犯专利权而专门制造或专门改造的,也明知上述物品不属于基本不构成专利侵权用途的生活必需品或商品的,应当承担连带侵权责任。与直接侵权不同,间接侵权的成立,以间接侵权行为人知道或者应当知道他人的行为侵犯了第三人知识产权为条件。

"间接侵权"是指行为人本身并没有从事直接侵犯知识产权的行为,并非是直接作用于知识产品本身,但却基于两种情形要为他人的直接侵权行为承担责任。一是"帮助侵权"(contributory infringement),即如果在明知他人行为将构成知识产权侵权的情况下,实质性地帮助他人从事侵权行为,应为他人的侵权行为承担责任。加拿大著作权法第17条第4款规定:如果行为人明知或者应知自己的行为所涉及的作品在加拿大是侵犯著作权的,而进行销售、出租或者为销售、出租的目的进口到加拿大,均构成侵权。二是"引诱侵权",即引诱他人实施侵权行为,如网络服务商故意提供指向有侵权内容的链接。在实践中,引诱侵权与帮助侵权很难截然分开。实际上,知识产权领域中几乎所有引诱侵权行为都可以同时认为是帮助侵权的行为。[1]

一般认为,间接侵权的成立,离不开直接侵权。"间接侵权"以"直接侵权"的存在或即将实施为前提。但这一看法目前至少在方法专利分离式侵权[2]判定的司法实践中曾被突破。[3]

(二) 间接侵权与共同侵权的异同

共同侵权行为是指加害人为两人或者两人以上共同侵害他人民事权益,共同加害人应当承担连带责任的侵权行为。表面上,在知识产权侵权行为的认定中,间接侵权与共同侵权在表现形式上具有某些相似之处,二者区分的

---

[1]张玉敏、张今、张平:《知识产权法》,北京:中国人民大学出版社,2009年,第33页。

[2]方法专利分离式侵权(joint method patent infringement 或 divided method patent infringement)的特殊性在于"多主体参与、多步骤实施的专利"或"多侧撰写专利"。同产品专利侵权不同,"多主体参与、多步骤实施专利"的权利要求书中记载的技术特征往往包含多个实施步骤,并且多个步骤分别由不同主体实施,因此会为产生方法专利"直接侵权与共同侵权竞合"的问题,即专利直接侵权的认定涉及对多个主体实施共同侵权行为的认定;而行为人在方法专利实施步骤之外仅仅提供有效的帮助、引诱行为的,则又会产生"间接侵权与共同侵权聚合"的侵权形态,即在"直接侵权与共同侵权竞合"的基础上增加对帮助、引诱行为的间接侵权认定(宋戈:《方法专利分离式侵权的判定——以"西电捷通案"为视角》,载《电子知识产权》,2018年第11期)。

[3]西电捷通案一审判决(北京知识产权法院(2015)京知民初字第1194号)认为间接侵权不宜以直接侵权的认定为前提,不但不需要"专利权人应该证明有另一主体实际实施了直接侵权行为",而且即使没有直接侵权行为被认定的可能,也不妨碍间接侵权的认定。不过二审(北京市高级人民法院(2017)京民终454号)推翻了一审的专利间接侵权判定,而保留其他判决结果。对此还可以参阅美国联邦巡回法院在 Akamai 案(Akamai Techs., Inc. v. Limelight Networks, Nos. (Fed. Cir. August 13, 2015));宋戈:《方法专利分离式侵权的判定——以"西电捷通案"为视角》,载《电子知识产权》,2018年第11期。

界限不是很明确。其实，间接侵权是美国法上的概念，在英国法上则被称为从属侵权，而在大陆法系国家中一般不用上述提法，而是采用民法有关共同侵权和替代责任的相关理论与规范来解决英美法系上的间接侵权问题。在一些研究中没有注意到这一来源前提，造成了混乱。[①] 在司法实践中，对于间接侵权人有诱导、怂恿、教唆他人直接侵犯他人知识产权的行为，均被认为与直接侵权人构成共同侵权，从而做出裁判。

作为一种帮助、教唆他人侵犯知识产权之情形，间接侵权完全可以纳入民法共同侵权之一般原理加以解释和规制。无论是构成要件、归责原则、救济方式还是诉讼程序，间接侵权都没有跳出共同侵权的一般原理，其无非是一种共同侵犯知识产权的特定类型。所以，可采取"类推适用"的方式，令间接侵权类型在共同侵权理论下成为教唆、帮助情形的补充性亚种，同时实现将间接侵权中某些新融入传统的共同侵权理论，推动侵权理论与实践的发展。

（三）间接侵权与替代责任的异同

"替代责任"（vicarious liability），即当某人具有监督他人行为的能力和权利，却没有及时发现和制止他人的侵权行为，并从中获得了直接经济利益时，也应为他人的侵权行为承担责任。替代责任是一项适用范围广泛的制度，除了具有人身属性不能替代的以外，所有类型的民事责任都有使用替代责任的余地。例如基于雇佣关系的雇主责任（垂直责任），即雇主对雇员在工作范围之内的侵权行为应当承担责任。而知识产权间接侵权是指行为人没有直接实施侵犯知识产权的行为，但是却对知识产权的直接侵权行为起到了诱导或者帮助的作用，法律规定应当承担责任的行为。

间接责任与替代责任是两种不同性质的问题。从分类的角度而言，间接责任与直接责任相对应，其解决的是侵权行为的形态问题；而替代责任与本人责任相对应，其解决的是在侵权责任成立的条件下由谁来承担责任

[①] 由于知识产权制度是一个舶来品，许多英美法上的概念被直接移植，比如知识产权侵权的无过错责任、即发侵权的概念等。而对具体法律制度的研究特别是司法实践又必须基于现行法律体系，我们在参考英美法系的同时，必将问题放在大陆法系民法学的概念体系中加以分析，而两大法系关于财产法和侵权法的立法体系和理论体系存在重大区别，英美法上常见的概念或法律术语，在大陆法系的语境中往往找不到完全对应的专有词，且在语言的转换过程中易失其真意而导致理解上的错误（徐卓斌：《知识产权请求权与损害赔偿请求权的区分》，载《人民法院报》，2013年02月20日，第7版）。在进行"制度引进"时，需要从该制度的来龙去脉及所处的整体结构来加以把握。"法律移植、制度引进"中，"出乎其外"地深入了解外国的制度只是第一个步骤，"入乎其内"讨论该制度是否能被现有制度涵盖、如何能与现有制度融合才是关键中的关键。

的问题。也就是说,间接责任与替代责任之间不存在对应关系,间接责任中有本人责任,也有替代责任;而替代责任也可能产生直接责任或间接责任等不同类型。

(四) 间接侵权的不当得利调整

目前我国为了应对现实发生的"间接侵权"情形,仅是在个别部门法领域单列条文,或是采取"打补丁"的形式,策略性地引用域外的个别条款,并结合民法共同侵权制度作为兜底保护。这种法律漏洞填补的方式不仅忽视了间接侵权与共同侵权在各构成要件上的差异性,也拆解了共同侵权制度的内在逻辑。甚至不区分行为与责任,在认定间接侵权的过程中忽视构成要件的成立,遂即跳跃式地认定行为人共同侵权责任。此举显然动摇了现有侵权体系的稳定性,同时忽视了间接侵权独立规制的必要性。

直接侵权行为侵犯的是固化为权利的法益,间接侵权同样是一种权益损害行为,只不过是属于专有权利之外理应保护的其他权益。按照"权益归属理论",间接侵权人实施的行为虽不构成直接侵权,但从获利益角度出发,在未经许可的情况下,对知识成果所生利益之占用,破坏归属于权利人的利用权能,夺取本该属于专有权人应享有的市场利益,构成权益侵害型不当得利。[①] 以不当得利制度为解释路径,进行间接侵权行为认定与规制,区别于侵权制度,重点考虑了"保有利益的正当性"而非强行论证"给付过程违法性",克服了侵权法上规制不足或规制不当的局限,有利于实现矫正正义。

不当得利制度在知识产权法中应处于相对辅助的地位。与传统共同侵权无异的教唆、帮助类的间接侵权类型,应当优先适用侵权规则。区别于共同侵权特征的,造成了规模性侵害的情况下,给予不当得利调整的空间。

三、侵权责任的承担方式

与一般财产权不同,综合《民法典》和各知识产权单行法的规定,我国侵犯知识产权的责任形态原则上可适用一般民事责任,但不能援用恢复原状、返还原物之传统民事救济措施。在各国知识产权制度中,主要有停止侵害、赔偿损失、消除影响和赔礼道歉等各种形式。

[①] 张春予:《间接侵权的不当得利调整》,华南理工大学 2023 年硕士论文。

(一) 停止侵害

停止侵害可以理解为停止正在进行或可能继续发生的侵权行为。

1. 停止侵害的一般规定

它是侵权人承担的最为常见的民事侵权责任形式,其目的是阻止尚未发生的侵害,而不是对已经发生的损害的救济。停止侵害的适用条件是不法侵权人的侵害行为正在进行或者有再次发生之虞。停止侵害的适用范围很宽泛,只要侵权行为实际存在,不论其是否造成实际的损失,其侵权行为的持续时间长短,表现形式如何。

2. 停止侵害的适用例外

不过,停止侵害也存在适用例外的必要性。基于国家利益、公共利益的考量,法院可以不判令被告停止被诉行为,而判令其支付相应的合理费用。①

在新白云机场幕墙专利侵权纠纷一案中,二审法院在认定被告三鑫公司制造、销售被控侵权产品构成侵权之后,被告白云机场股份公司本应停止使用被控侵权产品。但考虑到机场的特殊性,只是判令停止使用被控侵权产品不符合社会公共利益,因此被告白云机场股份公司可继续使用被控侵权产品,但应当适当支付使用费。② 在金庸诉江南《此间的少年》同人作品一案中,二审法院认为,停止侵害与其他责任形式一样并非当然适用,而是法院根据具体情况选择适用。从著作权法立法目的看,保护作品的创作者和传播者的利益是著作权法的直接目的,但促进科学和文化事业的发展与繁荣则是著作权法的最终目的。当直接目的和最终目的产生冲突的时候,对直接目的的强调就应当适度让位于最终目的的实现。《此间的少年》与案涉四部作品情节并不相同,且分属不同文学作品类别,二者读者群有所区分,为满足读者的多元需求,有利于文化事业的发展与繁荣,在采取充分切实的全面赔偿或者支付经济补偿等替代性措施的前提下,本案可不判决停止侵权行为。③

在停止侵害限制适用时,可以采取的替代措施目前主要有面向未来的赔偿和其他补救措施。

3. FRAND 规则下停止侵害中的过错因素适用

一般认为,只有在损害赔偿法领域,讨论过错责任、无过错责任才有意义。④ 但梳理我国相关司法实践案例,可以发现我国对 FRAND 规则下"停止

---

① 《关于审理专利侵权纠纷案件适用法律若干问题的解释(二)》第 26 条。
② 广东省高级人民法院(2006)粤高法民三终字第 391 号民事判决书。
③ 广州知识产权法院(2018)粤 73 民终 3169 号民事判决书。
④ 程啸:《侵权责任法》(第二版),北京:法律出版社,2020 年,第 84 页。

侵权"的适用秉持着有条件适用的原则，即考虑双方当事人的过错。[①] 在"西电诉索尼"案中，法院基于索尼公司在许可谈判过程具有明显过错而判决索尼公司停止侵权行为。同样在"华为诉三星"案中[②]，法院基于华为严格遵守了 FRAND 承诺，三星在谈判中存在明显的过错行为，最后才支持了华为的禁令救济请求。此外，我国涉及 SEP 侵权诉讼适用停止侵权的规范性文件也反映适用停止侵权的过错责任原则。《关于审理专利侵权纠纷案件适用法律若干问题的解释（二）》第 24 条明确规定了若 SEP 权利人违反 FRAND 规则且实施者在协商过程中无明显过错，法院一般不支持权利人请求停止标准实施行为的主张。

（二）消除影响

消除影响是指当侵权行为给权利人造成不良影响时，法院判令侵权人承担的以一定方式消除该不良影响的民事责任方式。消除影响与恢复名誉在《民法典》上，并列为主要民事责任形式之一，因此有观点认为，消除影响是指行为人因侵害了公民或法人的人格权，而承担的在影响所及范围内的消除不良后果的民事责任。如果依此理解，在知识产权的侵权责任上，似乎消除影响仅适用于侵害著作人身权、发明权、发现权等精神权利的情形。但更多观点与司法实践认为，消除影响的使用条件是侵权行为造成了不良影响，不论是对原告的商誉造成的不良影响，还是蒙蔽、误导了消费者而形成的不良影响，均在此列，而不问侵权行为是否侵害了原告的人格权。

通常情形下，对传统的财产权的侵害，确实难以发生所谓不良影响，但知识产权作为新兴的财产权利，有别于传统的物权与债权，比如，知识产权往往与商业信誉连接在一起，尤其商标权更是如此，会与商品的质量、安全等信誉发生紧密联系，成为商品信誉之载体。对产生了严重不良影响的行为，如不判令侵权人承担消除侵权影响之责任，不能充分救济商标权人之损害。同样，专利侵权人也可能承担消除影响的民事责任。例如有些侵权产品根本达不到专利产品应有的效果，以致专利权人的商誉受到损害，因而应当责令侵权人消除影响，为专利产品恢复名誉。因此，消除影响不应局限于侵害人格权的情形，在一定情况下，也可以适用侵犯知识产权中的财产权的情形。

（三）赔偿损失

赔偿损失是指行为人因合同或因侵权行为而给他人造成损害，应以其财

[①] 钟浩鹏：《论 FRAND 规则在药品标准必要专利许可的扩张》，华南理工大学 2016 硕士论文。
[②] 深圳市中级人民法院（2016）粤 03 民初 816、840 号。

产赔偿受害人所受的损失。赔偿损失既可适用于违约责任,也可适用于侵权责任。损害赔偿从来不是知识产权领域的独有概念,但却在知识产权法中呈现出特殊的理论发展和实践效应。知识产权侵权损害赔偿数额的确定,包括了两个层面的内容:第一层面是损害赔偿的计算即损害赔偿数额的客观确定标准问题,实质上是实体方面的规范标准;第二层面是主观证明及认定的问题,实际上其是实践中的诉讼证明和法官判定过程中的问题。

1. 损失的范围

《民法典》上的损害赔偿范围限于财产的实际损失和精神利益的实际损害。因此,对于侵犯知识产权的,侵权人也应当照受害人的实际损失给予赔偿。这是全部赔偿原则(填平原则)的体现。全部赔偿原则的含义,是指损害赔偿责任的范围,应当以加害人侵权行为所造成损害的财产损失范围为标准,承担全部责任。也就是说侵权行为所造成的损失应当全部赔偿,赔偿应以侵权行为所造成的损失为限。TRIPs 协议第 45 条[①]损害赔偿的规定实际上肯定了侵害知识产权领域的完全赔偿原则。

现行《著作权法》对此设有明文规定,但《商标法》《专利法》《集成电路布图设计保护条例》等未明确采用"实际损失"的用语,而只是用来"损失"一语,但此"损失"明显为"实际损失",不可能是并不存在的空想状态的损失。实际损失包括直接损失与间接损失。直接损失,即指:①对侵权直接造成的知识产权使用费等收益减少或丧失的损失;②因调查、制止和消除不法侵权行为而支出的合理费用;③因侵犯知识产权人身精神权益而造成的财产损失。间接损失,即指权利人受到侵害的知识产权在一定范围内的未来财产利益的损失。知识产权损害的间接损失是指知识产权处于生产、经营、转让等增值状态过程中的预期可得利益的减少或丧失的损失。知识产权的间接损失是由于造成了权利人不能正常利用该知识产权进行经营活动而遭受的。

2. 损害赔偿数额的计算

根据我国知识产权法,关于损害赔偿数额的计算一般有三种方法:①按照权利人因侵权行为所受到的实际损失计算;②按照权利人因侵权行为所获得的利益计算;③权利人的实际损失或者侵权人的违法所得不能确定的,由人民法院根据侵权行为的性质、手段、情节、范围以及侵权人的过错程度等,判决赔偿的数额。在实践中受害人的全部损失常常不易计算,特别是对未来

[①]TRIPs 协议第 45 条:"对已知或有充分正当理由应知自己从事之活动系侵权的侵权人,司法部门有权责令其向权利人支付足以弥补因侵犯知识产权而给权利持有人造成之损失的损害赔偿费。"

的可得利益的估算更是如此。依照法律规定，我国的这四种计算方式的适用是有先后顺序的，也就是先适用权利人遭受的实际损失，实际损失无法确定的，再适用侵权人的获利进行计算，无法确定侵权人获利数额的时候，可以依据合理许可费确定赔偿数额，最后是在损害赔偿数额难以确定时适用法定赔偿。①

在上述第二种按照侵权人违法所得计算的规定，一般认为是从利润剥夺理论出发加以理解和设计的。利润剥夺是指在行为人侵权过程中，获得的利益高于权利人受到的损害，为了遏制行为人的侵权行为，将行为人获得的利润返还给权利人的责任形式。② 将利润作为知识产权损害计算标准具有一定正当性基础，不过对这种计算标准的依据是存在争议的。③ 由于"利益"和传统侵权赔偿中的"损害"并不完全等同，"利益"范围的宽泛引起的是过多的惩罚性与不确定性，对基于矫正正义和填补原则的损失赔偿理论产生了一定的冲击。因此就该条款中利益的范围如何理解、将利益作为赔偿计算标准是否存在消极影响、实践中操作是否可行等仍存在问题。④

法定赔偿是一种以自由裁量权为内核的赔偿数额认定的技术性规范，而非严格意义上的客观认定方法。法定赔偿的酌定极易导致自由化与不周延。最高人民法院要求，法官在斟酌确定损失赔偿额时，根据总结的审判经验，一般应当考虑以下要素：①受害人所受损害后果（包括财产和非财产）是否严重；②侵害行为所致某种知识产权价值降低程度；③侵害出于营利或其他不当目的；④主观过错（故意或过失；如是过失，是重大过失还是一般过失）；⑤侵害行为情节恶劣程度；⑥侵权人获利情况；⑦侵权行为的社会影响；⑧双方当事人的经济状况等。

同时，赔偿数额还应当包含权利人为制止侵权行为所支付的合理开支。所

---

① 关于我国知识产权损害赔偿计算方法存在先后次序的问题，有观点应打破计算方法的优先次序，否则可能会出现依据在前计算方法所得数额少于依据在后计算方法所得赔偿数额的结果（王迁、谈天、朱翔：《知识产权侵权损害赔偿：问题与反思》，载《知识产权》，2016年第5期）。还有观点认为，计算方法次序适用中要求在前方法不能证明全部损失时才允许适用后种方法，徒增了权利人对损失的证明负担，因此建议不分先后，由权利人选择决定。

② 将利润作为基准填补受害人的损害被称之为"利润返还"或者"利润剥夺"。在英美法中称之为"disgorge or strip the gain"。我国学者借鉴比较法尤其是英美法的做法，将此种侵权称之为"受益型侵权"（朱岩：《"利润剥夺"的请求权基础——兼评〈中华人民共和国侵权责任法〉第20条》，《法商研究》2011年第3期，第137–145页。）本文主要论述这种责任方式的适用，为与损害赔偿区分，后文均将这种责任方式表述为"利润剥夺"。

③ 胡晶晶：《知识产权"利润剥夺"损害赔偿请求权基础研究》，载《法律科学》2014年第6期。

④ 杨雄文、马志伟：《专利法中利润剥夺的理论构造》，载《华南理工大学学报（社会科学版）》2021年第6期。

谓合理开支，主要包括公证费、物证购买费、材料印刷费、审计费等，对于律师代理费一般以各省关于律师诉讼代理服务收费政府指导价标准为计算依据。

3. 知识产权损害赔偿评估

在侵犯知识产权的行为和知识产权价值的贬损之间存在因果关系时，由于侵权行为造成知识产权价值的降低或减少正是确定知识产权损害赔偿额的依据。知识产权侵权损害赔偿评估的实质是指对侵权行为给知识产权价值造成的损害程度进行评估。为了对知识产权的损害赔偿数额进行确定和评估，这就需要对损害发生前后两种状态下的知识产权价值进行评估，并计算二者的差异。

尽管知识产权的价值理论是确定知识产权侵权损害赔偿额的理论依据，但是，知识产权损害赔偿评估并不对应损害赔偿理论上的损益相当原则。具体说来，就是知识产权损害赔偿评估的结论仅仅是损害的大小，至于这些损害是否都应由侵权人承担倒不一定，因为从法学理论上讲，侵权人最终应当承担的赔偿责任，应当结合侵权行为的性质和情节等因素进行考量——其中"性质"应包括"故意、过失、是否存在过错"；而"情节"包括侵害行为的社会影响，侵害手段、时间以及侵害人的主观过错，侵害客体本身的情况等。简而言之，"性质"和"情节"是法律问题，而不是技术问题。①

4. 惩罚性赔偿

损害赔偿数额认定问题不单单表现为数额量化或金额计算的事实性，还是一项关涉法律政策评价效果的价值性。《民法典》第1185条规定，"故意侵害他人知识产权，情节严重的，被侵权人有权请求相应的惩罚性赔偿。"惩罚性赔偿又称惩戒性赔偿、示范性赔偿，是指法院判决的超出原告实际损失的赔偿。各知识产权单行法中也对此进行了具体规定。

关于惩罚性赔偿的功能，学界存在多种学说，代表性观点是补偿权利人、遏制侵权再次发生、惩罚侵权人，破解我国知识产权"维权成本高、侵权成本低"的困局。对那些因侵权成本低，而故意实施侵权、多次侵权的行为"下重手"。但业界也有一些观点认为维权难、维权成本高的问题可以通过完善证据披露、举证妨碍以及调整自由心证标准等诉讼程序规定来应对，而惩罚性赔偿制度的建立动摇了我国以"填平原则"为基础的民事赔偿的基本原则，因此不赞成建立惩罚性赔偿制度。

惩罚性赔偿制度在司法实践中存在不被适用的现象。其原因主要有：①

---

① 杨雄文：《基于损害赔偿的知识产权评估研究》，载《重庆大学学报（社会科学版）》2011年第2期。

惩罚性赔偿数额的计算基数难以确定。②法定赔偿制度可以在很大程度上实现惩罚性赔偿的目的，而且法定赔偿由法院酌情确定的自由裁量权消减了惩罚性赔偿计算基数难以确定的问题。

（四）赔礼道歉

赔礼道歉是指侵权行为人向受害人承认错误，表示歉意，以求得受害人的原谅。赔礼道歉可以采用口头形式，也可以采用书面形式。书面的道歉可以载于报刊上，也可以张贴于有关场所，或者以信件的方式转交与受害人。赔礼道歉只适用于人身权利受侵害的情形，不适用于财产权利受侵害的情形，因为赔礼道歉带有浓烈的人身性色彩，性质上只能用于抚慰和补偿受害人的精神创伤和人身伤害。知识产权系以财产权为主，赔礼道歉只适用于著作人人身权等受到侵害的情形。

四、临时禁令

临时禁令是知识产权保护过程中一种重要程序，对预防侵权行为发生或防止损失的进一步扩大具有重要作用。临时禁令在性质上属于程序法规范，是由知识产权法所表达出来的一项诉讼救济措施。

（一）临时禁令的概念

临时禁令也称中间禁令，是指在诉讼开始前或者诉讼中，申请人有证据证明他人正在实施或者即将实施侵犯其知识产权的行为，如不及时制止将会使其合法权益受到难以弥补的损害，法院应申请人的请求而做出的责令行为人为某种行为或不为某种行为的决定。①

在大陆法系，以德、法、日为代表的一些国家和地区则设立了"假处分"制度，系针对债务人行为或争议法律关系暂时状态的保全处分。② 美国法中共有三种形式的禁令救济：临时禁令（temporary restraining order）、初步禁令（preliminary injunction）以及永久禁令（permanent/perpetual injunc-

---

①临时禁令，有学者也用临时措施、诉前禁令、诉前临时措施等用语来代替。但细细看来，并不是字面的不一致，它们在内涵与外延上存在着差别。首先，有些观点中的临时措施，并不仅仅指上面提到的临时禁令的内容，还包括诉前证据保全、诉前财产保全的内容。其次，我国现行规定已经将诉前临时禁令扩张到诉讼时（中）临时禁令。所以本书使用"临时禁令"用语来剔除证据保全与财产保全的内容，并且包括"诉前"与"诉中"两个阶段的禁令。而本书中使用的"临时措施"，包括临时禁令、证据保全等内容。

②德国《民事诉讼法》第917条、第938条，《日本民事保全法》第20条、第23条。

tion）。其中临时限制令和初步限制令都属于临时性措施，"临时禁令"由法院在听证前作出，限制令要写明一般不超过 10 日的期限，该期限届满后临时限制令自动失效；"初步禁令"由法院在听证后作出，其效力延续到最终判决之前。①

一般而言，其效力延续至诉讼终结时，被生效裁判所确定的永久或一定期间的禁令或撤销禁令的裁定所代替，在有证据证明临时禁令实施的条件不具备时也可在诉讼中裁定撤销禁令。

（二）临时禁令的适用

临时禁令与先予执行、财产保全、责令停止侵权都是法院做出的强制性临时措施，有一定的相似性，但是，它们在设立目的，启动条件等方面都存在质的区别。财产保全是从将来法院判决能得以有效执行角度出发，对当事人财产采取的强制措施，虽也可在诉前采取，但其保全对象仅限于财产，而临时禁令是在起诉前或者诉讼中要求停止有关行为。先予执行是因申请人的生活或生产确实存在困难，为解决燃眉之急、维护社会稳定，法院责令被告先履行一定义务或给付一定财产的一种强制措施，虽然先予执行也可适用于"需要立即停止侵权、排除妨碍的""需要制止某项行为"的案件，但诉前能否采取，法律并未明确。而临时禁令的设立主要目的是在实质争议得到解决前，防止侵权行为继续发生或即发侵权的产生。停止侵权行为是法院以终局裁判方式做出的对侵权人行为的否定，而临时禁令只是在终局裁判前采取的临时救济措施，并不具有终局性。

我国法院在决定采取临时禁令时应考虑以下条件：①申请人能够提供合法、有效、稳定的权利证明。②情况紧急，且不采取临时禁令将可能给权利人带来不可弥补的损害。一般认为，"无法挽回的损害"应是无法用金钱和其他救济手段无法补偿的损害。③申请人应提供合理的担保，以保障因申请错误对被告造成的损失得到有效赔偿。

（三）英国临时禁令制度的做法与经验

禁令制度在英美法系历史久远，适用规则完善。英国对临时禁令十分重视，认为：①临时禁令十分有效，能够迅速解决问题，缩短知识产权侵权诉讼时间，提高效率。②如果通过颁布临时禁令已经解决问题，不是必须要进入诉讼和审理程序。

---

① 和育东：《美国专利侵权救济》，北京：法律出版社，2009 年，第 69 页。

1. 临时禁令制度的理念

临时禁令是一个非常不完善的救济方式，很容易出现授予禁令后发现授予错误。英国法院对此最主要的考虑因素，就是临时禁令要求最大限度地要避免司法不公，核心就是要加快案件的审理。

（1）在英国，临时禁令的设立目的是为了解决等待审理时间过长的问题。在等待的时间内，知识产权人就有可能丧失市场优势，或者不得不降低产品价格，但事后又不能得到损害赔偿。在这样的背景下，英国法院颁布了临时禁令制度。1986年左右，在英国申请和授予临时禁令是很常见的。现在，申请和授予都不太经常了。主要原因有二：一是随着法院效率的提高，所有案件均大幅减少了等待开庭的时间，过去一个专利案件等待开庭审理可以要等2~3年，现在是等待12~15个月，这样就大大减少了权利人对临时禁令的需求。二是法院已经认识到并不是所有的案件都需要快速开庭审理。典型的情况是，当事人申请临时禁令，法院驳回申请，但会同时下令快速审理。有时也会经常发生这样的情况，原告申请临时禁令，被告则主张要快速审理，法庭讨论中关于快速审理，原告就审判速度提出主张，如果法庭可以快速地审理，则不申请临时禁令，法院发布命令要求在4个月内开庭审理，原告则不能再主张临时禁令。这样做，双方就不会再申请临时禁令，而是直接主张快速审理。由此可见，问题的关键还是在于等待开庭审理的时间。如果法院可以快速确定开庭审理时间，就不需要花费金钱和精力授予临时禁令。

（2）是否颁布临时禁令仍要慎重。英国法官也认为，禁令虽好，但滥用伤人。一方面禁令措施是知识产权权利人保护利益的十分实用的手段；但另一方面，错误的禁令措施会造成被申请人利益的极大损害，甚至造成被告企业破产等致命的后果。基于此，英国法官在颁布禁令的时候也是颇为慎重的。

2. 发布临时禁令需要考虑的因素

英国确定的发布临时禁令需要遵循"四步走"要求。

（1）在遵循临时禁令一般判断原则基础上，重视个案的具体性。在某些情况下，英国法院对于原告申诉理由的合理程度并不予以考虑。如在假冒商标等明显侵权案件中，通常一旦发现侵权产品，法庭就立即发出禁令去制止，因为英国法官认为对于商标侵权案件最好的救济是及时制止。而在某些情况下，法院对原告理由的合理性有个案性的考虑。

（2）"胜诉可能性"的判断应基于形式审查之上的"可能性"。原告并不需要证明他的知识产权有效并被侵犯，只需要证明有这样的可能性即可。

（3）系统认识"难以弥补的损失"。被告所支付的损害赔偿金并不足以弥补其损害，则需要禁令制度制止其损害行为继续发生。对于金钱难以弥补原告将遭受的损失有很多情形,例如:①损失将非常大,或难以计算,或被告将无力支付。②在专利案件中,专利权人将会因此而丧失其应有的市场份额。③在商标案件中,法院在考虑给原告带来的损害时也要考虑给消费者造成的混淆。

在决定损害赔偿金是否足以弥补损失的同时考虑开庭作出判决所需的时间。时间越长,损失可能越大,损害赔偿金也就可能越不足以弥补损失。这是决定是否发布临时禁令的重要考量因素之一。

(4)增加原被告之间关于临时禁令采取与否后果利弊的综合评价。在英国,原告必须证明,若法庭不支持其请求,其遭受的损失将大于诉前禁令可能给被告带来的损失。

法庭将会综合考虑相关因素,进行"利弊平衡"分析,分析相关损害。在通常情况下法院难以确定具体损失,此时法院在决定是否颁布临时禁令的时候可考虑一个重要原则——保持现状。如果被告的侵权活动刚刚开始,则损害平衡是相等的,就可以授予禁令。具体而言,英国法庭将综合考虑其裁定将会给双方当事人带来的损害:

(1)若法庭不支持原告的请求,将会给原告的经营带来什么影响?此方面的影响主要关涉以下几个方面:①为竞争而降低产品价格。②减少市场份额,即使法庭执行禁令原告亦无法再提高其产品的价格——永久性地破坏原告的市场份额。③消费者混淆侵权产品的来源,损害原告声誉等。

(2)若法庭支持原告的请求,将会给被告的经营带来什么影响?此方面的影响主要关涉以下几个方面:①被告的企业是否刚刚被建立。②被告的企业是否有其他收入。③被告的企业是否能坚持到诉前禁令的结束等。

(3)法庭综合考虑双方当事人的行为,包括:权利人是否有及时采取措施,权利人是否在发现被申请人可能侵犯其权利后对被申请人尽告知义务,被申请人在开始销售其产品前是否已经知悉申请人的权利,被申请人是否有采取补救措施等。在特殊情况下还应考虑公众利益,比如当被控侵权物品是对公众很重要的药品时。

(4)关于"支付被告因禁令所受到的损失"保证及其适用。在错误禁令的情形下,要关注原告的赔偿是否足以弥补被告的损失。财产担保的问题在于事实上担保金额不容易确定。英国适用的是保证函的做法。

五、知识产权的诉讼时效

所谓诉讼时效,也称消灭时效,乃指因一定期间不行使权利,致其请求权消灭的法律事实。诉讼时效所消灭者，并非权利本身，而是基于权利所生之请求权。我国专利法、著作权法、商标法等知识产权法没有特别规定侵权公力救济的诉讼时效，按照上位法和下位法一般关系的基本法理，侵害著作权等知识产权的诉讼时效，应当适用作为上位法的《民法典》中 3 年普通诉讼时效之规定。

诉讼时效自权利人知道或者应当知道权利被侵害之日起计算。所谓知道权利被侵害，是指权利人明确知道有侵害行为的事实发生；所谓应当知道权利被侵害，系属法律上的一种推定，它是针对权利人客观方面而言的，是指某一侵权行为一旦发生，诉讼时效期间也由此开始计算。

需要注意的是，对于发明专利申请公布后至专利权授予前使用该发明未支付适当使用费的，专利权人要求支付使用费的诉讼时效，一般而言，自专利权人得知或者应当得知他人使用其发明之日起计算；但是，专利权人于专利权授予之日前即已得知或者应当得知的，自专利权授予之日起计算。

知识产权的持续侵权行为，极为常见。所谓持续侵权，是指对同一权利不间断地进行侵害的行为，或者行为虽已结束但其行为后果却不间断地对权利人造成损害的侵害行为。比如，在生产经营中持续实施他人专利；擅自出版他人作品，虽然出版行为已结束，但侵权作品仍在市场上销售。前述两种行为都对权利人的权利构成持续侵害，属于持续侵权行为。对于连续实施的知识产权侵权行为，从权利人知道或者应当知道侵权行为发生之日起至权利人向人民法院提起诉讼之日止已超过 3 年的，人民法院不能简单地以超过诉讼时效为由判决驳回权利人的诉讼请求。

第三节　知识产权的行政保护

相关国家行政管理机关在遵循法定程序的前提下，依法运用法定行政职权处理各种知识产权纠纷和查处各种知识产权违法行为，维护知识产权秩序，从而实现对知识产权人的合法权益的保护。

一、知识产权行政保护的概念与特征

就知识产权行政保护的主体而言，只能是具有知识产权管理或执法职能的行政机关。行政保护的对象除知识产权权利人之外，还包括与知识产权相关的其他人。

(一) 概念

对于知识产权行政保护的概念有不同的看法。广义的知识产权行政保护是指行政机关根据法定职权和程序,依据权利人申请或其他法定方式,履行职责,授予或确认权利人特有权利,管理知识产权使用、变更、撤销等事项,纠正侵权违法行为,保护各方合法权益,维护知识产权秩序的活动。[①] 按照具体行政行为主要可被分为行政执法、行政裁决和行政管理。在知识产权行政保护方面,世界各国都是由知识产权行政管理机关对权利人的知识产权予以法律上的确认,并对权利归属纠纷进行审查。在我国,由于历史以及社会因素,知识产权行政保护不局限于行政执法,还包括知识产权确权、授权、行政审查、裁决、调解、管理知识产权使用、变更、撤销等事项。

而狭义上的知识产权行政保护,又被称为知识产权行政执法,即为了保证知识产权权利人依法享有的各项权利,具有知识产权管理或执法职能的行政管理机构依法有权对侵犯知识产权的行为做出一定的处罚,从而保证知识产权法律在实际生活中得到贯彻和执行。[②]

中国的知识产权行政执法的特色在于政府可以运用多种行政手段保护知识产权,加大保护力度,提高保护效率。发达国家的知识产权保护主要采取司法途径,他们的行政执法也主要指海关的边境执法措施,以及贸易委员会对其他国家和地区的盗版在双边贸易中进行经济制裁等,一般没有类似我国行政机关对侵权行为的罚款、责令停止侵权、查封等行政权力。在知识产权行政执法与司法保护的关系上,一般认为司法保护具有主导性。这一主导性主要表现在两个方面:一是在知识产权保护的体制机制上发挥主导作用。行政决定要接受司法审查。二是在价值上主导。知识产权的价值本身应该由市场发挥基础配置作用,而对知识产权的纠纷,则要保证知识产权权利人能够获得与其市场价值相匹配的利益。过低了要矫正,过高了也要矫正。

(二) 特征

知识产权的行政保护,相对于司法保护而言,具有自身的一些典型的特征。这些特征主要体现在知识产权行政执法的领域之中。

[①] 曲三强、张洪波:《知识产权行政保护研究》,载《政法论丛》2011年第3期,第57-58页。
[②] 实际上,法院也在很多文件中使用"执法"一词。

1. 保护方式具有主动性

与司法保护中的"不告不理""谁主张,谁举证"制度相比,行政保护具有主动性。行政保护的程序是法律规定的程序,启动这些程序可以依权利人的申请,也可以由行政部门依据职权主动查处,并对知识产权纠纷依法进行调解、裁决,化解矛盾。这是行政执法与司法保护的区别所在。

2. 保护程序注重效率性

知识产权行政执法程序简便、迅捷、效率高,与特别注重追求公正价值的程式化的司法保护相比,行政执法更加注重效率价值。在知识产权保护中,行政途径打击侵权的优势在于程序简单、结案时间短、费用花费低等,体现了效率性。"在处理侵权纠纷过程中,知识产权管理机关往往在现场送达请求书的同时,就对案件事实进行及时的调查,查实必要的证据,进行迅速查处。这一做法一方面节省了调查取证的时间,缩短了案件处理的周期;另一方面,知识产权行政管理机关及时、客观地了解案件的实际情况,避免侵权行为人隐匿、转移侵权证据,从而使案件的处理过程相对顺利。在许多案件中,经过现场调查,侵权行为人都能承认侵权,并能立即停止侵权行为。"①

强化时效意识,也要保障知识产权行政执法活动的公正。正如美国学者波斯纳指出的,"公正在法律中的第二种含义是指效率。"即使效率与公正两种价值在某些情况下发生冲突,仍然可以通过"司法最终保护"这一制度来加以保障。需要指出的是,试图在更高的公正基准上实现效率与公平之间的平衡只能是一种难以实现的追求。有观点指出,公正性的提升必然对应着效率的降低。

3. 保护主体具有多元性和分散性以及多层次性

知识产权行政执法主体具有多元性和分散性以及多层次性。"多元性和分散性"是指知识产权行政执法主体非常广泛。知识产权行政执法主体除了包括人们常说的相关知识产权行政主管部门外,还包括非知识产权行政主管部门。② 与此相比,知识产权司法保护的主体主要是法院,具有单一性;即使在知识产权刑事保护中,作为司法机关的公安部门和检察机关虽然也要参与进来,但是,法院仍然居于裁决核心地位。

---

①王晔:《知识产权行政保护当议》,载《北大知识产权评论(第1卷)》,北京:法律出版社,2002年,第210页。

②我国海关也进行了简明而完整的规定,如针对行政处罚,在裁量阶次上,按照由轻到重的顺序,划分为不予行政处罚、减轻行政处罚、从轻行政处罚、一般行政处罚以及从重行政处罚五种阶次;在量罚标准上,结合实体法罚则规定了进出口侵权货物、未如实申报知识产权状况、未提交合法使用有关知识产权证明文件等案件不同阶次情节的具体处罚幅度。

"多层次性"是指各种知识产权行政保护主体又分为中央和地方若干个管理层次。① 并且，不仅主管同一知识产权的不同层级的各个行政管理机构保护知识产权的权限不同，而且处于同一层级但主管不同知识产权的行政管理机构权力差异也很大，甚至还有交叉，这可从比较相关法律的规定很明显地看到。司法保护虽然也分层级，然而处于同一层级法院的权力往往基本相同。

4. 行政保护行政执法具有全面性

司法保护以事后追究为原则，只有在当事人的合法权益受到侵害之后，司法机构才能因权利人行使诉权来实现对于权利人的合法权益的保护。相对而言，知识产权的行政执法包括事前保护、事中保护、事后保护。

有观点还认为知识产权行政执法的成本更低。值得指出的是，行政执法确实是节省了当事人的成本，但考虑到相应的行政成本的付出，因此这种总的成本尚没有证据表明确实低于司法保护的成本。

在上述特点之下，知识产权的行政执法也存在局限性，这主要表现在以下几点。一是行政处罚的力度有限。二是行政执法的手段有限，缺乏足够的行使强制措施的职权。三是除了调解与主动履行之外，权利人只能另行提起民事诉讼要求赔偿经济损失。

二、知识产权行政保护的救济

随着行政机关在社会生活作用的不断加强，很多国家更进入"行政国家"时代。在"行政国家"里面，行政机关不断地在不同程度上介入民事纠纷的解决。同时，在一些国家中"行政国家"早已被更先进的治理形态取代。知识产权因为与政府关系密切，在知识产权的行政保护以及政府调控过程中，知识产权人权利受到侵害的可能性也是存在的。不过我国实现"行政国家"的路径与西方国家大相径庭，目前仍处在致力于转变政府职能，构建社会主义法治国家的过程之中。在这个过程之中，简政放权和施行法治依然处于优先考虑之中。

（一）知识产权行政保护救济的概念与分类

所谓知识产权行政保护的救济，是针对知识产权主体受到行政行为侵犯时的救济，亦即因行政行为侵犯知识产权所实施救济。知识产权行政保护的

---

① 邓建志：《WTO框架下中国知识产权行政保护》，北京：知识产权出版社，2009年，第236页。

救济主要有行政复议和行政诉讼两种形式。行政复议，是指公民、法人或其他组织认为行政机关的具体行为侵犯其合法权益时，依法向法定的行政机关提出申请，由受理机关根据法定程序对具体的行政行为的合法性和适当性进行审查并作出相应决定的活动。行政诉讼，是指公民、法人或其他组织认为行政机关的具体行政行为侵犯其合法权益时，依法向人民法院提起诉讼，由人民法院进行审理并作出裁判的活动。

当事人（尤其是侵权人）如果不服对知识产权侵权纠纷的行政处理决定的，可以选择申请行政复议，不服行政复议的，可以提起行政诉讼；也可以不经行政复议而直接向人民法院提起诉讼。如果侵权人在法律规定的期限内，既不申请复议，也不提起诉讼，同时又不履行行政处理决定的，相应的行政管理机关可以申请人民法院强制执行对知识产权侵权纠纷的行政处理决定。

（二）知识产权行政保护救济的目的

设立行政复议和行政诉讼的目的在于：①监督行政机关依法行使职权和履行职责；②保护公民、法人或其他组织的合法权益不受行政机关违法或不适当的行为所侵害。设置知识产权行政的救济，符合国际通行的司法最终解决的原则，也是我国主动适应WTO要求而进行调整的结果。[①]

（三）知识产权行政复议

行政复议是指行政相对人不服行政主体做出的具体行政行为，依法向行政复议机关申请复查，行政复议机关依法对该被申请的具体行政行为的合法性与合理性进行全面审查，并做出复议决定的法律制度。行政复议所解决的纠纷只能是行政纠纷，即只能是行政相对人不服某具体行政行为而与做出该行为的行政主体之间发生的纠纷，民事纠纷并不能成为行政复议的对象。

知识产权行政复议的范围除了要遵循《中华人民共和国行政复议法》的相关规定外，相关知识产权行政管理部门还对此做出了更加详细的规定。[②]

（四）知识产权行政诉讼

从发生的原因来看，知识产权行政诉讼包括三大类：

[①] 而在我国行政诉讼制度建立之初，知识产权行政保护的救济基本上还是行政系统内部的救济，从其专业技术性特征和行政保护价值取向出发，强调行政内部救济，设置了行政终局裁决，而司法救济仅为行政内部救济的例外。参见孟鸿志：《知识产权行政保护新态势研究》，北京：知识产权出版社，2011年，第94页。

[②] 例如《国家知识产权局行政复议规程》明确对于驳回专利申请决定、无效宣告请求审查决定、复审请求审查决定、非自愿许可报酬的裁决等十余种情形，不能申请行政复议。

1. 由国家行政机关做出的行政裁决引起

申请取得的知识产权需要通过申请、审查等环节，由相应的行政机构决定是否授权。以专利权和商标权为例，他们需要行政机关确权，依相关知识产权法律，当事人对该确权决定不服可以向行政机关申请复审①，对该复审决定（其实质是行政裁决）不服，提起的行政诉讼。

2. 由国家行政机关做出的具体行政行为引起

在知识产权确权和转让、使用过程中，确权机关依相关知识产权法，对当事人做出具体行政行为（包括行政决定、行政许可和行政处罚等），行政相对人不服提起的行政诉讼。

3. 由地方知识产权管理机关行政执法引起

对于具有知识产权执法权的地方各级知识产权管理机关，可以对侵犯知识产权等违法行为进行处罚，相对人对该处罚决定不服的，可以向该行政机关所在地人民法院提起行政诉讼。

三、英国知识产权局的行政保护

英国作为老牌的英美法系国家，其知识产权行政系统的设置有着明显的特色。

（一）英国知识产权局的角色与作用

英国知识产权局是商业部的下属司级机构，是一个授权性、政策性和执法性组织，可以进行专利、商标等授权，并利用相关授权费用进行日常运作。它向首相就知识产权方面提供建议，从而推动英国知识产权保护框架的建设。

英国知识产权局的工作积极有效，较少的人员完成了其他各国需要多个知识产权行政机构共同完成的工作。其本身不是执法机构，但是他们协调全英的知识产权执法，发挥了有效的作用，如协调警方。

在知识产权政策方面，其强调经济证据，其中仅一小部分专利数据分析是其部门的经济学家团队所做的，其他大多会雇佣独立的第三方学者为其处理专业事务。

---

① 2019 年 2 月国家知识产权局《关于变更业务用章及相关表格/书式的公告》（295 号）规定，国家知识产权局原专利复审委员会并入国家知识产权局专利局，原国家工商行政管理总局商标局、商标评审委员会、商标审查协作中心整合为国家知识产权局商标局，不再保留专利复审委员会、商标评审委员会、商标审查协作中心。原来的业务印章停止使用，统一启用新的业务印章，由"国家知识产权局"加具体业务类型组成。

(二) 英国知识产权局对知识产权案件的裁判

知识产权局的裁判庭，可以作为法庭审理大部分案件。如果当事人不满，还可以上诉。该裁判庭的法官由授权专家组成，比普通法庭更加便利和快捷。审理的案件中，大部分是所有权争议，一小部分是无效案件，还有一部分是确认不侵权案件，理论上他们也可以审理侵权案件，但是未有先例，因为他们只有在双方都同意的情况下才能审理，其次不能授予禁令，只能做出损害赔偿的判决。

一般知识产权局不会成为被告，如果当事人对他们的判决不满，可以选择上诉，但是也是当事人双方之间的问题。但是在知识产权局拒绝授权的案件中，他们有可能成为被告。

四、我国知识产权行政执法的走向

面对知识产权司法保护与行政执法"双轨制"的中国特色，业界对于知识产权行政执法的正当性及必要性等有着重大的分歧。[1]

知识产权的私权性并不排斥行政手段对知识产权的保护。法治行政实现的逻辑过程中，权力、权利互动运作的程度、方式随人民权利的最大化需求而变化转换。这就是法治行政原理的基本内容。[2] 公权力来自私权利，尊重公权力的合法性是私权利发展的基础，没有公权力的合理保障和支持，私权利也会失去发展的基础。在现实中，尽管知识产权原本是一种私有权利，但在一定情况下会与如何保护权利人利益以促进社会经济发展有关，与公众的利益有关，就会从私法领域进入公法领域。

而行政执法继续存在并最终弱化符合有限政府理念。行政执法这种监管制度是以市场机制及其自身的问题存在为前提，针对特定的问题、在一定的条件下产生并发挥绩效。当前各级法院在包括民事和刑事的审判中，案多人少的矛盾仍未根本解决，现时就难以应对繁重的审判任务。因此在现阶段，对行政权力的倚靠是不得已接受的手段。但是，从长远来看，知识产权行政执法可能造成社会对政府的依赖和无限期望，社会组织和公民自身应承担的责任也由政府承担，而从理论上讲，政府的能力是有限的，有限政府的理念

---

[1] 最早关于双轨制的提法是在知识产权行政执法的概念上表述，后面逐渐变为行政保护。当前双轨制这一说法日渐式微，更多的是说"协同保护"。

[2] 董兴佩：《WTO法治行政理念——一个权利、权力关系的视角》，载《哈尔滨工业大学学报（社会科学版）》2004年9月，第71页。

要求政府减少对市场的行政干预，主要按经济规律来调节经济生活，不再以行政手段或者尽量少以行政手段介入经济活动。政府能力的有限性决定了政府必须逐步在职能上有所取舍，政府应当从知识产权执法领域中逐步弱化并最终退出是必需的，问题是怎样做才能尽快缩短这一过程的时间。

行政治理重心的确立是从司法领域偏移而来。① 这个偏移不能影响现代法制文明的精髓，也就是行政措施只能是对绝对司法和法治的有限修正，而不能是替代。从一般意义上分析，保护模式的发展与司法系统建设是成正比例的，丰富的司法资源是取消知识产权行政执法保护的决定性条件之一，在特定的条件下有可能成为决定性因素。其发展的根本途径在于加强司法能力建设，从而在总体的保护力度上保持与社会需求的平衡。

行政司法化理论只是解决行政裁判程序的司法化问题，并没拓展到行政权力介入与干预民事纠纷的正当性层面。当前我国知识产权双轨制的保护现状昭示着一种实然的状态。相对于过分注重知识产权行政权力在社会经济中的功能和作用，对于如何建构法治国家以及法治政府的议题观测与警惕有着重要的意义。

第四节　知识产权的刑事保护

科技的迅猛发展使得侵犯知识产权犯罪的社会危害性日益明显，各国对知识产权都有相应的刑事保护。TRIPs 规定，全体成员均应提供刑事程序及刑事惩罚，至少对于有意以商业规模假冒商标或对版权盗版的情况是如此。可以采用的救济应包括处以足够起威慑作用的监禁，或处以罚金，或二者并处，以符合适用于相应严重罪行的惩罚标准为限。成员可规定将刑事程序及刑事惩罚适用于侵犯知识产权的其他情况，尤其是有意侵权并且以商业规模侵权的情况。以上规定，对于我们以刑法保护知识产权提供了基本标准和重要依据。

一、知识产权刑事保护的概念与特点

知识产权刑事保护，是指通过对知识产权犯罪处以刑事处罚，保护知识产权人的合法利益。所谓侵犯知识产权犯罪，是指违反我国知识产权法规定，

---

①陈颐：《立法主权与近代化国家的建构：以近代法国法律为重心》，北京：法律出版社，2008 年，第 153 页。

侵犯他人知识产权，破坏知识产权管理制度和秩序，情节严重，依照刑法规定应受刑罚处罚的行为。① 知识产权的刑事保护主要由两部分内容构成，一是将侵犯知识产权的，具有严重社会危害性的行为规定为犯罪行为；二是对侵犯知识产权的犯罪行为，给予刑事处罚。

我国《专利法》《著作权法》《商标法》等知识产权单行法，对知识产权侵权违法行为追究刑事责任也进行了相应的规定，进一步明确了知识产权刑法保护的取向，增强了刑法保护的可操作性。这一知识产权立法模式被称为结合型立法模式。②

从西方各主要发达国家知识产权刑法保护的立法发展看，尽管各国在具体细节上存在一些差异，但普遍存在知识产权刑法保护的范围日益宽泛，刑罚日趋严厉的发展趋势，明显体现了"强保护"的政策取向。③ 如大陆法系的德国，一是提高了侵犯知识产权犯罪的最高刑，原来侵犯知识产权犯罪的最高刑一般为6个月或1年监禁，现在提高到3年监禁；二是规定犯罪未遂也要处罚；三是过去很少使用的没收和扣押，现在在侵犯知识产权犯罪案件中比较多地运用了。④ 英美法系中，美国初期对知识产权的保护采用民事救济，运用刑事保护保护知识产权是从1897年才开始，到了1982年，侵犯知识产权犯罪由轻罪变为重罪。美国1994年修订《仿冒商标法案》，将刑罚由原来的5年监禁提高到10年监禁，罚金由25万美元提高到200万美元。英国2002年颁布《知识产权（版权与商标权）修正法案》（United Kingdom：Intellectual Property（Copyright and Trade Marks）Act（Amendment），24/07/2002），将制造、销售违法物品的违法行为，制造、销售或者使用非法音像的违法行为以及未经授权的非法解码行为的处罚，由原来的最高2年有期监禁提高到最高10年的有期监禁。显然，英国现有知识产权犯罪的刑罚比以往更加严厉。

我国于1997年对刑法典做了全面修改，在第三章"破坏社会主义市场经济秩序罪"中专设一节规定知识产权犯罪，使得中国保护知识产权的刑事立

---

① 刘宪权、吴允锋：《侵犯知识产权犯罪理论与实务》，北京：北京大学出版社，2007年，第120页。
② 而分散性立法模式是指在专门的知识产权法规中规定具体罪名、罪状和刑事责任的立法方式；集中性立法模式是指在刑法典或者单行刑法中规定具体的罪名、罪状和刑事责任的立法方式。参见赵秉志、田宏杰：《侵犯知识产权罪比较研究》，北京：中国人民公安大学出版社，2005年，第71页。分散性立法模式也称附属刑法，其优势是能够突出各个不同类型的知识产权特征，从而根据其特征特性去针对性地进行刑事保护。而且还能将民事保护、行政保护与刑事保护有机地结合在一起，形成一个完整的保护体系。
③ 赵赤：《知识产权刑事法保护专论》，北京：中国检察出版社，2011年，第6页。
④ 张凝、刘新魁：《法国〈知识产权法典〉对著作权的刑法保护》，载《知识产权》2008年3月，第79-84页。

法迈上了一个新的台阶。① 具体规定了包括商标权、专利权、著作权、商业秘密权四类犯罪的七个罪名，具体为假冒注册商标罪，销售假冒注册商标的商品罪，非法制造、销售非法制造的注册商标标识罪，假冒专利罪、侵犯著作权罪，销售侵权复制品罪，侵犯商业秘密罪。

TRIPs协议只对版权和商标权规定了应当采取刑法保护，至于其他知识产权案件则由成员方自由裁量。我国在知识产权犯罪类型的规定上超出了TRIPS协议规定必须履行的义务，该保护水平高于TRIPS的要求。②

我国知识产权刑法保护的特点：

（1）刑种上没有规定死刑、无期徒刑和管制刑，只规定了有期徒刑、罚金刑和拘役刑，其中广泛规定了有期徒刑和罚金刑。

（2）就刑罚处罚而言，我国刑法对于侵犯知识产权犯罪的处罚一般分为两个档次：一般情节的，处以3年以下有期徒刑或者拘役，单处或并处罚金；加重情节的，则处以3年以上10年以下有期徒刑，并处罚金。

（3）刑罚结构中财产性的刑种只规定了罚金刑，罚金刑的运用方式有单处与并处两种。我国采用的是规定罚金计算比例或倍数的模式，而非许多域外国家的限额罚金立法模式，法官的自由裁量权非常大，不符合立法明确的要求。另外有观点建议增加罚金刑的易科制度。所谓罚金刑的易科制度，是指在犯罪人拒不缴纳或者不能缴纳罚金的情况下，法院裁定易科自由刑或者其他措施代替罚金执行的制度。罚金刑的易科制度主要包括罚金刑易科自由刑、罚金刑易科强制性劳动、罚金刑易科自由劳动和罚金刑易科训诫等。

（4）没有规定资格刑。资格刑或权利刑，即剥夺、停止被判刑人的特定的权利或资格的刑罚。如剥夺政治权利，是指剥夺犯罪分子参加国家管理与政治活动权利的刑罚方法，属于资格刑。有观点建议可以借鉴外国的立法经验，完善我国的资格刑。例如禁止知识产权犯罪人从事一定的职业，降低或防止其再次犯罪的机会。③

---

①有观点认为知识产权属于私权，且侵犯知识产权犯罪中被害人的主要诉求在于经济利益。因此知识产权犯罪应置于《刑法》中侵犯财产罪一节更为合适。

②马治国、王文：《论我国知识产权的刑事法律保护——以TRIPS协议与ACTA为视域》，载《苏州大学学报（哲学社会科学版）》2011年5月，第103页。

③从世界各国刑法典的规定来看，资格刑的主要类型有以下这些：a. 剥夺一定的权利。有属于政治方面的，如选举权与被选举权；有属于经济方面的，如获得薪水、年金及津贴；有属于民事方面的，如亲权；有属于人格方面的，如荣誉等。b. 禁止担任一定的职务。c. 禁止从事一定的职业。这一资格刑主要适用于经济方面的犯罪，如前述《意大利刑法典》第31条的规定。d. 禁止驾驶。驾驶也是一定的职业，禁止驾驶往往作为一种特殊的资格刑。e. 剥夺荣誉称号。f. 剥夺亲权及其他民事权利。

二、知识产权犯罪的"入罪门槛"

知识产权犯罪的"入罪门槛",是指知识产权违法行为构成犯罪所必须具备额在构成要件特别是犯罪客观方面的基本条件。① 降低入罪门槛,意味着强化了知识产权的刑事保护力度。

世界上多数国家对于知识产权犯罪的"入罪门槛"一般都是采用行为犯的立法模式,对违法行为造成的危害结果不做强制性的规定,只要实施了法定的侵犯知识产权的行为就构成犯罪,追究刑事责任。美国对于"商业规模"更加看重的是性质而不是数量,即首先是构成"商业"才考虑其"规模"。"这意味着只要是具有营利性或商业性的行为,不论规模多大都可以构成犯罪。"② 而在我国刑法规定的对于知识产权犯罪的刑罚追究,原则上都要求必须具备某种法定结果或者一定的犯罪情节才成立,即结果犯。③ 如销售明知是假冒注册商标的商品,只有销售金额在五万元以上的行为才构成销售假冒注册商标的商品罪。

这样看来,我国对于知识产权犯罪的入罪门槛比其他国家要高,但是不能因此认为我们国家对知识产权的保护不力,与国际条约要求不符。其主要原因在于我国与西方国家对于违法行为的处罚制度是不同的。我们国家存在违法与犯罪的区别,对知识产权违法行为的制裁采取行政制裁与刑事制裁相结合的双轨制,这样,一部分情节轻微不认为是犯罪的知识产权违法行为,尽管不能受到刑罚处罚,但是依然会受到行政责任的否定评价与制裁。二是西方国家一般采取刑事救济单轨制,他们没有像我国那样行政救济的补充,因此对于一般违法行为与严重违法行为均适用刑法调整。因此,在我国知识产权犯罪入罪门槛偏高的表面现象上,存在着处罚体制不同的历史传统的差别,而且因为我国行政处罚的存在,也就说明我国对于一般的侵犯知识产权的违法行为也是有处罚的,并没有违反 TRIPs 等国际条约的规定,因此不能

---

① 赵赤:《知识产权刑事法保护专论》,北京:中国检察出版社,2011年,第10页。
② 张伟君:《知识产权刑事保护门槛:从 TRIPS 到 ACTA》,载《电子知识产权》2011年第8期,第28页。
③ 需要注意的是,《中美经济贸易协议》(2020年1月,即《中美第一阶段经贸协议》)中明确,我国将分两步取消任何将商业秘密权利人确定发生损失作为启动商业秘密刑事调查前提的要求。

简单认为我国对于知识产权的保护不力。①

值得注意的是，随着国外"刑法私法化"趋势的发展，刑事司法实践中普遍采用"转处"②"刑事和解"③等非刑罚措施，这也使得传统刑罚措施的运用大打折扣。④也有观点还建议在刑事诉讼过程中，适当扩大自诉、简易程序适用的范围，以提高刑事诉讼效率。

三、知识产权犯罪构成的四要件理论及其阶层论的批评

犯罪构成是指依照中国刑法规定，决定某一具体行为的社会危害性及其程度，为该行为构成犯罪所必需的一切客观和主观要件的有机统一，是使行为人承担刑事责任的根据。

中国刑法学一百多多年的学习轨迹，清晰地呈现出"德日—苏联—德日"的循环状态。⑤ 新中国成立之初，废除了国民政府的六法全书，按照苏联的模式重新搭建了中国的法律体系。犯罪构成理论以苏联的四要件理论为基础，但从20世纪末开始，特别是2009年司法考试引入三阶层理论之后，阶层犯罪论体系得到了越来越多的支持者。

（一）四要件

四要件的基本内容，是任何一种犯罪的成立都必须具备四个方面的构成要件，即犯罪主体、犯罪主观方面、犯罪客体和犯罪客观方面。认定犯罪通常需要具备的行为结果、因果关系、故意过失以及责任能力等都在四要件理论中有体现。知识产权的犯罪同样满足上述四个方面的构成要件。

1. 犯罪客体

犯罪客体是刑法所保护而为犯罪行为所侵犯的权益。知识产权犯罪属于类罪，作为一个上位概念，其下位包括侵犯商标罪、侵犯专利罪、侵犯著作

---

①刑法的谦抑性原则主要表现在罪之谦抑和刑之谦抑，知识产权在发展的过程中，一些发达国家为了保护自己国家的利益就对知识产权进行了高水平的保护，所以这就使得对侵犯知识产权方面罪名的规定越来越多的，而且保护对象的范围越来越广，相关的刑法规定也是越来越严密。也有国内学者建议，在降低知识产权犯罪刑事责任门槛的同时减轻自由刑。

②转处（diversion）即转向处分，也称刑事分流，是指在刑法司法过程中采取替代措施，避免不必要的降额犯罪嫌疑人逮捕、起诉、判刑和监禁的活动。

③刑事和解是指在刑事诉讼过程中，通过调停人或其他组织使被害人与犯罪嫌疑人、被告人直接沟通、共同协商，双方达成民事赔偿和解协议后，司法机关根据案件的具体情况对犯罪嫌疑人、被告人不再追究刑事责任或从轻减轻刑事责任的诉讼活动。

④赵赤：《知识产权刑事法保护专论》，北京：中国检察出版社，2011年，第14页。

⑤车浩：《阶层犯罪论的构造》，北京：法律出版社，2017年，出版说明第002页。

权罪、侵犯商业秘密罪等个罪。考察具体犯罪的时候,商标权、专利权、著作权等权利实际上也是一类权利组合体。知识产权犯罪的犯罪客体是一类权利组合体:即既侵犯了知识产权权利人的人身权利,又侵犯了其财产权利;既侵犯了国家和社会的公权又侵犯了知识产权权利人的私权。

就知识产权本身而言,无论是商标权、专利权还是著作权,其权利对象的无体性特征与传统物质财富的有体性存在根本差别。这种差别使得侵犯知识产权的犯罪与侵犯物质财富的犯罪相比较,在犯罪构成、既遂与未遂的标准以及法定刑均有较大的出入。

2. 犯罪客观方面

知识产权犯罪的客观方面表现为未经权利人同意,侵犯他人专有权利,违法所得数额较大或者情节严重的行为。其特征表现为:首先,行为人之行为无权源,即其行为未经权利人同意或授权而违背了权利人意愿的行为,才可能是犯罪。当然上述行为往往有例外限制,如存在强制许可或是合理使用的时候,即使行为人之行为未获得权利人的同意也应视为有正当权源。其次,犯罪行为基本表现形式上,只能是作为,即行为人采取了积极的动作而违反刑法的规定。知识产权犯罪只能由作为构成,不作为不可能构成知识产权犯罪。最后,知识产权犯罪不属于行为犯,而是结果犯。其行为的社会危害性是从其危害结果和犯罪情节中表现出来。所以行为必须是违法所得数额较大、巨大或者有其他严重、特别严重情节。

知识产权犯罪的行为表现方式因权利对象以及具体专门法律的规定不同而有所差异,但从宏观分析,其仍具有共性,即其行为方式主要包括:① 假冒行为。所谓假冒行为,是指未经权利人同意或许可,第三人在其制品上标注知识产权权利人的专利标记、商标、名称等。在我国刑法中主要是指假冒注册商标、假冒专利、假冒他人署名。②非法出售行为。一种是指销售"冒牌货"的行为,即销售未经许可而载有与受保护的商标、专利或实质相同的标识的任何相同物品。我国销售假冒注册商标的商品罪即属此类行为。另外一种是侵犯著作权的发行、出版、出售行为。如未经著作权人同意,发行其文字作品、电影、电视、录像、计算机软件以及其他邻接权作品的;出版他人享有专有出版权的图书的。③非法制作行为。第一类是伪造、擅自制造行为。其表现为两种方式:一是未经授权而制作;二是超越授权范围而制作。如非法制造注册商标罪等。第二类行为是非法复制行为,即未经权利人许可,以营利为目的,以印刷、复印、临摹、拓印、录音、录像、翻录等方式,重制他人作品。如侵犯著作权罪等。④以不正当手段获取、披露、使用商业秘密的行为。

知识产权犯罪的犯罪对象的认定则较为复杂。犯罪对象是指刑法分则条文规定的犯罪行为所作用的客观存在的具体人或者物。知识产权犯罪的犯罪对象最终必须以知识产权法律的规定为基础，而知识产权对象随着社会的发展而在不断变化，因此犯罪对象也在不断变化之中。

3. 犯罪主观方面

知识产权犯罪的主观方面只能是故意，而不能由过失构成。这是因为：第一，从刑法理论上来说，知识产权犯罪可归入法定犯。法定犯作为一个社会现象，其本身并不一定蕴含着法律所禁止的性质，国家之所以认为这种行为是犯罪行为，完全是出于其某种行政政策的考虑和需要。法定犯由于其伦理道德上的可谴责性较弱，因而不宜对其主观罪过过于苛责，行为人只有在出于故意的情况下，才宜作为犯罪处理。过失行为则通常作为一般违法行为处理。这是刑法谦抑的价值取向的必然要求。第二，从刑事立法来说，考虑到刑事立法以惩罚故意为原则，过失为例外和犯罪故意一般不作规定、过失则明确规定的立法的原则，知识产权犯罪应属故意犯罪。

知识产权犯罪的故意，从认识角度而言，其认识的内容包括：行为人必须对犯罪对象的性质有一定程度的认识，即明知是已注册的商标，明知是他人的专利及专利产品，明知是他人注册商标的标识；或者明知是假冒他人注册商标的商品以及明知是他人的著作权和专有技术。与此同时，行为人还必须对自身行为性质有一定程度的认知，如对假冒行为、销售行为、非法复制行为有着较为明确的认识。从本罪的意志因素而言，同样存在着希望或放任的因素：多数行为人表现为积极的追求，即追求违法所得利益，追求作品声誉、信誉等的丧失；当然也不排除少数情况下，对他人作品、注册商标、专利等造成严重后果漠不关心、听之任之。也就是说，知识产权犯罪在大多数情况下是直接故意犯罪，少数情况下是间接故意犯罪。

关于知识产权犯罪的犯罪目的内容，尤其是否以营利为目的，在理论上有不同观点。而且，在现行刑法的法条设置上，侵犯著作权罪、销售侵权复制品罪规定了"以营利为目的"为必备要件，而假冒注册商标罪、销售假冒注册商标的商品罪、非法制造、销售非法制造的注册商标标识罪、假冒专利罪、侵犯商业秘密罪则均没有规定"以营利为目的"作为成立犯罪的必备要件。其原因在于不能把知识产权犯罪单纯地纳入贪利型犯罪，如果以侵犯他人人身权利或其他复杂动机或目的而侵犯知识产权，并引起严重后果也应以犯罪论处。我国《刑法》将知识产权犯罪置于破坏社会主义市场经济秩序罪中，而不是置于侵犯财产罪中，这表明立法者更加强调从市场经济管理制度的层面认识知识产权的刑法保护问题。

4. 犯罪主体

知识产权犯罪的主体包括自然人和单位，其中自然人犯罪主体是一般主体，即达到刑事责任年龄，具有刑事责任能力的自然人。我国刑法典规定的七种知识产权犯罪的主体也均包括单位。

（二）阶层论的批评

在阶层论支持者看来，四要件的犯罪构成理论指出了犯罪构成的四个要件，并考虑到了犯罪通常需要具备的行为结果、因果关系、故意过失以及责任能力等基本要素，但遗憾的是四要件没有指出四个要件之间的关联。这些要件之间几乎是平行存在的，没有严格的排列顺序。仅在犯罪构成理论之下结合在一起，是一种典型的要素结合式的犯罪构成理论。[①]

知识产权刑事保护的犯罪理论也不能满足于仅仅说明知识产权犯罪成立的各种要素，而是同样应当考虑到，以何种逻辑结构让这些要素有机的连接起来？执法者在认定知识产权犯罪时又应该以什么样的思维模式和顺序？这就体现出了阶层论的特色与基础了。

德国学者贝林和李斯特提出了古典的三阶层犯罪论。之后阶层犯罪论在发展过程中产生了两阶层，三阶层甚至是四阶层的分支，但仍以三阶层为主流。[②] 知识产权刑事保护的理论与实践，可以借助阶层论提供的一套精确的定罪量刑的思维工具，并挖掘出知识产权犯罪构成中的位阶递进性要求。按照一定的顺序和阶层来依次检验知识产权的各种行为，最终得出是否成立犯罪的结论。

[①] 陈兴良：《序》，载车浩：《阶层犯罪论的构造》，北京：法律出版社，2017年，第2页。
[②] 相关内容，可参考车浩：《阶层犯罪论的构造》，北京：法律出版社，2017年。

第十二章 知识产权的商业化

知识产权商业化的过程就是知识产权由传统保护到综合运用的发展，就是知识产权从法律意义走向市场意义的过渡，就是知识产权从潜力资源到核心生产力的转化。知识产权制度的设立，使得人们的知识产品借助法权化进入商品领域成为可能。而作为知识产权商品，既可以与其他生产要素结合，又可以独立成为一般商品。知识产权的商业化是一种权利而非知识的商业化，它基于权利的专有性与排他性，而这种权利来自法律。知识产权商品化是知识产权商业化的前提和基础。

知识产权的商业化既是市场的需求，也是在市场条件下完成的，需要遵循市场经济的规律，接受市场机制的调节。知识产权商业化就是通过将知识产权量化为资本进行投资，或者通过将知识产权转让或许可等活动使知识产权资本与其他生产要素一起直接参与到生产经营过程中。

第一节 知识产权商业化的条件

知识产权商业化是提高知识产权利用率，促进科技成果转化的方式之一。将知识产权转化为产业资本，是知识经济时代有效利用知识产权的重要方式，也是技术创新的主要意义所在。但并非所有的知识产权都可以商业化，知识产权商业化是知识产权从潜在的知识形态转化为现实的实物形态，从技术发明到产业化运作的过程。这一过程涉及复杂的技术、经济、法律关系，存在许多不确定性。[①] 可商业化的知识产权需要具备一定的条件。

一、权利主体具有合法性

并非所有知识产权主体都可充当出资人，企业组织法上对出资人的资格

---

① 林辉、丁云龙：《试析专利权资本化》，载《法学研究》2003年第3期，第60页。

存在限制。而从知识产权法的角度审视，一个企业接受知识产权出资，应当确认拟商业化的知识产权的主体必须是合法的拥有人，并对商业化的知识产权有处分权。知识产权出资的合法性是出资稳定性的逻辑前提，用作商业化的知识产权可能会有第三人提出权利要求，将可能产生行为无效甚至侵权之后果。而且，并不是一个知识产权的合法拥有人就一定具有出资处分权，很多情况下，权利人的商业化处分权受到担保、许可以及其他共有人的约束。

二、符合商业化要求

拟商业化的知识产权要符合一定的商业化要求。具体而言，一方面必须保证其合法有效。另一方面处于可商业化的状态，其判断的内容包括：一是权利是否完整；二是是否被许可使用、被许可使用的类别；三是有无法律纠纷。例如，商业化的计算机软件、工程设计图等可能涉及侵犯他人著作权问题……这就意味着，拟商业化的知识产权，有可能因上述情况导致该知识产权价值失去或者商业行为无效。

著作权中的精神性权利和地理标志、集体商标、证明商标等法律明确予以禁止转让的知识产权和法律明文规定不予保护的作品及技术均不能作为商业化的对象。

申请权一般不宜作为商业化标的。申请权转让后，受让人为获得专利的垄断性保护，一般会以企业的名义申请专利，其结果不外获得授权及申请被驳回两种，在未获得授权的情况下，不仅其合同利益无法实现，亦不符合公司法上资本不变和资本确定原则和出资客体的确定性要求。专利申请权作为一种实体权，确属期待权，只有作为程序性权利，它才具有既得权的性质。因此，申请权一般不宜作为出资标的。[1]

三、能发挥经济效益

知识产权商业化应当与相关的有形资产投资同步进行，这样才能实现其使用价值和市场价值，为企业带来资产增值。知识产权商业化应建立在公平合理的基础上，禁止权利人利用其独占权优势提出种种不合理的限制性条件，例如不合理的搭售、雇佣、限制接受方的企业经营等。

当然，市场是否接受新技术带来的新产品或新服务；技术本身尤其是实

---

[1] 刘俊、黄国华：《知识产权资本化主客体之辨析》，载《求实》2009年12月，第76页。

验室阶段的技术成果在商业化过程中存在失败的风险。技术竞争带来的风险，如，更先进技术的出现；外部市场变化等，这些因素都增加了知识产权资本化的风险。①

四、履行程序要求

商业化的程序必须合法，首先要进行价值量化评估，再转化为等额价值的股权凭证、股权或股票、专利证书。专利权投资、转让还要向国家专利行政管理机构办理权利转移登记手续。

第二节 知识产权价值评估基础理论

知识产权是知识经济时代的重要制度，而正确的评估是落实知识产权制度与推动知识产权商业化的关键之一。同是财产，知识产权与物权的价值有什么区别，其价值构成中质和量的规定性又是什么，这是知识产权商业化的基础。

知识产权法的市场本位是由创造在劳动方面的性质和知识价值的实现所决定的。② 知识产权评估"价值说"与"价格说"之间在评估的表征层面是可以通约的，但应紧紧抓住使用价值这一条主线。知识不是商品，知识产权评估对象是知识的支配、利用和控制权。从知识作为产品的层面来说，创造不属于劳动价值理论中创造价值的劳动。知识产权是通过"知识的产出"而体现其价值，但知识的价值来源不能脱离于产品和服务之外的独立存在。知识产权评估结论只能是建立在相关市场运营的仿真结果上。③

一、评估表征——价值说与价格说的通约

价值和价格是经济学中两个最基本也是争论最多的问题之一。由于对价值和价格的不同理解和界定，对知识产权评估表征为价值评估还是价格评估，就一直存在着争论。而产生这一争论的主要原因，是对劳动价值理论和西方

---

①杨林村：《技术入股实务与法律研究》，北京：人民法院出版社，2002 年，第 14 页。
②杨雄文、肖尤丹：《知识产权法市场本位论——兼论知识产权制度价值的实现》，载《法学家》2011 年第 5 期。
③杨雄文：《知识产权评估基础理论解析》，载《知识产权》2010 年第 1 期。

经济学两者的错误定位——把价值看成是劳动价值理论的"专利",而价格是西方经济学的"专利"。

其实,西方经济学的边际效用论与马克思主义的劳动价值论几乎是在同一时间产生的,不存在谁否定谁的问题。① 比如恩格斯把价值解释为生产费用与效用的关系②,其实质就是从商品的供求关系角度来看待价值,而这正是劳动价值理论的基本思想。西方经济学与劳动价值理论有两个相通之处:一是马克思必要劳动时间第一个含义的生产价格与西方经济学的供给价格差不多;二是马克思的社会必要劳动时间的第二个含义决定的消费价格与西方经济学的需求价格差不多。③

马克思在《1857—1858年经济学手稿》和《政治经济学批判大纲 第一分册》中还有另外一条研究问题的方法和路径,它与《资本论》的展开方式正好相反:"只有商品价格的分析才导致商品价值的量的决定,只有商品共同的货币表现才导致商品的价值性质的确定。"④ 在这个时候,马克思的价值是通过市场价格显示出来的。分析至此,从价格决定的过程及原理来看,劳动价值理论和西方经济学之间没有区别,它们都承认和接受市场的作用和结果,揭示的都是一种运动中的长远趋势。它们都是一种抽象的理论方法和工具。二者的区别在于通过价格的运动,如何认识市场的起因、实质和发展趋势。⑤ 于是在上述意义上,这两大经济学体系的价值学说在主客观范畴方面是可通约的,进而知识产权评估中"价值说"与"价格说"之间在评估的表征层面也是可以通约的,并不存在原则分歧。从已经习惯的角度来说,可以继续保留"知识产权价值评估"的说法。

二、评估实质——使用价值的主线性

词典上,"价值"有两种含义:"①某事某物的效用或意义;②凝结在商品中的一般的,无差别的人类劳动。"⑥ 在经济学上,价值的这两种含义是截然不同的,前者是指使用价值,后者是指商品的价值。我们日常生活中所提到的"有价值",它在经济学上只表现为"有用"这一使用价值层面的内涵。

---

① 刘益著:《劳动价值论的核心逻辑》,北京:经济出版社,2004年,第217页。
② 马克思、恩格斯:《马克思恩格斯全集》(第一卷),北京:人民出版社,1956年,第605页。
③ 陈宝琪:《劳动价值论反正》,北京:经济科学出版社,2005年,第175页。
④ 马克思:《资本论》(第1卷),北京:中国社会科学出版社,1983年,第55页。
⑤ 赵准:《对马克思价值理论的一种新阐述——理想和现实的结合》,载《当代经济研究》2005年第6期,第12—13页。
⑥ 商务印书馆辞书研究中心:《新华字典》,北京:商务印书馆出版社,2001年,第470页。

在政治经济学中，直接与普遍的"价值"概念相近的是"使用价值"概念。

按照邓小平同志对社会主义本质的认识，社会主义本质是"解放生产力，发展生产力，消灭剥削，消除两极分化，最终达到共同富裕"，那么，从社会主义本质出发，解放和发展生产力是解放和发展生产使用价值的能力，重在财富的增长，而不是单纯的价值增长。价值量的增加反映了经济的发展，价值量的大小反映了社会财富的多少，两者呈正比关系。

马克思的劳动价值理论是基于工业经济时代的价值理论，着眼于物质产品生产的劳动，这个时候的价值与使用价值（效用或财富）统一于物质产品之上而不可分，价值能够自然地实现质和量的统一，因此凝结在传统商品中的价值量可由生产它的社会必要劳动时间的长短来决定。于是马克思在分析交换价值以及剩余价值的产生时，可以把使用价值撇在一边。但是，随着信息时代的到来，价值和使用价值在知识产品上无法得到统一，因此造成劳动价值理论的价值的标准和尺度无法衡量和测算知识的超常价值。这一现象是由于知识的非物质性特征超出了劳动价值理论所反映的客观规律的存在和支配范围。一句话，我们在研究知识产权价值时首先要紧紧抓住使用价值这条主线加以分析。

在一定意义上可以说，创新劳动解决的是使用价值的自身有无问题，而重复劳动解决的是使用价值的普遍实现问题。[①] 知识产权的内在"价值"主要源于知识产品所具有的获利能力，知识产权的评估价值则取决于在特定条件下知识产品内在"价值"可实现的程度。

三、评估对象——落足于权利的稀缺性

对评估对象的认识，直接决定了评估中有关技术和方法的选择。知识产权评估的对象不是知识。知识本身欠缺稀缺性因而不具备商品属性，知识产权评估的对象是知识支配、利用和控制权。

知识产权评估是规范发展资产交易市场的需要，这就意味着评估对象首先必须具有商品性，能够作为交易的对象。知识产权对象——知识本身就是一种"公共品"，在消费和使用上根本不具有竞争性和排他性。知识产品一经创造出来之后便不具有稀缺性，稀缺的最多只是对知识这种产品的商业利用权，而这不过是人为产生的，尽管以法律面目出现。另外，建立在传统物质财产之上的稀缺性的一个显著特征是，其价值将在使用中不断损耗，直至

[①] 赵培兴：《论创新劳动及其价值定位》，北京：中央文献出版社，2002年，第28页。

消灭。而知识则恰恰相反，只要没有被其他更新的知识所代替，它的使用价值仍会不断地发挥。对于商标而言，其被使用的时间越久，范围越广，就会越驰名，价值反而会越高。使用将使商标增值而不是贬值，这是与物质财产根本不同的。

导致这一分歧的原因在于权利的实现方式不同——产品（物）和服务这两者与权利的实现不可分离，而知识与权利的实现是分离的。

知识产权法律的出台均早于马克思在18世纪中后期思考和写作《资本论》的时间。因此马克思是必然研究过这些法律制度的。但马克思仍然认为商品只有产品和服务两种形式，并不包括知识。可以看出，马克思根本没有把人人可得而占之的知识本身当成是商品。

为了实现激励创造的目的，才出现了知识产权制度，赋予发明创作人以专有权，达到发明创作者对其成果利用的控制，非权利人在保护期内只有付费才能进行商业性利用。知识产权人可以把其拥有的整个的支配、利用、控制权作为交换对象，也可以将其按照地域、时限等权限条件拆分后当作多个交易对象①，依交换双方的交易目的而定。交易的完成，并不意味着交易主体失去知识，对知识本身的消费和合理享用是任何人以任何手段都不可能阻止的，一经公开，人人均可得而享之。很多人认为，从事研究、发明、设计等等创造人所得到知识产品，在现代社会中可以卖出很好的价钱。这就意味着知识产品就是商品。这种观点其实是错误的。

由此，知识产权评估对象是知识的支配、利用和控制权，而不是知识本身。马歇尔也是把专利权和版权与农产品、土地、工具并列在一起作为物质财物的例子。②

如果反过来，认为知识产权评估对象是知识的话，那么评估的结果应为实施某一知识产品所能带来的全部收益。这就无法解释为什么评估时应当考虑知识产权的有效期。其次，从知识产权的转让来看，每一次拆分交易，评估的只是知识的部分价值，而不是知识的全部价值。再次，价值不是商品的自然属性，而是它的社会属性。要彻底体现价值的社会属性，知识本身是做

---

①但一般不把一个拥有知识产权的知识产品拆分成多个部分后分开交易。这一现象也佐证了知识产权评估的对象是知识产权，而不是知识。

②[英]阿弗里德·马歇尔著：《经济学原理》，廉运杰，译，北京：华夏出版社，2006年，第36页。

对于以权利为（交易）的评估对象，在非知识产权领域也是存在的。以水权为例，从《水利部关于水权转让的若干意见》将水权定义为水资源使用权以看出，水权仅指水资源所有权下的使用权。《宪法》及《水法》已经明确规定水资源所有权属于国家，而且一般不作为交易的对象。因此，水权交易评估针对的是水的使用权（剔除对周边环境影响等评估内容），而不是水。

不到的，只有也只能是落足于权利才能做到。

反对知识本身是知识产权评估对象，但并不否认知识在生产过程中能发挥重要作用。知识固然是知识产权赖以存在的基础，但知识产权的价值不等于"创新"行为花费的社会必要劳动时间所决定的价值。

四、价值来源——与产品或服务的结合性

劳动是劳动价值理论中的中心内容，而这种"劳动"是指商品生产中的劳动，或创造商品价值的劳动，而不是泛指所有劳动。从广义上来说，知识产权法上的"创造"是一种劳动；但在狭义上，仅从知识产品这一层面来说，或者说在仅仅得出某项知识这一特定产业环节上，该创造不属于劳动价值理论中创生价值的劳动（生产劳动），创造只有在其成果被产业工人消化运用到商品的生产之后，才能被看作生产劳动。

从马克思对"一般劳动和共同劳动"的分析和观察可以看出，马克思的劳动价值论告诉我们，一切科学工作、一切发现、一切发明等之所以成为一般劳动而创造价值，是因为它们在"生产过程"中的应用。马克思并没有认为科学技术的发展与价值创造直接相联系，直接相联系的是"自然科学在工艺上的应用"，即科学技术应用程度越高，劳动生产率也就越高。

这就是说，科学劳动的成果不是商品，因此科学劳动得出的发明、发现是无所谓价值的；它只有在发明、发现被直接或间接地被利用于生产过程，才能成为社会总生产劳动的一部分，从而创造出价值。把科学劳动看作可以脱离于产品和服务之外的独立存在，这与马克思劳动价值理论中的"劳动"范畴相去甚远。

五、价值衡量——相关市场运营的仿真结果

知识产权的价值是用什么来衡量呢？在争论中大体上表现为两大派别：一种是劳动价值；第二种是非劳动价值。分歧的根源在于对经济学中"价值"的概念定位不同。

（一）劳动价值

按照劳动价值论的观点，知识产权的价值同商品价值一样，是由凝结在知识中的社会必要劳动量决定的。几种典型观点如下。

其一，垄断条件下的价值。根据马克思对垄断的论述，垄断生产者确定的垄断价格就是垄断条件下的均衡价格，因而它也是商品价值的正确反映。垄断者所获得的垄断利润，本质上是从其他社会成员收入中转移过来的价值。这一论述反映出垄断者的高额垄断利润不是来自于其自身的价值创造，而是来自于其他劳动者所创造的价值的一种转移，体现的是价值在不同商品所有者之间的分配。这一解释虽然解决了知识产品的价值上的巨大问题，但没有注意到通过这种转移占有其他劳动者所创造的价值，不但在感觉上是可耻的，而且与"科学技术是第一生产力"的内涵背道而驰。

另外，拥有某种技术专利权的企业，固然可以认为在某一段时期内相当于具有对某种自然力垄断，会产生一个的社会价值。但是当专利权过期，该种自然力能够在各企业普遍利用时，这个社会价值就会消失，该部门商品的价值就会普遍下降。对于这一变化，是垄断条件下商品价值决定的理论所不能解释的。

其二，个别劳动时间。即社会必要劳动时间等于个别劳动时间，知识产权的价值是由个别劳动时间决定的。这种以个别劳动时间取代社会必要劳动时间的做法，实质上已经根本上颠覆了劳动价值理论的基础。可以说，从古典经济学到马克思，揭示了劳动价值的本质，但迄今没有出现关于创造价值的理论。事实上也不存在一个与劳动价值相对应的"创造价值"，不存在一个用来衡量创造物，即生产一个具体知识的过程所需要的"社会必要创造时间。[1]

其三，创造性劳动是高度复杂的劳动，其创造的价值要比简单劳动高得多。这一观点把复杂劳动与创造性劳动等同起来，并没有正确理解和把握复杂劳动与创造性劳动之间的关系。根据马克思的观点，复杂劳动是从这种劳动力的形成特点而言的，一般而言，劳动力接受教育的时间越长，所支出的教育费用越多，其劳动的复杂程度就越高。而创造性劳动是从这种劳动力发挥作用的结果而言的。因此，由劳动力在形成时所投入的教育费用的高低和其所放弃的收入多少来决定的劳动复杂程度，再怎么换算成简单劳动，也无法圆满对应于知识产权评估后得出的数额。

按照复杂劳动的观点，就应建立一套能将智力劳动折合成简单劳动的方法从而通过知识商品所含劳动时间的多少来测算产品价值量的大小。但是，在知识产权评估实践中，人们一般是采用重置成本法、现行市价法和收益现

---

[1] 刘春田：《司法对〈反不正当竞争法〉的整合》，载《法律适用》2005年第4期，第10页。

值法对知识产权进行评估。这些方法又都不是以知识资产中所含劳动量的多少来测量其价值。这就出现了评估理论与评估方法的不对称现象。①

其四，积累价值论。理论科技成果的价值是所有从事基础性研究的科学人员高级复杂劳动所创造的剩余价值的总和，包括人类在知识商品的生产过程中转移的前人劳动和凝结的今人劳动，也包括其他尚未成功的探索者的复杂劳动的一个合理部分。如果是这样的话，知识产品的创造人只能对该具体知识产品中就他所付出的劳动主张报酬，而不能将前人的劳动所值纳入自己的腰包。并且著作权法和专利法中是要排除前人的劳动的，这又是一个矛盾。

（二）非劳动价值（使用价值）

马克思没有提出知识产权价值的单独计算问题。套用马克思的劳动价值论来解释知识产权这一特殊的价值决定和价值来源，实际上是知识的成本论。知识产权的价值与知识产品的研制开发成本并无严格的匹配关系，有时甚至是不成比例的。和传统商品不同，知识产权是通过对知识的使用即"知识的产出"而体现其价值，并通过知识被使用后所产生的效益来计算它的价值量的，与创造知识过程中附带投入的物质财富的消耗无关。该投入价值是固定的，而知识的效益是一个未知数。知识产权作为财产，其价值并非知识的价值，而是利用知识所能带来的价值。②

更值得指出的是，我们实践中所采用的知识产权评估，要考虑到评估的针对性或者目的性，即某一知识产权评估是适合于某一特定目的进行的，与产权交易的条件如投资条件、转让条件、许可条件密切相关。因此不同的目的性或针对性必然意味着知识产品价值的不确定性，同一个知识产品在不同的条件下具有不同的价值。而依据劳动价值理论，同一个知识产品在不同的条件下具有的价值应当是相同的。这已经清楚地表明，强行应用社会必要劳动时间的标准来评估知识产权的价值的做法，是没有前途的。

综上所述，知识产权作为一种特殊商品，其市场价值或价格并不完全是其内在劳动价值的货币表现，而是在一定条件下使用知识权利的获利能力。知识产权的获利能力的形成主要不是直接通过劳动取得，而是依靠其产权的独占和自身的稀缺拥有了获利能力。

---

①刘凤朝、刘则渊：《关于知识产权评估的几点思考》，载《科学学与科学技术管理》2002年12期，第13－14页。

②刘春田：《司法对〈反不正当竞争法〉的整合》，载《法律适用》2005年第4期，第10页。

第三节　知识产权商业化模式

知识产权资本化的模式，是实现知识产权商业化价值途径。

一、应收账款质押

应收账款，是指因销售商品或提供服务而应向客户收取的款项。应收账款实质上是金钱债权，当债务人以此种对第三人的金钱债权，向债权人设定质押担保以获得资金，此即应收账款质押。在法律上，应收账款是一种债权，应收账款质押是一种权利质押。就知识产权而言，无论专利权、著作权、商标权或其他知识产权，知识产权人均可授权许可他人使用或实施，而由被许可人支付许可使用费。许可使用费的收取因此成为知识产权人获取收益的重要方式。除了许可使用费的应收账款质押外，如果企业将拥有的知识产权转让给其他企业，此时所产生的买卖价金债权也可以作为担保标的，通过办理应收账款质押，取得资金融通。

由于知识产权质押融资总体面临着价值评估标准难以统一、担保权人无法控制标的物、现有登记规则使得债权人难以控制对知识产权的处分、适用动产质权至规定制约其担保价值作用的发挥等问题，因此需要进一步健全完善相关制度。

二、知识产权证券化

史尚宽曾提出"将一切财货使之证券化，而谋资本之流通，为现代经济生活之趋势，从而关于有价证券之法律关系，占有重要之地位"。[①] 资产证券化指的是将"未来的收入"作为证券进行出售，一般用于应收账款的变现。知识产权证券化就是把证券化这种融资制度引用到知识产权领域，使得知识产权这种缺乏流通性的资产通过发行证券的方式达到变现融资的目的。

所谓知识产权证券化就是由拥有知识产权人作为发起人（originator），以知识产权未来可产生的现金流量（包括预期的知识产权许可费和已签署许可

---

① 郑玉波：《民法债编论文选辑》，台北：五南图书出版社，1984年，第1366页。

合同中保证支付的使用费）作为基础资产，通过一定的结构安排对其中风险与收益要素进行分离与重组，转移给一个特设载体机构（special purpose vehicle，SPV），由后者据此发行可流通权利凭证进行融资的过程。[1] 对于发起人来说，这是一种新的、可供选择的融资形式，可以在不改变股本结构、保留对其知识产权的情况下将知识产权资产的未来收益提前，解决资金流动性难题。[2]

资产证券化的三大基本原理——"资产重组原理""风险隔离原理"和"信用增级原理"，依然对知识产权证券化发生相同的作用，但知识产权所具有的特殊性，也使得知识产权证券化与其他传统证券化相比表现出许多独特性。

三、知识产权转让回许可

知识产权转让回许可，是指许可人支付约定的价款从知识产权人处受让获得知识产权，然后将该知识产权许可给原知识产权人使用和授权原知识产权人再许可他人使用，并按约定要求原知识产权人支付使用费。这一模式的实质是原知识产权人在保留知识财产使用权和控制权的前提下，将知识产权转变为货币资产而获得融资；而许可人则获得一个风险较小、回报有保障的投资机会。知识产权转让回许可作为知识产权运用管理模式的创新，对知识产权发展和制度完善具有重要意义。

四、知识产权融资租赁

融资租赁，是指出租人根据承租人对出卖人、租赁物的选择，向出卖人购买租赁物，提供给承租人使用，由承租人支付租金。在租赁期内，租赁物的所有权属于出租人所有，承租人拥有租赁物的使用权。租赁期满，租金支付完毕并且承租人根据融资租赁合同的规定履行完了全部义务后，租赁物的

---

[1] 世界范围内最早的一例知识产权证券化实践是音乐版权证券化。在 Pullman Group 的策划下，英国著名的摇滚歌星将其在 1990 年以前录制的 25 张唱片的预期版权（包括 300 首歌曲的录制权和版权）许可使用费证券化，于 1997 年发行了 Bowie Bonds，为其筹集到 5500 万美元。Bowie Bonds 的成功发行起到了很好的示范作用，极大地拓宽了资产证券化的操作视野。从国外的实践来看，知识产权证券化的基础资产已经非常广泛，从最初的音乐版权证券化开始，现已拓展到电子游戏、电影、休闲娱乐、演艺、主题公园等与文化产业关联的知识产权，以及时装的品牌、医药产品的专利、半导体芯片，甚至专利诉讼的胜诉金。

[2] 董涛：《知识产权证券化制度研究》，北京：清华大学出版社，2009 年。

所有权转移给承租人所有。融资租赁虽以租赁契约为当事人之间法律关系的外观，其实质仍然是融资关系。如果企业有购入知识产权加以利用的需求，但因资金不足而无法一次负担所有的购置成本，就可以利用融资租赁这种方式，实现购买知识产权的目的。就融资者而言，在运用融资租赁的方式下，因知识产权在租赁期满债务人完全清偿租金债务之前，仍属于出租人所有，债权的安全有较高的保障。

中国知识产权法学研究四十年：
进路与求同（代跋）[①]

中国自 1979 年始重建法治，如今已迈入第 40 个年头了。知识产权在初始算不上"显学"，但一出现就被人们所关注，产生了广泛影响。"科学技术日益彰显其第一生产力的本质。作为保障财富创造者地位和利益的知识产权，逐步居于现代财产体系的核心，成为第一财产权利。"[②] 然而，在中国法制史上，知识产权法是实施时间最短、修订频率最高的法律之一。从纵向法史的比较视野来看，这两个"最"已足以说明过去 40 年里科技、经济与社会相比以往的巨大进步。然而，降生在知识经济年代的中国知识产权法又不可避免地与科技、经济、生产力与社会进步所带来的不确定性联系在一起。在过去的 40 年中，知识产权司法实践多次扩张甚至突破原有法律，并最终大多以频繁修法的方式获得合法化。同时，随着学科知识的不断积累与问题意识的明确化，知识产权法学研究已奉献出累累硕果，整体上出现了在相互争鸣中不断螺旋式上升的好局面。

尽管中国历史上有过北宋的白兔标识、《大清著作权律》之类的篇章，但在近 40 年中却也出现过"知识产权是舶来品"的断语，显示出中国知识产权在现代化道路上曾经的受动处境。知识产权这一语词，在中国首次经由 1973 年 11 月 19 日《人民日报》官方提出并昭示国人。1986 年的《民法通则》对知识产权的法律归属提供了答案，用法律确认知识产权的私权指向。幸运的是，1978—1986 年中国处于计划经济向有计划的商品经济嬗变和发展的改革开放前期，中国知识产权一经诞生，便采取引进消化立法的模式，成长于改革开放的大环境中，没有经历文革过程中的坎坷乃至中断，相对较少受到苏联法学的直接影响，迄今也没有发生因法治国家与私权保护出现严重挫折而造成停滞或倒退。中国知识产权法学在一个虽有争论但主线不断的社会环境中，知识产权所推崇的尊重知识、鼓励创新的理念不断得到弘扬，气

[①] 原文已发表在刘春田：《中国知识产权四十年》，这里略有修改。
[②] 刘春田：《中国知识产权发展报告 2015》，北京：清华大学出版社，2016 年.

息日趋浓郁。知识产权法治现代化建设的进展更是令人瞩目，快速向前且一直保持着一种整体上繁荣的景象。这在权利、制度、学科体系等方面都有强烈的体现，研讨的主题从基本理念到具体制度，从总论到各论，从实体到程序，从理论到实务，无所不涉。我国知识产权法学研究具有明显的后发优势，"洋为中用"的习惯非常明显，学习涉外领域立法与司法经验进行知识拓展在知识产权法诸研究领域均有体现。另外，通过加入新技术或运用新视角对知识产权进行再探讨，从中总结出适合知识经济时代的法律规则，是知识产权与传统民事法律扩展的另一种推动力。

中国知识产权的发展经过制度移植之后，正在步入理论论证阶段，并已开始出现运用方法论的思考。[1] 其所涉及的论题纷繁多样，难于以历史时段划分来逐一细述各个时期的研究状况。本文对知识产权法学研究所经历的历史变迁的回顾与展望，其重点不在于追述各种具体观点，而是希望能对整体上的思想与方法进行再思考，在触及经济体制、政治策略、法律表达、法学传承等背景因素的基础上来走近历史现场。着眼于知识产权法学大厦的主体架构，结合技术、经济、社会以及整个法律系统的状况，寻求发生在理论视野、研究路径乃至思想生成之中的超越时段的贯穿性话题，反思知识产权据以建基铺展的具有现实质感的同类项，并尝试在中国和世界文明历史与法律进程中把握中国知识产权法学的可能走向。

一、中国知识产权法学研究的整体进路与评述

中国40年中知识产权的法治建设进程的主要表现出一种为从履行国际承诺的被动进行向从我国自身的需求出发主动修改的转变，而由于对完善知识产权法的路径的不同侧重，中国业界对于"引导而行"的追求与看法也经历了变化，由此各自选择的道路也存在诸多差异。大体上，哲学、私权和技术构成了当下知识产权法学思考的主要研究角度，多角度的知识产权研究有明显的中国特色，一方面沿着国际、国内的法律制度和实践平稳延伸，另一方面则着力于更有理论深度和高度的思想探讨。而政府职能部门还是偏重政策扶持，涵盖产生、保护、运用与管理各环节，并反射到知识产权学科定位与内容设置的探索之中。

---

[1] 杨雄文：《系统科学视野下的知识产权》，北京：法律出版社，2009年。

(一) 沿着国内外的法律制度和实践平稳延伸

整体来看，已有研究既有对知识产权法学基本论题的一贯关注，也比较明显地表现出对于国际经验和国内政策，创新发展的时代特点，特别是新型案件的积极回应。20世纪70年代至80年代初，了解掌握国际上知识产权法治实践和构建中国知识产权法制是两个突出主题；而世纪之交以近，知识产权战略风行，新型案例风起云涌，后现代和全球化话语快速进入知识产权法学。可以说，在改革开放40年中，中国知识产权学研究比较契合地见证了知识时代的历史发展，也对于造就中国的法学人才也起到了巨大推动作用，很多研究者大多已是或其后成为全国教学科研机构以及法院、政府职能部门、企业、律师界中专业翘楚。

沿着国际、国内的法律制度及其实践之路平稳延伸的中国知识产权法学研究，与其他法学学科的发展风格保持着一致性，主要出现了两大风格迥异的学术路径：第一种路径以成文知识产权法的司法适用为实践努力方向、以法律解释学为基本依托，基于我国知识产权法律规定的"疏"或"漏"而为，可称"规范知识产权法学"；第二种路径则更重视知识产权法与传统法律，特别是民法的共同体整合，并在此前提下把握知识产权现行法的立法完善与司法适用，可称"体系化知识产权法学"。知识产权问题领域不断地扩张、分化和重组，必然带来复杂性，进而为系统性思索带来了障碍。除非把问题复杂的完整性当作头等重要的思索对象，任何一种讨论都可能是片面甚至有害的。[①] 当然，现代科学的高度发展带来的不可避免的片面性，克服片面性、自觉探求体系性是研究者的责任。就目前搭建现代民法典的结构与功能模式的努力与尝试而言，对于知识产权编的价值取向、功能、结构、体系、内容等的研究亟待加强，传统民法及其法典如何与时俱进也不能虚位。

在德国民法编制架构中，权利和法律行为是贯穿其中的核心概念。[②]《民法通则》《民法总则》与《民法典》也坚持权利和行为并举。不过《民法总则》及以《著作权法》为代表的知识产权单行法，包括《民法典·知识产权编》（学者建议稿），有一个明显变化就是对于知识产权的保护对象给予了特别关注。当然这一方面是立法技术的需要，权利对象纷繁多样，可研究性强，且相对法律行为更有研究空间，研究难度较低，容易出成果；权利对象是研

[①] 丁耘：《启蒙主体性与三十年思想史——以李泽厚为中心》，载《读书》2008年11期，第21页。
[②] 王泽鉴：《法律思维与民法实例：请求权基础理论体系》，北京：中国政法大学出版社，2001年，第63页。

究法律行为的前提，没有对象就无法谈论法律行为。但另一方面容易造成法律化过程中过分将注意力分散到权利保护对象，相对而言权利与法律行为的重要性却受到忽视。与传统有体物财富阶段相比，当前有关知识产权的权利保护对象的研究题材更为丰富。对网络游戏直播画面、体育赛事直播、区域链、人工智能等新生事物的重视，是当前知识产权研究的特色，也是必然的，因为知识产权法学要重视规范和逻辑，但它终究是一门以社会现象和问题为对象的学科，离开对于保护对象的深入了解，很难正确解析社会现象和解释社会问题，这一点无论在概念构造还是规范解析均无二样。这是其积极意义所在。但沉溺于新生事物的细节尽管有阐幽发微的好处，但难免错过整体性的关注，毕竟一个新生事物肯定不是某一个法律就能全部解决其带来的所有问题，正如有些观点动不动主张单独出台"网络知识产权法""人工智能知识产权法"的偏颇，此时需要强调"对个别事物的权利研究与对整体的研究结合起来，研究才能深入"的深远立意。

在显学的总体情境中，新名词形成了一种马太效应，一个概念一旦成为社会的新宠，众多的作者与机构都加入到追捧的行列，通过集中制造或追逐所谓热点或者前沿问题来集聚注意力。在这种不无势利的知识产权法学研究氛围中，稿件数量"供大于求"而汗牛充栋，思想性却在量化、速成的轨道上迷失方向，被沾沾自喜的排名、引用率所遮蔽，昙花一现之后迅速消失。更加值得关注的是那些将来必定要接班、要成为"主流"的"底层研究人"，如硕士研究生、本科生等，多在这些浮躁的格局中追逐着"速食品"的题材与观点，以降低论文重复率的手段来亦步亦趋地"备份"与"学舌"，潮流化仿写以群体认同淹没知识海洋中的灯塔。

"权利和权力才是法律世界中最重要、最常见、最基本的法现象，法学应当以权利和权力为最基本研究对象和分析起点，从而形成新的范畴结构和新的法现象解释体系。"[1] 就价值层面与法学现代化角度而言，知识产权的权利之学是以保障权利为出发点的现代法律道路，它不主张只从权利保护对象出发的治理路线，不支持纯粹以保护对象为中心的法律路线。就此而言，知识产权研究不仅相对于当下人工智能、区域链等热潮显出其现实意义，它也相对传统的民事法律和治理理论显出其"反哺"的现代意义。

另外值得注意的是，知识产权司法审判不仅仅是一个法律实践，而且更是一个法学研究的主战场与重要进步的来源。

在我国知识产权事业发展进程中，知识产权审判方式是司法体制改革的

---

[1] 童之伟：《再论法理学的更新》，载《法学研究》1999年第2期，第3页。

重要组成部分,备受业界关注。40 年间知识产权司法改革与加强知识产权保护独立交织在一起,凸显出司法的政制意义。就与现实的关系而言,这些研究在时间分布上,与我国各个历史时期的司法体制状况以及司法改革进程是相适应的。早期主要侧重于提高知识产权审判人员专业化和知识化水平,设立知识产权审判庭和打造三审合一审判方式等方面。2014 年全国人大常委会决定在"北上广"建立知识产权法院,以"建立一个知识产权司法方面的'国家队',来促进国家司法标准统一、司法确权、司法整体水平提高。"随后中国在多地相继设立了单独的知识产权法庭,并正在酝酿设立全国统一的知识产权上诉法院。

相对于内容涉及司法与传媒、司法权、司法职业化等司法改革和司法独立这两个主题而言,知识产权审判的一个凸显的特征是不断突破现行制度的规定。尽管目前阶段,正如知识产权庭(法院)审理的案件类型可以说涉及所有新型案件,除了传统知识产权案件之外,还包括反不正当竞争、反垄断案件等案件,但毋庸置疑,知识产权的稳定性及其法律适用,将会因此受到基础性的制约。对于知识产权的特殊性及其相对于法律规定相对滞后的快速变异而言,审判所需的法律规则也许是不够的,有时还需要引入包括国外经验、法条扩张解释。事实上,知识产权法官相对而言是司法机构内更勤奋、更爱思考、更有荣誉感的群体。知识产权审判者一方面通过尊重和遵守国家宪法和法律来获得和巩固其法律裁判合法性,另一方面也通过在审判活动中对知识产权基本理论与法律术语的具体化来获得和巩固其裁判合法性。无论是实体法意义上的损害赔偿计算、FRAND 规则等内容的引入,还是程序法意义上的临时禁令、证据披露等制度的创建与完善,都体现了包括最高法院在内的各级法院的主观能动性。在越来越重视判例的意义上,法院判决在一定程度上起到习惯的作用。从我国实际来看,因为法律疏漏,或者更是因为知识产权案件日新月异而凸显法律的滞后,司法解释或个案往往有"造法"功用,法院根据法理、情理、习惯等诸资源发掘或创设出习惯法来。[①] 对于知识产权这样日新月异、变化甚大的部门法研究而言这是宝贵的实践素材,批评与赞赏并存。

(二)着力于更有理论深度和广度的思想探讨

近年来,我国知识产权保护实现了由被动到主动的"质"的转变。随着

---

① 曹士兵:《最高人民法院裁判、司法解释的法律地位》,载《中国法学》2006 年第 3 期,第 175 – 181 页。

思想的进一步解放以及人们对传统法律的理论与方法的不满足感日甚等原因，知识产权法学研究领域也慢慢开始出现努力寻求新颖解释工具的热潮。相对于"概念法学"拘泥于法条术语或立法者的意愿而言，现象学、解释学、符号学、系统论、控制论、信息论、社会学、政治学、经济学等在不同程度上被引进知识产权法学研究之中，一些求助于符号学①、美学、文艺理论②、人权等理论和成果正是其中努力求索的表现。学者们试图用新方法、新视角来撰写学术论文，并以此作为建构及解释知识产权的因素，既提升学术，又推动改革。

除对知识产权保护对象的阐幽发微式的科学观察外，知识产权法学研究也包含着关于知识产权法的哲学分析与理学思考，这也是中国法学界的习惯。特别是 2005—2008 年期间，专业学者们对知识产权法学研究中的科学和理性取向，给予了批判式的审视。知识产权研究所倚凭的那些习以为常的语言形式、理性思维、认知方式、前在观念、科学话语等，变成了研究的对象，为知识产权法的体系化得以建立和维系运转提供思想洞察力和强大的理论解释力。高屋建瓴，由此在很大程度上，这些反思重新为（法）哲学、方法论、其他学科知识等进入知识产权法学疏通了渠道，成为知识产权学科历久弥新的研究进路。

从法学学科发展历史上看，哲学与社会思潮的介入一直是中国近代以来法律实践的基本做法。作为一项法律制度舶来品，尽管中国在对知识产权普遍接受过程中不可避免地受到了西学的影响，但在中国语境中对知识产权之根据的理论论证却并没有被省略，事实上业界在努力厘清知识产权究竟是什么、应该怎么做的同时，也对作为现代之道的知识产权的根本理据及其现实的政治和社会处境，做出了哲学探讨、分析乃至反思。

知识产权的根据在西方国家最早被追溯至人性与天赋人权。在西方的知识产权正义性理论中，天赋人权是其思想启蒙的基本思想基础，而人格论被认为是其直接依据，并在近代通过学者介绍到中国。不过这些理论自始就面临着挑战，特别是话语传承的阻滞。这样的思想文化背景要想在中国根植，难免水土不服。伴随着发达国家知识产权在实践问题上的见识的引领性，"为天才之火添上利益的柴薪"的激励论很早就占据了话语权，较为充分地显示出知识产权在当下中国社会中的处境：一方面，知识产权因为对创新的利益

---

①在 2005—2008 年之间，符号学介入知识产权研究达到顶峰。或许是后后现代为后现代扎上了科学主义的绷带，目前应用符号学研究知识产权的著述主要在商标领域，而且基本上收缩在符号传播学意义上的跨学科的技术性借鉴，且少有继续扩张到符号解构这一哲思领域进行形上形下思考。

②肖尤丹：《著作权模式确立的历史解读》，武汉：华中科技大学出版社，2011 年。

追求的承认与保护而兴起。而另一方面，知识产权对于创新经济的重要性又导致在对包括其他经济行为在内的所有人的一体保护中表现出"特别政策"。历史地看，如果说知识产权是一种促进国家社会经济发展的一种有效手段，那么，自古以来的"政府之手"也是一种手段，两种同样具有目的性的手段在当下中国社会发展中是否可以整合在一起？确实值得更深入的研究。在此方面，对于如何倚重丰厚的政府资源，我国的知识产权的哲思其实有着广阔的开拓空间。

知识产权不仅与道德哲学有着深层关联，也与政治哲学密切联系在一起。无论是在历史上，还是在现实中，权利与现代政治都是休戚相关的。"从历史上看，中国的法律实践长期以来都未能免除来自政治的影响。"[①] 尊重知识产权既是现代社会的基本价值，也是人们相互交往或交易的社会媒介和法律形式，还是人们争取政治地位与资源的重要手段。作为价值，私权性在正义论上对功利主义、市场逻辑、社会分配、行政控制等构成一种批判性张力。这表面上既是一种约束，而实质上更是一种方法（论）。坚持创新发展作为政治和法律目的，不仅表现为在政治和法律实践中尊重和保护知识产权这样一种道德与法律要求，也在国家治理领域发生了从对权利与义务之间关系的分析到对权利与权力之间关系的处理的变动，这也是中国传统社会对于"治"理的擅长和倚重的习惯体现。相比较而言，关于知识产权公权性的较早讨论尤为强调政府公权在知识产权事业上的作用，因此也强调公权力运用法律武器介入私权的正当性。后来的研究则更为注重说明放弃知识产权行政执法将会造成司法保护不能承受的案件数量之重，不再提及知识产权公法化的主张——尽管还发生过知识产权行政部门与法院关于谁是知识产权保护"主导"主体的冲突。就知识产权大国与知识产权强国之间的距离而言，进一步构建支撑私权的理论根基和保护知识产权的政治和法律力量，通过制度化、法律化使政府活动规范化，避免现代权利道路上的"现代性"问题，诚可谓任重而道远。

（三）探索知识产权学科定位与内容设置

改革开放以来的40年间，时代变迁，社会全面进步，中国的知识产权法律活动逐渐走向稳定和成熟。舶来之初，知识产权法学就是作为一门科学对待的，或者说，就存在着使知识产权成为一门法律科学的下意识。在一种迈向法律科学的长期学术努力与实践中，知识产权法学的学科体系终究在民法

[①] 胡水君：《〈法学研究〉三十年：法理学》，载《法学研究》2008年第6期，第46页。

的庇护下被建立了起来，学科内容也得到了极大丰富。建立起独立的学科体系，确定专门的研究对象，可以说是我国知识产权法学朝法律科学方向迈进的一个起步。这对于知识产权法学的学科骨架的形成无疑是有好处的。在此骨架下，知识产权法学的诸多概念和范畴在研究中得到了前所未有的丰富和发展。尽管知识产权法学循着科学路径得以强筋健骨，但知识产权法学研究其实并不只是法律科学。换句话说，在规范性和逻辑性之外，知识产权法学还要增加社会性、经验性、技术性等其他学科的知识和方法，才能走出"教科书法学"阶段。

尽管目前在高等教育中，知识产权已被设置为一门法学类的基础学科，但关于知识产权的性质、对象、任务等，在学界并不能说已达成共识，教育部也只是批准试办本科专业目录外法学二级学科下的知识产权本科专业。犹如"法是什么"一样，知识产权在作为一门学科被建立起来之后，仍然面临着"知识产权研究什么"这样的基本问题。而且囿于法制发展中存在的导向、策略和机制问题，以及科学技术日新月异，我国现行知识产权法以及民法规范经常不能给司法者供给足够的或者具体简单的裁量准则，实践中因此产生不少法无明文的疑难案件。40年来的文章不仅比较系统地展现了中国知识产权法学内部的路径之争，也在沟通知识产权法学研究与其他学科领域研究上做出了积极探索，知识产权渗入到各行各业。如有文章将知识产权的交易的争论上升到国际经贸安全高度进行讨论，这无论对知识产权法学还是国际经济法学都具有一定增量意义。如果将知识产权法理解为一系列在现实中动态运作的根本制度，当然会被许多部门法当成研究对象，如知识产权税收，也就当然可以上升为宪法学研究的对象，如"滑稽模仿"关涉的文艺批评的言论自由、个人信息保护等。随着知识产权日趋广泛地卷入新生事物蓬勃出现的进程，一些学者提出了这样的问题：将知识产权置于法学门下是否合适？进而在前两年出现了构建知识产权一级学科的全国性争论。

通过对比，可以发现目前知识产权主要在法律、管理、经济（金融）三个领域中探讨较多。无论中西，关于知识产权的思考和科学分析都构成两类基本的学术形式：一个是在法学结构中基于"知识"这一法律保护对象进行规则设计；另一个是在更为平面化的结构中对"知识"做出各自分析，就像近代以来基于学科分工而形成的各种"专门之学"。如同一块钢，可以做出其物理、化学学科的分析，也可以作为商品进行经济贸易的学科分析，还可以作为建筑材料受到建筑学的关注，当然也可以因其存在创新受到知识产权法的规制……那么，是不是也一样要构建钢的一级学科呢？当然，中国传统学术，从早期立体通透的道德体系结构到20世纪早期逐渐为体现现代学术分类的所谓"七科之学"取代。但是,"一级学科原则上按学科属性进行设置,须符合以下基本条件:具有确定的研究对象,形成了相对独立、自成体系的理论、知识基础和研究方法;一般应有若干可归属的二级学科;已得到学术界的普遍认同;在构成本学科的领域或方向内,有一定数量的学位授予单位,已开展了较长时间的科学研究和人才培养工作;社会对该学科人才有较稳定和一定规模的需求。"① 关于设置知识产权一级学科的理论探讨中,相对独立、自成体系的理论、知识基础和研究方法显然是不够的,甚至是基本缺乏的;另一方面,虽然也有关于一级学科的思考,并且进行了价值探讨,但这些思考和努力显然更多侧重于对知识产权重要且复杂的感知,而较少受到一级学科所赖以设置的基本规则的约束。或许,上帝的归上帝,恺撒的归恺撒,这才是合乎事理的做法。②

实际上,这样一种一级学科的想法还反映了传统民法学界与知识产权学界的"隔离"现象。自从传统民法遭遇到从"有体物"变为"无体物"的巨变,处在所谓的法史"老年得子"之后,传承与反哺就应构成了影响民法现代化发展的一个基本背景,但传承与反哺并未发挥有效作用,"隔离"成了回避最好的方式。2018 年 8 月 27 日十三届全国人大常委会第五次会议首次审议的民法典各分编草案,也还是物权编、合同编、人格权编、婚姻家庭编、继承编、侵权责任编的构成模式。由此产生了中国传统民法与知识产权在法史上的"你我"问题,以致表现出这样一种明显倾向:一些知识产权界人士认为传统民法不能容纳知识产权法,要另起炉灶。而有些传统民法学者要么认为知识产权是个怪胎,难融于民法;要么认为知识产权的研究乱来,不符合法律范式,缺少共同体的话语。这是迄今仍然延续的"知识产权属于私权"的理论与现实的尴尬处境。

其实,学习借鉴并不为过,问题的关键在于学习借鉴过程中对于自身法律文化传统的那种态度。一方面,拘泥于针对具体的权利保护对象而为,大量借用知识产权管理、经济分析、工程技术的另类知识,或是法学专业杂志中出现的公式、别种学科术语,则会变为应景的块式研究。无论是技术还是

---

① 国务院学位委员会、教育部. 学位授予和人才培养学科目录设置与管理办法 [EB/OL]. http://www.moe.edu.cn/publicfiles/business/htmlfiles/moe/moe_834/200903/45419.html, 2018-03-18.

② 有些高校尝试改革试点,试图缩减法学专业内容,增加管理、金融或理工的知识内容,以便培养非法学类工作对于知识产权类学生的市场需求。实践证明在这种既非通识教育又非专门技能培养的"薄基础、窄口径"的模式下,学生几个学科略有涉猎,但什么也不精,反倒引发学生能力培养与企业用人要求专业之间的矛盾。实际上,这种模式可行性在乎两个前提:一是学生确实学习能力强,超出一般人的学习效率几倍,可这样的学生毕竟稀缺;二是学校能提供全面系统的专业教学计划与优良的教师。这在一般的高校难以实现。

商业模式等新生事物，它们是为了说明法律保护对象本身，都并没有改变市场主体、交易对象、交易行为的基本构成，还是可以从现行法律中找到规范的原则和方法，也都可以依法处理。另一方面，从知识产权法学文稿看，相比博大精深的民法理论资源，知识产权法学界对于中国传统民法资源的重视和利用程度还有待加强，而在相对为数不多的触及传统民法相关资源的文稿中，也多是在并非强调遵循民法传统的意义上的一般性引用民法理论与规则，而且还有很多是视之为造成知识产权法律规定的现实挫败和失误的历史原因，是一种反面典型。看上去，缠绕在"有问题需进行研究"之上所形成的根深蒂固的批判观念，远远多于人们对法律共同体文化的细致、真切的了解与融入，"求异"碾压"求同"。汗牛充栋的著述的立场和主张并不都是呈线性推进的，而在一种"众声喧哗"的共生态势中表现出知识产权研究观点与立场的驳杂与多元。当我们阅读近年来关于中国知识产权法研究的文献时，我们常常感受不到传统法律的震撼，找不到可以给我们自信的民法传统，法律的历史与传统从未像当下遭遇知识产权时代这样暗淡。例如，知识产权损害赔偿难的问题难以解决，就毅然决然远离民法"填平原则"，引入"惩罚性赔偿"制度。实际上"惩罚性赔偿"还是为了提高赔偿额的目的，为这样一个目的去推倒传统民法大厦的主梁是否有必要？是否可以通过证据披露与妨碍举证规则，结合民事证据采信标准降低等方式来解决？还有法定赔偿制度从一方面也反映出我们对提高司法能力要求的忽视与放任。知识产权法学研究已经从粗放转向精细，尚需从精细转向系统，尽量保持法律制度的稳定性与连续性。知识产权法及其具体制度的修缮需要系统定位，不仅要着眼于规范本身来考察其意义，还应放在相互关联的法律体系中来界定其功用，不至于为解决一个问题的同时却带来了新的大问题。时至今日，存留的法律传统知识仍历久弥新，如果仅仅追逐知识产权法所谓的独特的法学气质与权利趣味，研究者的这种努力犹如追逐阳光下的影子，只能无功而返。无论如何，那种在纵向历史比较中唯破旧趋新的"求异"的扭曲比较观是需要"求同"校正的。求同思维应成为当下左右知识产权研究秩序的一种强大的惯性。实际上，传统法律都蕴含着普适道理，尽管知识社会改以"无体物"为出发点来展开法律实践，但这并不意味着"有体物"基础之上的基本原则与内容是应该被摈弃的。相反，对于避免知识的权利和法治道路上的"现代性"问题，"求同"的旗帜显得尤为必要。《民法典》原定体系并未明确提及知识产权编，彰显知识产权法陷于孤立的处境，《民法总则》让知识产权法学论者提不起兴趣的情况，不能说与此无关。相对而言，知识产权法与诉讼法的"借鉴相长"远要和谐得多，知识产权诉讼引入的临时禁令、证据披露等新举措，在诉讼法界域无缝对接。

如果说，中国知识产权法学在对待"古"的方面需要从隔膜和断裂转向更多的疏通和扬弃，那么，传统民法在对待"新"的方面则又需要从被动乃至自觉接受转向与时俱进。这意味着，中国法律现代化不仅需要知识产权法主动与传统法律接轨，以吸纳传统法律的精髓，也需要传统法律积极与知识产权法接轨，以使"无体物"财富时代的知识产权法的智慧和价值能够主动参与和融入中国法律现代化的历史进程。从《民法典·知识产权编》（学者建议稿）的文本看，此种主体性文化自觉已经开始呈现，中国法学论者意识到他们所提供的并不是中国法律现代化的理想图景。该建议稿的篇幅不长，也有很多需要进一步完善的地方，但它们努力维系着知识产权法和知识产权法学在民事法律体系和法学框架中的正当性，并竭力融通于其中。尽管在当下大部分法律人眼里，这种正当性是先在的，无须费时费力论证，但实际上，这对知识产权法及其法学地位的自觉性而言却很急迫和必需。为了避免传统民法与知识产权隔离的处境，对于这种群体的自觉认同的重要性变得日益突出，两者需在相互影响相互借鉴的过程中慢慢靠拢，而对于相异的法学知识的排斥不可避免会使民法与知识产权的现代化过程中缺乏开放性与包容性，在封闭的格局中丧失创造的活力与激情。

借助于国家创新战略，知识产权的显学地位与实践需求訇然中开，但理论铺垫尚未及时跟进。如何理解知识产权法，它和同样调整财产关系的民法是何关系，它能否独立于民法，这一系列事关知识产权法、民法及其法学存在价值的重大问题尽管急促地浮上水面，却被直接忽略。在此情景下，学者建议稿的重要价值无须赘言。在现代化进程中，中国法律何以成为"现代的"？"现代的"法律何以实现？这是中国知识产权法以及传统法律经历40年的发展后不得不提上思考日程的问题。这样一种主体意识自觉性所展示的是中国法学的一种沿着中国社会现实和中国法律理路开拓"现代化"之道，既对传统法律普世价值的融会贯通与传承，又使传统的与新生的法律知识呈现出互相推动、彼此补充、内外衔接、共济并行的理论姿态。

二、知识产权法学研究发展之展望

真的科学，必然殊途同归。知识产权法学的未来，是学界应该最为关心的问题之一。与西方发达国家的法学的历史积淀与思想开放比较，我们的知识产权学科确实还年轻。我们对知识产权的概念还没怎么理解的时候，就通过法条引进径直进入了知识产权法制时代，又恰遇后现代，在整个社会都存在浮躁心情的形势中，我们来不及回复现代性的问题的时候，又必须应对技术、经济与法律全球化的冲击。部分产业的发达与案件数量的巨大，在构建新型案例推动法律发展的同时，"造概念""第一案"中浮躁的心情等待不了平静思考。社稷一戎衣，文章千古事。中国的知识产权法学需要自主性反省，需要对世界、对自己有所交代。

（一）厘清格局，着力求同

40年来的文献大部分上采取了"规范知识产权法学"的研究路径，呈现出了丰富多彩的学术样态，当然其中也包括了尖锐的分歧。"体系化知识产权法学"与"规范知识产权法学"这两大路径之间根本的差异在于对知识产权问题解决的优先秩序判断不同。"体系化知识产权法学"路径将民法的整合统领功能置于优先地位，并从这一旨趣出发关注知识产权体系化的基础上解决知识产权现实问题。"规范知识产权法学"大多关注具体制度与问题，大体可分为两类，一类是将"整合"视为已经给定的前提，关键仍是如何克服"有法律而无应对"的状况，尤其是通过完善具体规则来实现司法适用保障公民的知识产权利益。在这方面，西方的，尤其是美国与英国的经验具有范本的意义。另一类是具体到对知识产权疑难问题的分析，其立场是认为知识产权的司法适用与中国民法所确立的权利与义务或其基本理念存在内在冲突。但就未来走向而言，两类"规范知识产权法学"内部又存在着分歧。前者认为，知识产权法律作为民法的组成部分，将会有民法的司法适用整体空间。后者则明显不同意这一历史化处理中隐含的中国"有法律而无应对"的判断，潜意识上试图建立单独的部门法。他们对知识产权法律关系的研究以知识产权保护对象的事物及其特征为开端，理化特征与技术因素成了研究基点，强调这两个弹性十足的基点不易为滞后的法律所规范，故这些言说不可避免地充满科技的色彩，少用法内资源进行阐述，法律共同体的语言与规范性不足，最具活力的法律行为等要素没有得到足够的重视。综合体现为研究格局的制约，或者说研究的过度分化——知识产权法学与民法学的隔离、知识产权法学研究的过度细化。[①] 实际上，权利保护对象的特殊性不能成为权利性质必异的理由，传统民法物权与债权的保护对象不就存在相互特殊性吗？着眼于这样的格局，很难看出知识产权应有的法律属性，反倒让人觉得自始在民法学框架外发展的知识产权法研究，真的远离了民法这块故土。

"法学之研究，探其根本，必然发生方法论问题；亦可谓法学的研究，至

[①] 李琛：《论知识产权法的体系化》，北京：北京大学出版社，2005年，第78-83页。

其终结，必须就方法论的问题，加以探讨。"① 百家争鸣、百花齐放的学术繁荣局面掩盖不住知识产权体系基础认同分歧的尴尬，四十不惑，该进行方法论的反思了。这也是知识产权法学研究必须要面对的问题。TRIPs 开宗明义知识产权属于私权，知识产权属于民事权利构成了学界开展知识产权研究的主要线索。相比而言，虽然私权研究自20世纪80年代以来仍面临着意识形态障碍，并且都在80年代末和90年代初取得突破性进展，但知识产权作为私权性的权利为范式的相关研究基本平稳。这不仅体现在法学研究中，也表现在法律体系上。就法律而言，我国知识产权由《民法通则》命名，司法审判也是在最早民事庭进而专门的知识产权庭中进行，哪怕三审合一，包括新近的知识产权法院和当下的最高法院知识产权法庭，也都是这样的主线。这一过程与改革开放进程是紧密联系在一起的，更与创新立国的国家战略建立与实施不可分割。

作为学术研究而言，对其他学科知识的借鉴是不可避免的，但不能人为造成"离散"状的专业体系基础认同分歧。我们要用我们以前学过的概念来命名我们研究中的所有重要内容，加以分类，以便从记忆中挖出，找出知识产权法学的"静水深流"的民法脉搏，然后把我们研究的生命扎根在这些概念中，这样可能更好回复"知识产权法文章不易发表"的感慨。

一些学者的论文，将"知识产权"处理为一个开放的概念，它可能包含了多种多样的模式，而民法学的模式并不能涵括其全部。而也有学者从"知识产权属于民法"出发，认为上述路径隐含的危险是用貌似解释性的理论将否定知识产权私权性的现状固化下来，从而影响了中国知识产权法的进步。研究中的论题大多如此，如 FRAND 规则等，它们所指相对民事法律公平正义、诚实信用等原则而言并不新鲜，极力彰显构建知识产权法学专业槽的努力，将法律思维推向经济计算的艰深。但诸研究往往停留在通过解读英美原始文献或司法判例层面进行追根溯源或整体描绘的长短论述，却很少有将其纳入民事基本原则及常识性认识中考虑，未能推进知识脉络的承袭和发展，也未能让人全面深入了解该具体概念或制度在民法中的地位及其发生的制约效用，从而推动民法基础理论的深化。曾经热闹一时的对于即发侵权、红旗标准、间接侵权、反向假冒等探讨，亦是如此，完全可以借由民法的既有理论来加以分析和解释。用这些新名词不是不可，而是说不要轻率地作为"知识产权特殊性"而见木不见林。知识产权法的司法适用完全可以从当下做起，无须"造法"，可采取的路径就是"反哺性适用"，在剔除纯粹适用于有体物

---

①涂怀莹：《法学绪论——现代法学十二讲（第27版）》，自印本，1985年，第239页。

内容、扩张解释法条之后，进一步丰富充实传统民法的内涵与外延，细致设计出具有可适用性的条款。显然，"反哺性"适用的主张是学界关于民法"应当规范知识产权法发展、应当吸收知识产权法新知识"理论主张的自然延伸，在呼吁民法统领适用的同时，也隐含了"修订民法"的提议。相比之下，由中国知识产权法学研究会组织的《民法总则·知识产权编》（学者建议稿）的理论基础正是近年来中国知识产权学者非常关注的"知识产权私权性"。该建议稿从民法总则与知识产权的特殊性入手，提炼出遵从民法与提炼知识产权各组成的共性两个原则，指出建立在分家原则上的"规范知识产权法学"并不适宜于解决知识产权特殊性与不稳定性这两大为人诟病的"弊端"。该建议稿的解决之道是直接以"知识产权通则"的模式助力《民法典》的制定，以在传统民法和知识产权法之间建立更为直接的理论与实践关联。而这一前瞻性的提议正是"体系化知识产权法学"对于民法整合旨趣的体现，表达了一种"和而不同"的立场，就是既学习借鉴世界法制或法治经验，又在法制现代化过程中走中国自己的法律发展道路，思虑不为常识束缚，眼界超越现状羁绊，在一定程度上显示出中国改革开放进程乃至全球化进程的进一步加深。其价值不仅在于重申知识产权法的传统领地，并为民法典的制定提供知识产权编的框架内容，而且，它主张的制定类《民法通则》的立法路径、从中国实际出发和借鉴国外民事立法有益经验并举、具体明确和补充民法等手段，意义积极。

回顾 20 世纪我国关于"大民法"和"大经济法"的讨论，让我们对于目前中国知识产权研究的进路有历史重演的感觉。"体系认同"在某种意义上就是对归属感的反映。大胆求同，将知识产权关系拉回民法的规范范围，取两者的合理内核加以重新整合，正好能丰富民法的内涵，维护民法的全貌与完整性，民法典制定的现代化也就初现雏形。"对法律工作者而言，对方法的忠诚起着自我监督的作用。"① 此问题事关民法构造，现在仍是问题，这一任务的完成并非易事。

（二）遵从规律，因革损益

从论文的内容构成看，40 年的知识产权法学研究呈现七大要点：一是据守了知识产权法工具主义，力倡"为创新之火添加利益的柴薪"的理念。二是倾向基础理论的研究，宏观微观齐头并进。三是不轻易肯定或赞美，苛责知识产权法的具体规定更多。四是广泛引入学术资源，突破学科边界异常积

---

① ［德］伯恩·魏德士：《法理学》，丁小春，译. 北京：法律出版社，2003 年，第 294 页。

极,甚至要让知识产权法摆脱现行民事立法甚至法律的附属地位。五是认识到方法往往决定成败,开始关注并切实探索知识产权法研究方法本身。六是继续引介欧美的知识产权法理论与实践,也关注独联体、菲律宾、越南等国家的知识产权经验与做法。七是通过会议、论文、公众号等传统与新型媒介手段来表达对每个现实的看法,喧嚣一时的热点事件不断拱起。

市场经济下,尊重经济运行的基本规律才是正道。在依法治国的宣传教育下,业界对于政府之手存在习以为常的警惕,坚持用法律解决大多数的冲突与纠纷,但做法上却常常忽视这一点,喜欢把知识产权问题都政府化。就研究而言,一些法学权威刊物在2004年前后发表了一些"知识产权公权化"相关的文章,但此后关于知识产权法沿着民法的法学体系和法律体系的学理轨迹,继续浩浩汤汤向前延展,民事权利与义务被确立为知识产权法学的核心范畴,私权始终被确立为知识产权法律体系的本位。就市场与法治的关系而言,"政府依照法律发挥其支持和增进市场的作用""在中国发展过程中,国家始终处于主导地位。它既是发展蓝图的制定者,也是执行者和监督者。这还是一种人为的发展模式,它与西方以市场调节为主的自然发展模式不同。它在资源分配和管理上还有很大的任意性,因而导致分配不均、管理不当的社会状况。"[①] 唯有执中致和、因革损益、无过无不及,在理解、尊重、接纳和认同其他学科的差异性的前提下,在兼容并蓄中生成新的共荣体。这或许可以帮助我们以较为合理的态度和方法来对待知识产权私权文化及民法学,从而正确处理中国现代化进程中传统法律中各部门法之间的旧有关系,以及知识文化与物质文化之间现有的紧张关系。

改革开放,并不仅仅是一个政治、经济和社会变迁过程,也是一个涉及价值观和正义观转变的过程。随着我国开放程度的加深,普遍正义在实践中必定被更多地吸纳。[②] 对于知识产权的权利保护设计因此也相应地突破"以行政为纲"的束缚,对所有的知识产权人及其相关权利人的一体平等保护。这样一种观念在知识产权是以行政执法为主导还是司法保护为主导的争论中得到了充分体现。知识产权作为人类文明发展的共同成果,把私权性作为实现知识产权的立法目标。这些当然之意的观点和分析,在很大程度上特别是从普遍正义的视角,克服了先前政府权力与经济发展对立之间的内在紧张,只是就后来的讨论与实践而言,政府引导依然强势的现象并没有能够完全受

[①] 於兴中:《解放、发展和法律:走向后现代的现代性》,载梁治平:《国家、市场、社会:当代中国的法律与发展》,北京:中国政法大学出版社,2006年。
[②] 胡水君:《〈法学研究〉三十年:法理学》,载《法学研究》,2008年第6期,第44页。

到足够的重视。知识产权公共政策的提法激发了政府职能部门的管理习惯——认为政策价值居于优先位阶，是配置社会资源的首要标准，或者说，为了业绩目标，以政策为优先价值来决定权力、权利等法律资源的社会配置，权利义务的具体设定和落实也以政策价值为优先引导。实际上，知识产权公权化与公众政策的观点及其与私权性的分歧，反映出了内在的知识产权思想的出发点的分歧：知识产权是私人的权利，国家的存在是为了确保个人创新与社会发展的条件，还是知识产权应为国家的自治和自立的权利，个人要促进与保障国家的存在状态？要确保知识产权不逾矩，随着时代变迁，坚持知识产权之私权的真谛，私权与自由替代政策与行政管理成为根本之道。

（三）反哺担当，追索文明

我国传统民法是基于有体物财富发展而成，而现在知识产权是基于无体物财富而生，因此，知识产权法与传统民法还是在一些隔膜的，这需要由追溯规范成因的理论予以与时俱进并丰富之。比如，作为权利客体与权利保护对象的差异、非物理边界的权利构造、民法体系有着逻辑关联，甚至在法律概念层面还蕴涵着强烈的方法论意义。尽管以盖尤斯为起点在历史中推进了无体物概念，但真正的更富普遍意义的无体的知识财富的横空出现，对于后人理解权利保护对象和权利的关系、财产权的分类、知识产权的构造等问题，发生了真正的冲击。这展示出物质财富时期和知识财富时期的不同的法律观，而且不是补丁式或者加"准"字所能敷衍的。世界文明的发展呼唤着知识产权法学和知识产权法学家的理性批判精神及其价值。

中国兴起的法典化讨论，实际上是新世纪中国现代化进程提出来的历史任务。因此，着眼于中国法律与中国现代化的现实关系问题，知识产权法学研究的根本任务之一是要担当民法的现代化。这是其重要的着眼点。有学者解释说知识产权篇未能纳入民法典的原因是"知识产权法的技术性规定较多，且变化性较大，放在民法典中，与其他民法法律部门的法律规范不协调……会极大地损害民法典的稳定性。"① 其实这种解释仅仅只是从具体制度设计而言，尚没有触及传统民法与知识产权法在融合上的理论困难。不然的话，知识产权篇的内容应当能够出现在民法典中，而不是流产的命运。知识产权看似如火如荼，研究实则步履维艰。但无论如何，此时的传统民法与知识产权法不再是水火不容，传统与现代之间可以通过反哺与扬弃来自组织适应。知识产权法不是构建民法典的障碍，而是传统民法现代化的"柴薪"，深入研

---

① 王利明：《民法总则研究》，北京：中国人民大学出版社，2003年，第69-70页。

究知识产权，革故鼎新，实现权利研究的系统化与体系化，对于民法现代化建设具有极为重要的意义。中国作为最大的发展中国家，作为世界的超大型经济体，在经济、社会转型进程中，应该在民法典的制定进程中发挥引领者的作用。

我国40年来知识产权法治建设之路上也在不断科学处理法律趋同化和法律本土化关系。实践的成效表明，中国的知识产权法很好地处理好了二者之间"度"关系，保障了我国社会经济，特别是创新立国事业的迅速发展。在地球村的背景下，技术与货物贸易很难阻隔，协调和解决不同国家、民族、地区法律冲突则成为不二选择，各国的法律制度、法律原则、法律思想以及法律理念等不断靠拢。作为法律舶来品的知识产权法律资源在我国早期是严重不足的，在经济全球化与改革开放的情势下，我国努力加入WTO，主动大量地吸收或移植西方发达国家行之有效的成功的知识产权法律制度与国际条约规定，高效率融入世界知识产权法律体系。一方面，域外法律作为一种文化的表现，需要经过某种"本土化"的过程，才能真正移植到另一种文化里面的。另一方面，知识产权法律实践告诉我们，一个开放的包容世界的法律文化及其法律制度也都是与经济规则与生产方式相适应的，都要努力融入与适配世界经济、文化、思想、道德等文明发展，我国的知识产权制度是国际知识产权体系的组成部分，要与国际体系相通兼容，闭关锁国的后果是被排斥在现代文明的发展进程之外，断无生命力。从社会经济和生产力发展的角度而言，法律移植固然要做好本土化的工作，但本土化的工作不是说以本国国情为借口而固守落后与不诚信等不文明的信念，而是要与世界文明的法律文化相吻合，接受人类社会业已形成的共同的经济活动准则，以科技与创新的发达应对着国家安全的需求，这是我国知识产权法治建设的重要经验之一，也是我国根本和长远利益所在。

我国自改革开放以来，为适应市场经济和生产力的发展的需要，在知识产权法律法规的建设与完善中移植了大量国外的法律与国际公约，再经过本国的翻译、消化与吸收而成，既大力促进中国知识产权事业的发展，提升了保护知识的认识，又在国际上反响很好，是一部成功之法。经过40年的风雨锻炼，我国知识产权法律制度已经从襁褓中的婴儿成长为体魄强健的壮年，知识产权案件数量已经超过整个欧盟的案件量，在很多居于世界前列的新兴产业领域中也涌现出不少前无古人的新案例，挑战着中国法律人的智慧。在我国经济与文化的持续发展中，知识产权法律已经发挥并将一直发挥其保驾护航作用，践行着法治、权力、秩序、安全、效益等法的具体价值目标。无论是关于知识产权与法治的探讨，还是关于知识产权与国家治理的研究，在一定程度上都把国家的知识产权生活与宪法和法律紧密地结合在了一起，从而也使得国家理论更趋丰富和完善。我们相信，在未来的岁月中，我国知识产权法治建设将随着整个国家法治的发展而更加成熟，不仅为我国的知识产权事业持续发展提供有力的法律保障，也将为广大的其他国家参与经济全球化提供宝贵的经验。

三、结语

中国的知识产权法学研究需要担当历史责任，要关注中国的现实，特别是法律制度和思想的演变。思想性不应是随波逐流的屈从，也不应是对法学共同体求同的逆反，而是一种内在的抗拒与现代化的当然之意。满天星斗不如一轮红日，中国知识产权法学研究的螺旋式发展需要"省身"，自觉、理性地思考如何选择自己的立场、如何完善自己的研究，这是知识产权法学研究得以不断改进的基本动力。我们当下这一代应有交代。

40年了，正视并不断反思民法、知识产权法内在的本质和关联问题，凸显知识产权法学研究的方法论意义。这看似是研究基础的当然之意，实际上却迈出了知识产权法学走向理性与成熟的一大步。细化研究与体系建设两者并不是分庭抗礼、孰先孰后的对立和递进关系，而应当是在科学的方法论指导下，齐头并进、共生共荣。

杨雄文
2019年春